à Louise Roy

Le présent

mettre en

dizaines, voire des centaines
d'échanges entre nous
depuis tant d'années. Si
tu t'y reconnais parfois, tant
mieux. Pour le reste, je suis
seul responsable.

Amicalement, André 92/02/14

Pour une sagesse de l'environnement

André Beauchamp

Pour une sagesse de l'environnement

Essai sur une éthique et une spiritualité chrétienne de l'environnement

NOVALIS

Pour une sagesse de l'environnement
est publié par Novalis.

Couverture: détail de la *Vierge de l'Assomption*, sculpture en aluminium de Jeanne Vanasse, s.a.s.v., 1990-1991, cimetière des Sœurs de l'Assomption de la Sainte-Vierge, Nicolet (réalisation technique: Jean-Paul Garneau, Ateliers AP-ART, Saint-Antoine-de-Tilly; Fonderie Pelletier, Saint-Aubert de l'Islet; Fonderie Bibby, Sainte-Croix de Lotbinière).

Photographie de la couverture: Gilles Roux, Trois-Rivières.

Maquette: Christiane Lemire.

Dépôts légaux: 3e trimestre 1991
Bibliothèque nationale du Canada
Bibliothèque nationale du Québec
Novalis, C.P. 990, Outremont (Québec) H2V 4S7

ISBN: 2-89088-523-2
Imprimé au Canada

Données de catalogage avant publication (Canada)

Beauchamp, André, 1938-

Pour une sagesse de l'environnement: essai sur une éthique et une spiritualité chrétienne de l'environnement

Comprend des références bibliographiques.

ISBN 2-89088-523-2

1. Écologie humaine — Aspect moral. 2. Environnement — Protection — Aspect moral. 3. Environnement — Aspect religieux — Christianisme. I. Titre.

GF80.B42 1991 179'.1 C91-090798-6

NOVALIS

À Julien Harvey

Pour moi à la fois un maître et un ami dont l'appui m'a été précieux tout au long de la rédaction du présent ouvrage.

Avant-propos

L'environnement fait désormais partie des mots fétiches. Les savants parlent d'un paradigme, ce concept-limite qui, à une époque donnée, fait converger toutes les questions. Longtemps un de ces mots magiques s'est dénommé progrès, porté par tant de convictions, de certitudes scientifiques et d'apparentes raisons. Mais le progrès tarde à produire les fruits attendus. Que dire aussi du mot révolution qui augurait une aube nouvelle, celle de la politique rationnelle et scientifique. Mais voici que l'Est craque de toutes parts et que le rêve se défait. On a parlé avec raison de développement alors que les constats sont au mal-développement.

Qu'ils sont beaux pourtant les mots qui disent sans cesse un désir, une espérance, une prophétie! Maintenant, nous parlons d'environnement, tantôt avec euphorie, tantôt avec un sentiment d'impuissance. Quel mot viendra ensuite? Le vieux mot guerre sera-t-il de retour? Au fait, a-t-il jamais disparu, porté par un trafic d'armes si lucratif pour certains? Ou sera-ce simplement le mot mort, si familier et tant refusé, mais cette fois-ci la mort de l'espèce elle-même? Ou le mot désert? Ou le mot famine, si répandu qu'il est déjà, en certains coins du monde, le mot quotidien de la majorité? Ou le mot fête? Ou les mots qualité de la vie, déjà tant galvaudés? Ou le mot solidarité, si difficile? Ou les mots science et technique, les dieux de l'Olympie nouvelle? J'opterais pour le mot opportunité, l'instant favorable pour devenir humains.

Du haut de notre aisance, nous réalisons que l'environnement craque sous les coups de boutoir de la consommation. Mais en même temps, l'environnement devient lui-même le nouvel objet de consommation par excellence, thème à la mode qui rentre à son tour dans le cycle de la consommation: on nous vend la verdure, la nature, le recyclage. C'est le mot fétiche de l'écriture et de la publicité. Les médias respirent d'aise. En France, le mouvement a démarré assez tôt pour ensuite s'essouffler. On ne l'a pas pris au sérieux. Voilà pourtant qu'il resurgit avec une nouvelle profondeur. Au Québec, c'est actuellement une véritable boulimie. Tout nous est servi à la sauce écologique. Mais l'inflation verbale cache souvent le vide des réformes profondes.

Faut-il alors ajouter un livre à d'autres déjà nombreux et excellents? J'ai pris le risque du présent ouvrage. Mon point de vue n'est pas d'abord spécialisé. Je ne suis pas un technicien de l'environnement malgré près de quinze ans de présence à la politique environnementale au Québec. Je ne suis ni biologiste, ni écologue, ni économiste.

Mon point de vue en est un de vulgarisateur, de moraliste et de croyant. Vulgarisateur, comme celui qui aide à comprendre, mais non dans le sens journalistique du terme. Moraliste, dans le sens de la personne qui, voulant dépasser la mauvaise foi, cherche toujours la liberté et la responsabilité au-delà des recettes. Croyant de foi chrétienne et catholique, malgré le poids des questions qui m'habitent. J'essaie de comprendre ce qui se passe, qui peut être planétairement important ou n'être rien du tout. J'essaie de me dire à moi-même quelques-unes des choses qui me paraissent essentielles «avant que Nature meure» ou simplement avant que je ne meure.

Chacun pense toujours que son destin importe à la planète surtout s'il estime que l'objet de son discours concerne effectivement la planète et son devenir. Prétention folle, démesurée. La crise écologique pourrait n'être qu'une fausse peur. Mais voilà, nous ne pouvons pas tenir ce pari. Trop de signaux d'alarme clignotent pour permettre la douce somnolence.

Malgré l'énormité du risque qui pèse sur nous, j'essaie de me dire que la crise de l'environnement est aussi une chance de devenir humains nouvellement. Mutation culturelle, mutation éthique, mutation politique. Comme Carmen, «je chante pour moi-même». Tant mieux si quelque officier, homme ou femme de notre cité, entend la sérénade et y trouve quelque séduction.

André Beauchamp
douze août 1991

Mise en route

L'élaboration d'une sagesse de l'environnement constitue à n'en point douter un défi de culture. L'auteur ne peut donc à lui seul prétendre relever le défi. Il espère simplement proposer quelques pistes en essayant d'identifier le problème écologique, pour ensuite suggérer une définition descriptive de l'environnement. Viennent ensuite deux larges sections, la première consacrée à l'éthique de l'environnement, la seconde explorant quelques axes d'une spiritualité chrétienne de l'environnement, sections constituant les deux piliers de la sagesse entrevue.

Tant mieux si, quelque part, un peu de sagesse affleure.

LE PROBLÈME

Chapitre 1
Ni peur ni romantisme

Sur tous les tons, des tas de gens nous disent qu'il y a une grave crise de l'environnement. Partout des images désolantes et spectaculaires. Partout des chiffres en cascade. Mais en même temps, «tout va très bien, madame la marquise»: l'industrie automobile prospère, la consommation va bon train, la facilité, l'abondance, le luxe sont à l'ordre du jour et les pays de l'Est secouent leurs chaînes pour avoir accès eux aussi au paradis de l'abondance promise. Croyez-vous vraiment que ça va mal? À bien y penser, ce n'est pas si évident.

Avant même d'aborder la crise de l'environnement, il faut d'abord se nettoyer l'esprit. Il nous semble que deux résistances mentales empêchent de voir la crise réellement: la peur de ce que l'on peut désigner par le terme de nature et la vision romantique de cette même nature.

La peur de la nature

Comme bien d'autres, j'ai peine à croire qu'il y ait un problème écologique. Mon enfance me dit plutôt le contraire. Je me souviens de Robinson Crusoé perdu sur son île et s'attaquant avec acharnement à la nature. On y sent la peur à chaque page. J'avoue même que j'ai préféré *Robinson suisse*, où la lutte contre la nature paraît plus opiniâtre, plus complexe, plus difficile et la victoire plus grande. Et que dire de *Vingt mille lieues sous les mers* ou de *L'île mystérieuse*, qui célèbrent à leur manière des victoires sur les éléments? Quant au cinéma, mes premières expériences dans l'humble salle paroissiale me renvoient entre autres à Tarzan livrant combat avec un lion, un tigre, un crocodile ou une panthère. La forêt est complice de la mort. Dans ma tête d'enfant, le missionnaire se présentait d'abord comme un chasseur de brousse tuant le prédateur. Béni soit le fusil des civilisés!

Dans toutes ces images, la nature est toujours partiellement partenaire, mais principalement ennemie. Notre inconscient est encore habité de monstres terribles, de serpents, d'araignées géantes, d'ours, de lions. Dans un livre de classe de mon enfance, il y avait le récit d'un maître imprudent qui se risque avec son attelage dans la forêt, à la nuit tombée. Surgit la horde de loups que même le coup de feu n'éloigne pas. Au paroxysme du combat, l'humble serviteur coupe l'attelage, libère le cheval emportant sur son dos le maître vers le salut, tandis que le serviteur, prisonnier d'un chariot immobile, succombera à la horde meurtrière. Le lendemain, en plein jour, le maître vient pleurer son sage serviteur. Bien sûr, la leçon était triple: maîtres, écoutez vos sages serviteurs; serviteurs, mourez pour vos maîtres, même imbéciles; maîtres et serviteurs, ayez peur des loups. Le loup, l'animal hostile par excellence. À propos, mon livre contenait aussi *L'enlisement*, par Victor Hugo. Dites-moi, cette seconde lecture était-elle plus apaisante?

Dans les images ainsi transmises dans mon enfance, la nature est principalement un obstacle à vaincre, l'ennemi terrifiant. La rivière et la mer sont dangereuses, tout comme la bête, l'oiseau, ce qui rampe ou mord, ce qui hurle, ce qui gratte. La peur des souris, des rats, des abeilles, des chauves-souris, du crapaud. Animaux maudits, animaux visqueux, animaux répugnants, animaux toujours menaçants. Il n'y a de bon animal qu'apprivoisé! Même les éléments les plus ordinaires de la nature sont sources de frayeur: le vent qui arrache et secoue, l'éclair et l'orage, la crue de la rivière, l'éboulis, la neige, trois jours de grand froid, trois jours de chaleur torride.

Toute ma culture enfantine baigne dans une peur constante de la nature et m'inculque la nécessité de se protéger contre elle. Même aujourd'hui, alors que la nature est chantée de façon romantique, bien peu de gens osent aller en forêt, marcher dans le noir, se baigner en rivière. La nature est ce dont nous rêvons maintenant, mais que nous contemplons à l'abri, depuis l'artifice. Et quand l'artifice s'étend dans la nature, transporte la ville à la campagne, toujours il doit refouler la nuit, la bête, l'autre. Même le silence est devenu inacceptable: on le repousse avec un baladeur.

Nous sommes encore trop culturellement handicapés pour comprendre qu'il puisse y avoir une crise de l'environnement. Pour reconnaître cette crise, il faudrait comprendre que ce n'est plus maintenant la nature qui menace l'être humain. C'est l'être humain qui menace la nature. Ce retournement ne va pas de soi, puisque la menace naturelle est toujours réelle tant au plan symbolique qu'au plan de la réalité physique elle-même. Cette menace et cette peur font partie des souvenirs inconscients inscrits dans notre mémoire biologique. Il ne suffit pas de nier les souvenirs ou de les déclarer faux ou inadéquats pour qu'ils disparaissent. Plus encore, la peur demeure objectivement fondée tant dans les désastres naturels toujours réels que dans les nouveaux dangers qui surgissent: la crise cardiaque, le cancer, le sida. Du mutant terrifiant au film d'horreur, la peur couve à l'ombre de la technique. Notre relation à la nature demeure ainsi profondément ambivalente. Quand la technique échoue, il nous arrive de dire que la nature se venge.

La vision romantique de la nature

Notre ambivalence à l'égard de la nature apparaît également dans l'amour romantique de la nature, cette antithèse de la peur. La nature serait l'innocent coupable que nous agressons. Il y a dans le mouvement écologique comme un retour au malheur, un discours que l'on dirait volontairement catastrophique. Je me rappelle à ce propos les titres de deux livres parus en France il y a une dizaine d'années. Ma mémoire est incertaine, mais il me semble que c'était: *Lettre aux gens heureux et qui ont bien raison de l'être* et *Lettre aux gens malheureux et qui ont bien raison de l'être!* On dirait que le discours écologique prend parti pour le malheur et se complaît à voir la déchéance en toutes choses, à comparer l'hier idyllique et l'aujourd'hui dégradé. Pascal Acot signale l'apparition de la nostalgie romantique dans la littérature française du seizième siècle et montre que la perception de la déchéance de la nature causée par l'activité humaine est le fruit «d'une sensibilité nostalgique liée à des transformations de la nature et des modes de vie subjectivement données pour réelles, mais qui ne sont pas objectivement survenues»[1]. En réalité, l'agriculture médiévale a culminé à la fin du treizième siècle et a ensuite été en profonde régression. Au temps de Ronsard qui dénonce le recul de la forêt parce que l'agriculture reprend de l'expansion («Plus le cerf solitaire et les chevreuils légers ne paîtront sous ton ombre»), le seuil ancien était encore loin d'être rattrapé. Le sentiment était en porte-à-faux avec la réalité et provenait davantage d'un malaise de la pensée et de la culture que d'une expérience écologique.

Quand nous en appelons à la nature ancienne, nous ne réalisons pas toujours que cette nature tant vantée n'est pas la nature sauvage et vierge du mythe, mais déjà une nature profondément transformée par l'intervention humaine. De ce phénomène, René Dubos donne de nombreux exemples. Ainsi la nudité des montagnes grecques leur confère une beauté farouche et fait de leurs rochers «les symboles de la vie éternelle», selon une expression de Henry Miller que cite Dubos. Mais cette nudité est pourtant le résultat de l'érosion consécutive à l'abattage systématique des forêts dans la Grèce antique[2]. Dubos signale également le même effet de perspective chez Mauriac qui parle des pins de la région de Bordeaux comme d'une réalité permanente et invariable. Or ce paysage a été désertique pendant plus de mille ans et a été recréé sous Napoléon 1er par l'ingénieur Nicolas Brémontier[3]. Bref, quand nous en appelons contre l'action humaine au nom de la nature en place, nous ne percevons pas toujours que cette nature constituée est souvent, sinon toujours, le résultat d'une intervention antérieure. Si la présence humaine a contribué à faire un si beau paysage, à instaurer un si bel équilibre, il faudrait alors comprendre que l'intervention humaine n'est pas nécessairement catastrophique.

Si quelque promoteur voulait établir un Hilton sur le lieu de Versailles, une campagne d'opinion internationale surgirait heureusement pour sauver ce site unique. L'argumentation ne serait pas seulement culturelle et historique, mais ferait également valoir avec raison la fonction écologique du parc. On oublierait, en ce cas, que Versailles est le résultat d'une action que l'on condamne vertement aujourd'hui: le comblement d'un marécage.

Ainsi sommes-nous parfois portés vers de faux combats. L'un des plus caractéristiques consiste sans doute en la lutte contre la chasse aux bébés phoques menée par l'ancienne actrice de cinéma Brigitte Bardot. Cette lutte, qui a longuement mobilisé l'opinion internationale, a mené à l'interdiction du commerce de la fourrure du phoque en Europe et, par voie de conséquence, pratiquement annihilé la chasse aux bébés phoques dans le golfe du Saint-Laurent. Les phoques n'étaient pas alors et ne sont toujours pas une espèce menacée, alors que le développement du troupeau de phoques semble causer un problème important à la pêche de certaines espèces de poissons commerciales, le phoque étant un puissant prédateur. La campagne menée a été essentiellement une campagne affective, le bébé phoque étant beau, doux, fragile comme un enfant, la technique de chasse paraissant cruelle et morbide, le port de la fourrure devenant bourgeois et socialement coupable. Sur des bases écologiques strictes, la rationalité de cette campagne ne tient pas beaucoup et se situe largement à la périphérie des grands problèmes. L'imposition de quotas et de techniques de chasse moins cruelles aurait pu régler la difficulté. Madame Bardot a créé un événement médiatique et réussi indirectement à pousser un peu plus au chômage et à la misère de petits villages de pêcheurs plus que modestes qui vivaient depuis des générations d'une ressource renouvelable pour un usage humain certes ambigu, mais éthiquement défendable.

Je me souviens d'avoir lu avec enchantement dans ma jeunesse un roman de Richard Llewellyn: *Qu'elle était verte ma vallée*. L'histoire était celle d'un village enchanteur qui croule sous la pollution d'une mine. L'antithèse du bucolique et du familial opposés à l'économique et à l'industriel conférait au roman une dramatique et une beauté formidables. C'était, comme on dit, triste et touchant, souvent drôle, parfois pathétique. Il y a quelques années, j'ai vu la suite en librairie: *Elle est redevenue verte ma vallée*. Le texte de la pochette indiquait que le village avait retrouvé sa verdure. Je n'ai pas lu ce deuxième roman, comme si je ne voulais pas savoir que la nature peut reverdir! Comme Werther, le romantique se complaît dans la douleur.

Si la perception de la crise écologique repose prioritairement sur un amour romantique de la nature, la cause écologique me semble perdue d'avance, car la rationalité technique et économique prévaudra dans les questions où se jouent les enjeux réels, alors que les «victoires» ne viendront que sur des objets secondaires.

Au-delà de la peur et de l'attachement romantique à la nature («Touche pas à ma planète» titre une campagne radiophonique de promotion de l'environnement!), la crise de l'environnement repose sur un ensemble de faits repérables et constitue un problème spécifique, ample et complexe. Allons-y voir de plus près.

Notes

1. Pascal Acot, *Histoire de l'écologie*, Paris, PUF, 1988, p. 182.
2. René Dubos, *Courtisons la terre*, Paris, Stock, 1980, p. 22-24. Voir aussi du même auteur: *Les célébrations de la vie*, Paris, Stock, 1982, 395 pages.
3. René Dubos, *Courtisons la terre*, p. 157-159.

Chapitre 2
Les constituants de la crise écologique

Une trop grande réussite

La crise de l'environnement ne vient pas d'un échec, mais d'une réussite. C'est en rigueur de termes l'échec d'une trop grande réussite. Supposons que vous soyez seul, sagement installé dans une petite maison, modeste mais agréable. Arrive un ami, un peu plus riche que vous, qui, passant dans le coin, en profite pour vous saluer. Vous cassez la croûte, débouchez une bouteille et ressassez les vieux souvenirs. C'est comme une fête qui commence. À votre invitation, l'ami passe la nuit. Vous avez l'impression que la maison revit: tout s'éclaire, tout s'anime. Le lendemain, même manège: l'ami est toujours là, mais survient un second ami, un troisième, un quatrième et ainsi de suite. Chacun apporte des choses nouvelles: des livres, un système de son, du linge, des appareils ménagers. Vous faites d'abord une fête à tout casser, mais le rythme n'arrête pas. Chaque jour amène un nouveau visiteur. La maison devient encombrée, le bruit étourdissant. Tout est en désordre et se salit. Le stress augmente, la bisbille s'installe entre les amis. Ce qui avait commencé comme d'heureuses retrouvailles de camarades s'achève dans le chaos.

On peut développer la parabole à sa guise, agrandir la maison, y ajouter un atelier, etc. Mais si la rencontre amicale se développe de façon anarchique, il arrive fatalement un moment où la fête entre amis dégénère en cauchemar parce que le cadre dans lequel la fête a lieu ne peut plus suffire à la pression engendrée par les occupants. On pourrait appeler cela un effet pervers.

Pour le dire en un mot: la crise écologique est l'effet pervers de la société d'abondance. Cet effet que l'on peut qualifier de systémique peut être abordé sous divers angles et désigné par des mots: consommation abondante et gaspillage, explosion démographique, déchets, pollution, épuisement des ressources, inégalité du partage, risques d'accidents technologiques majeurs, disparition d'espèces animales et végétales, modification des grands systèmes de la planète. L'ensemble constitue un grand tout que l'on peut appeler crise écologique. Sans trop nous perdre dans les détails souvent connus et sans trop vite vouloir en tirer des règles morales, nous pouvons dresser un certain bilan[1].

Une société transformée

J'ai été élevé dans une famille modeste de Montréal, au sein de ce que l'on peut appeler la classe moyenne montante. Mon père était instituteur dans une école primaire et mes parents ont eu huit enfants. Né en 1938, je suis le dernier de la famille. Mes parents étaient locataires. Nous avons toujours bien mangé, à notre faim. Mais au temps des Fêtes, une orange jouait le rôle de cadeau de Noël. Ma mère a gardé le même manteau d'hiver pendant 25 ans. Pendant le temps de la guerre 39-45, il y avait des rationnements pour l'essence, le beurre, le sucre et quelques autres denrées. Qu'était cela à côté de ce qu'enduraient les habitants des pays d'Europe? À vrai dire, la guerre fut, à Montréal comme pour toute l'Amérique, le début du plein emploi au sortir de l'énorme crise économique des années 30.

À l'école primaire, je me souviens, je possédais une chemise. Il fallait la laver le soir pour la remettre le lendemain matin. Notre vie s'inscrivait tout entière dans la modestie et le souci de l'économie. Les souliers étaient ressemelés, les bas reprisés, les vieux habits d'adultes défaits et refaits en pantalons d'enfants ou taillés pour faire des couvertures qu'on appelait «confortables». Nous avions une radio, mais l'appareil resta brisé de longues années. Quelques livres. Pour entendre de la musique, il fallait la faire, autour du piano. Il y avait de l'eau chaude le samedi seulement, pour l'heure du bain. Ni frigo, ni aspirateur, ni cuisinière électrique. Les hommes roulaient leurs cigarettes. Nous avions deux luxes: une auto (une Ford modèle 1929, puis modèle 1937, laquelle dura vingt ans) et un modeste chalet d'été qui nous a permis de passer les vacances loin de la ville.... sans électricité! Bien sûr, les filles aînées sont vite allées sur le marché du travail pour partager le fardeau familial et permettre aux garçons de poursuivre davantage leurs études. Nous ne le savions pas, mais nous étions une bourgeoisie naissante et montante, encore camouflée dans une stricte modestie de vie.

Après la guerre, tout a changé. L'abondance est venue, pas de manière subite, mais insensiblement, inlassablement, portée par le mythe du progrès inéluctable, indéfini. Davantage de vêtements aux couleurs variées, une nourriture plus diversifiée, des appareils électriques nombreux: le réfrigérateur, le grille-pain, le tourne-disque, la télévision. Des vacances, de l'argent de poche, des livres, des revues, des disques, une caméra. De l'eau chaude en permanence, un bain, deux douches par jour, des draps de couleur, des nappes neuves, des serviettes, une température contrôlée par thermostat, des loisirs, des voyages. Chaque progrès en soi semble si minime, si légitime. Au-dehors, le discours social se radicalisait et virait à gauche, mais en réalité, nous entrions dans le luxe par la grande porte. Plus question de travailler le samedi: la semaine de quarante heures, la semaine de trente-cinq heures, la semaine de trente-deux heures, les congés fériés. La maison, l'auto, la deuxième auto, le téléphone omniprésent, le lave-vaisselle, le bain tourbillon, la piscine, l'air climatisé. Et comme mode de vie, le gaspillage.

Je ne prétends pas que le cheminement de ma famille et de mon milieu social soit typique. Nous avons été des privilégiés de la vie, même si ma famille est restée de classe moyenne, voire modeste. Certes, on pourrait et devrait aussi écrire l'histoire de familles de Montréal qui n'ont pas connu la même promotion. Mais le cadre de référence me semble vrai. Comme collectivité, nous sommes passés, en quarante ans, d'une vie quotidienne de stricte modestie à un cadre de vie centré sur l'abondance, puis sur le gaspillage. Alvin Toffler a décrit cela comme suit: tout est neuf, tout est éphémère, tous les choix sont possibles. C'est l'heure du prêt-à-jeter[2].

Une consommation abondante

> L'activité économique s'est tellement intensifiée qu'elle représente, à l'échelle mondiale, 13 000 milliards de dollars par an, montant qui pourrait être multiplié par 5 ou par 10 d'ici 50 ans. Depuis un siècle, la production industrielle a été multipliée par 50, et les 4/5 de cette progression sont survenus après 1950[3].

Il faut se méfier des statistiques, parce qu'elles sont souvent fausses de quelque manière. Les gens cherchent toujours soit à cacher des choses, soit à se vanter et quand il faut répondre à des questionnaires, on prend rarement le temps de tout vérifier. Mais les chiffres révèlent un ordre de grandeur. Une explosion de la consommation a eu lieu qui ne s'explique que par l'explosion de la puissance industrielle, par l'innovation, par la diffusion de la technique à une très vaste échelle.

Or, en suivant la seule logique de la consommation, il n'y a pas en soi de raison que la course à la nouveauté et à l'addition s'arrête, ni même ralentisse. Le plus d'aujourd'hui est le minimum tolérable de demain. Les parents ont beau faire la leçon à leurs enfants et rappeler que tel ou tel gadget n'existait pas dans leur temps et que l'on peut donc s'en passer, cette affirmation est psychologiquement fausse. Toute innovation amorce l'innovation suivante. Prenons l'exemple des médias. Ils ne s'éliminent pas, ils s'additionnent. La radio s'est ajoutée au journal, la télé à la radio, puis sont venus le système de son, la télévision par câble, le jeu vidéo, le baladeur, le système vidéo, l'ordinateur domestique, la télévision alternative, le télécopieur. Chacun les veut tous et se sent déphasé s'il ne peut être branché sur le réseau des autres. Parfois, une innovation chasse l'autre et relance le cycle de la consommation: le disque laser remplace la cassette et le disque vinyle, lequel avait chassé les soixante-dix-huit tours. L'amateur veut tout racheter et se retrouve avec des montagnes de vieux disques à jeter. Dans d'autres domaines, surtout le vêtement, la nouveauté vient du diktat de la mode. Tout se périme bien avant que d'être usé. Et toujours l'innovation brise le rythme, relance le besoin: la motoneige, le véhicule tout-terrain, le ski de fond. Les gadgets domestiques, du lave-vaisselle à la cafetière-réveil. Le «fast-food» comme mode d'alimentation. Les soins de beauté. La consommation de l'art et de l'artisanat.

Y a-t-il une limite à cette spirale de consommation? Je pense qu'en soi il n'y en a pas. «Ainsi toujours portés vers de nouveaux rivages...» Le roi Louis XIV a connu un luxe inouï qui faisait l'envie de son temps. Mais au plan du confort réel, j'ai accès à bien mieux que lui. Pour entendre de la musique au lit, il lui fallait un orchestre dans sa chambre. Qu'aurait-il donné pour un système de son au bout du doigt et toujours le programme de son choix avec le meilleur orchestre? Au plan psychologique, dès l'instant où nous possédons quelque chose, nous ne pouvons plus nous en passer. Nous y avons droit. Dès l'instant où une nouveauté se diffuse, il nous la faut sous peine de malheur. Or, la règle de la dynamique de la production industrielle est la nouveauté. C'est la course au producteur ingénieux qui trouvera, parfois en le créant, le besoin auquel il apporte une réponse adéquate.

Nous l'avons indiqué au passage: tout cela finit par produire des effets pervers. Le premier est d'ordre physique et psychologique. Possédant trop, nous n'avons plus le temps ni l'espace pour profiter de notre avoir. Nous achetons des livres et des disques que nous n'avons pas le temps de lire ni d'écouter. Ou pire, pour payer tout cela, il nous faut travailler sans arrêt. Alors la maison s'encombre d'objets inutiles. Et notre vie s'use à «poursuivre des terres que l'horizon transporte» (Gilles Vigneault).

Un autre effet pervers est d'ordre écologique. C'est la pression qu'une consommation effrénée exerce sur les ressources de la planète. Nous en dirons un mot plus loin. Qu'il suffise d'évoquer rapidement le phénomène de l'alimentation. Nous sommes devenus des sédentaires chez lesquels l'absence d'activités physiques intégrées directement au travail favorise l'embonpoint. Comme la diversité et l'attrait des produits alimentaires vont s'accroissant, nous faisons face maintenant à l'obésité comme problème de société. Même le Japon semble ne pas pouvoir l'éviter. Pour pallier cette difficulté, l'industrie nous offre maintenant des aliments à basses calories, aliments souvent «décalorifiés», c'est-à-dire dont on a extrait une grande partie de la valeur alimentaire. Les comptoirs des supermarchés en présentent une panoplie impressionnante. Paradoxe d'un premier monde qui dépense son énergie à extirper la valeur nutritive de son alimentation et d'un tiers monde qui subit une carence alimentaire chronique! Mais la lutte à l'obésité n'est pas si simple, puisque le besoin de manger dépasse d'emblée la seule nécessité alimentaire. Manger est un acte symbolique à portée complexe, tout comme sa contrefaçon, l'anorexie. Rien n'est facile, ni vivre dans la pénurie, ni vivre dans l'abondance. Peut-être faut-il associer à la fringale de consommation la course à ces autres gaspillages intoxicants que sont le tabac, l'alcool, la drogue, voire même une boulimie sexuelle, y compris dans les pratiques sexuelles à risques élevés.

Si la consommation abondante et généralisée semble comme une porte ouverte sur le bonheur, sa réalisation se révèle moins transparente et fait paraître un réseau d'autres questions non résolues. Sa diffusion sur une large échelle comme mode de vie constitué fait peser sur les ressources de la planète une pression considérable.

Une explosion démographique

Nous avons connu depuis quarante ans, au sein de la société occidentale, une diffusion rapide de la consommation. Cette démocratisation de la consommation ne désigne pas une diminution des écarts entre les classes sociales, mais plutôt la diffusion généralisée d'un mode de vie qu'on a bien dénommé par le terme société de consommation. Au plan mondial, il s'est également produit une véritable explosion de la population. L'essor technique rendait cela possible aussi.

Les sociétés plus industrialisées ont connu après la deuxième guerre mondiale une assez forte natalité que les sociologues ont appelée le «baby-boom». Cette arrivée subite d'une nouvelle génération qui n'avait pas connu les drames des années 40 permet de comprendre en partie les mouvements de 1968 quand, un peu partout, en France, aux États-Unis, en Allemagne, au Québec, la jeunesse d'après-guerre, insérée dans un rapport à la consommation et au savoir si différent de celui de la génération précédente, a commencé à expérimenter et à proclamer les nouvelles valeurs d'une société en mutation profonde.

La hausse générale du niveau de vie a également permis l'allongement de la vie. Il y a une corrélation constante entre le niveau de vie et l'espérance de vie, car qui dispose d'une certaine abondance s'alimente mieux, profite d'une meilleure hygiène, obtient de meilleurs traitements, ressent moins de stress, jusqu'à ce que la boucle s'inverse comme nous l'avons signalé plus haut, quand le besoin d'abondance devient tyrannique.

Actuellement, les pays industrialisés voient leur taux de fécondité tomber de façon dramatique. Normalement, on estime qu'un taux de 2,1 enfants par femme assure le remplacement strict de la population, si on excepte l'immigration. En Allemagne,

> l'indicateur conjoncturel de fécondité est tombé de 2,51 enfants par femme en 1965 à 1,38 en 1987, passant même sous la barre des 1,3 enfant en 1983 et 1984. La R.F.A., rejointe récemment par l'Italie (1,31 enfant par femme en 1987), a la fécondité la plus basse du monde (en 1987, la France était à 1,82 enfant par femme)[4].

Au Québec, le taux est de 1,4 enfant par femme[5]. Sans qu'il faille en expliquer ici les raisons, c'est un fait de longue date que les observateurs ont noté: il y a une corrélation entre niveau de vie et taux de natalité. En général, plus le niveau de vie augmente, plus le taux de natalité diminue. Les pauvres font des enfants. Les riches, beaucoup moins. En situation de pauvreté collective, les enfants sont une richesse et une garantie d'avenir. En situation de richesse collective, l'État assure la sécurité de la vieillesse et les enfants coûtent cher.

En un sens, on peut penser que la plus grande explosion de population a déjà eu lieu dans les pays technologiquement développés et que leur population s'est stabilisée. Mais dans les pays moins industrialisés dits pays du tiers monde (le premier monde étant le monde occidental et le second comprenant les pays du bloc socialiste), la natalité demeure encore forte. Comme la médecine a fait d'immenses progrès ainsi que l'hygiène et la prévention, la mortalité infantile est également plus faible. Il s'ensuit que la population du globe est en expansion rapide. En 1985, la population mondiale se situait à environ 5 milliards d'êtres humains. Si les tendances observées et prévisibles se maintiennent, la population mondiale pourrait atteindre 8,2 milliards en 2025, c'est-à-dire 1,4 milliard dans le monde industrialisé (accroissement de 200 millions) et 6,8 milliards dans les pays en voie de développement (accroissement de 3,1 milliards)[6].

Il s'agit là de modifications énormes annonciatrices de nombreuses tensions sociales et politiques. Supposons maintenant que les hommes et les femmes des pays en voie de développement n'acceptent pas fatalement leur statut actuel de misère et désirent imiter les modes de vie des pays industrialisés: on soupçonne la pression que ce mouvement exercerait sur les ressources limitées de la planète et la survie politique des sociétés industrielles.

Les déchets

Alvin Toffler a qualifié notre époque comme étant celle du prêt-à-jeter. Il donne, entre autres, l'exemple de robes que l'on porte une fois puis, que l'on jette. Depuis trente ans, toute une panoplie d'objets dont la durée est volontairement brève a ainsi envahi notre vie quotidienne: le stylo, le contenant à remplissage unique, le verre de café en carton, en plastique, en mousse de plastique. Une liste un peu exhaustive serait fastidieuse. La durée de vie de certains produits a même été volontairement abrégée, car les compagnies n'ont pas intérêt à vendre un appareil apte à durer quarante-cinq ans. Elle préfèrent de beaucoup en vendre trois qui dureront quinze ans chacun.

Pour illustrer le processus du prêt-à-jeter, il vaut la peine de raconter la saga de la bière et de son contenant au Québec. Les Québécois sont d'assez gros consommateurs de bières embouteillées. Or, le marché traditionnel de la bière au Québec était remarquablement homogène et bien encadré, de sorte que les diverses compagnies utilisaient les mêmes bouteilles consignées, le format étant identique pour toutes les marques. Les compagnies changeaient simplement l'étiquette identifiant leur propre marque de bière. Ce système simple et ingénieux faisait que la même bouteille servait en moyenne entre vingt et trente fois avant d'être mise au rebut, la consigne incitant le consommateur à ramasser ses bouteilles. Cette consigne reflétait simplement le prix réel du contenant. Le taux de retour des bouteilles consignées était de 95 à 98 %, selon Environnement-Québec[7]. Une tradition de récupération était donc très bien implantée socialement et le parc de bouteilles relativement simple à gérer. En un sens, tout allait pour le mieux dans le meilleur des mondes.

Mais, comme on le sait, dans tous les domaines il faut vendre davantage et explorer de nouveaux marchés. Il en va ainsi pour la bière.

Les compagnies cherchèrent à développer un marché qui ne progressait pas au rythme prévu. Les changements avaient été nombreux. D'une part, les Québécois buvaient de plus en plus de vin en mangeant et cette habitude nouvelle constituait une concurrence pour la bière. Ensuite, les bières étaient trop «lourdes», pour utiliser l'expression du marché, c'est-à-dire trop fortes en alcool et trop nourrissantes. On a donc cherché à produire des bières légères, moins engraissantes, à la mode américaine. Mais surtout, il fallait développer un nouveau segment de marché: les femmes. Depuis leur arrivée massive sur le marché du travail, les femmes disposent de plus d'argent et ont librement accès à la consommation, y compris à la consommation de bière. Les psychologues ont donc été appelés à la rescousse pour aider à comprendre pourquoi les femmes ne consommaient pas davantage de bière. Une réponse est venue: la bouteille de bière n'était pas attrayante pour les femmes, sa forme courte et arrondie étant trop féminine. Mieux vaudrait une forme plus étroite et allongée: bref, un phallus. Avec la nouvelle bouteille envisagée, la femme pourrait entrer dans le monde encore masculin de la consommation de bière et apprivoiser une bouteille dont la forme renvoie à l'organe masculin. La publicité sur la bière est d'ailleurs souvent assez explicite sur ce point.

Ainsi fut fait. Chaque compagnie a donc créé plusieurs formats de bouteilles pour les différentes marques produites. L'arrivée des bouteilles nouvelle forme a toutefois porté un dur coup à la durabilité des bouteilles de bière. Puisque chaque bouteille ne pouvait plus être retournée indistinctement à n'importe quel brasseur, mais était désormais spécifique à chacun, le circuit est devenu plus complexe, plus malaisé. Conséquence: la durabilité de la bouteille consignée est passée à environ onze usages. La politique du gaspillage avait fait un pas de plus.

Mais ce n'est pas tout. Cette première brèche dans le marché des contenants standards a été suivie d'un deuxième assaut. Il s'agissait alors de passer à la canette d'aluminium. Il existait déjà sur le marché, dans un créneau assez restreint, une canette bi-métallique. Les producteurs d'aluminium et leurs partenaires ont cherché à implanter une nouvelle canette à usage unique, plus légère, plus fonctionnelle: la canette tout aluminium. La canette bi-métallique faite principalement de fer était facilement oxydable. Perdue dans la nature, elle rouillait vite et pouvait se décomposer rapidement. Au contraire, la nouvelle canette d'aluminium ne rouille pas et sa permanence dans l'environnement est d'environ quarante ans. De ce fait, la nouvelle canette présentait un inconvénient sous l'angle de la production de déchets. Le plan des promoteurs de la canette d'aluminium était simple: il visait à remplacer progressivement toutes les bouteilles de verre réutilisables par la canette d'aluminium à usage unique. L'argument psychanalytique de la forme n'avait plus cours, une nouvelle rationalité s'imposait. Autorisation fut demandée au Gouvernement du Québec de produire six cents millions de canettes par année, mais l'objectif réel était de deux milliards de contenants. L'opinion voulait aussi que la nouvelle canette entrerait sur le marché fort important des eaux gazeuses. Pour rassurer le ministre de l'Environnement, les compagnies faisaient valoir qu'elles instaureraient un système de récupération sur une base volontaire. Mais elles s'opposaient farouchement à toute consigne imposée par le Gouvernement. Malheureusement, les études sur des expériences en cours dans divers États américains montrent que, sans consigne, le taux de récupération ne dépasse guère 30 %, tandis qu'avec une consigne on atteint souvent 70 ou 80 %, sinon davantage. Le débat sur la consigne a duré plus de deux ans. Le lobby déployé était fort imposant: pressions auprès de ministres et de députés, conférences, articles dans les journaux, expertises de toutes sortes, pressions auprès des épiciers détaillants. Bref, une campagne bien orchestrée.

Malheureusement, la population du Québec, surtout celle de souche française, a la fâcheuse réputation de jeter n'importe quoi dans la nature, sur les routes, les places publiques, etc. En supposant une production annuelle de six cents millions de canettes et un taux de récupération sans consigne de 33,3 %, quatre cents millions de canettes risquaient de devenir annuellement un simple déchet. Une quantité fort appréciable de ces 400 millions de canettes non récupérées (1 milliard 333 millions dans l'hypothèse de production optimale de deux milliards) serait devenue, en l'absence de consigne, déchet sauvage, perdu dans la nature. Au terme du dossier, le Gouvernement du Québec a imposé une consigne et posé des limites à la production de canettes d'aluminium. La consigne n'est plus le reflet du coût réel de production du contenant. Elle est une taxe sociale dans le but de forcer la récupération.

Pour faire justice au dossier, il faudrait pousser beaucoup plus loin l'analyse. La production d'aluminium à partir de la bauxite exige, par exemple, beaucoup d'énergie électrique. Produire une canette neuve à partir d'aluminium recyclé n'exige que 5% de l'énergie qui serait nécessaire si l'on produisait la même canette à partir du minerai. D'où l'intérêt de la récupération. Par ailleurs, le verre a aussi des inconvénients, notamment son poids, l'encombrement qu'il occasionne et le danger qu'il représente en cas de bris à l'état de déchet sauvage. Mais ce bref aperçu fait tout de même entrevoir que la logique du marché pousse au gaspillage et à la production intensive de déchets. Tant que gaspiller sera rentable, la tendance favorisera le gaspillage. Selon Environnement-Québec, pour les contenants consignés à remplissage unique, le taux de récupération s'établit à 53 % après deux ans: les bouteilles de verre (à usage unique) sont récupérées à 61 %, les canettes à 48 % et les contenants de plastique à 43 %. Ce système s'avère efficace, dit le même document[8]. Moi, j'ai tendance à trouver que la règle du gaspillage a prévalu.

Mais il y a un épilogue. Si 47 % des contenants consignés ne reviennent pas, le montant de la consigne reste à l'État et aboutit dans un fonds de récupération. Ce fonds peut faire de la publicité pour nous inciter à récupérer. «Moi, je récupère» dit le slogan qui nous montre des jeunes exubérants rapportant leurs contenants «uniservices». Pendant que la structure économique et politique fait des choix de gaspillage, la population est conditionnée à la fois à ratifier le gaspillage et à acquérir les nouvelles pratiques que l'on attend d'elle. La morale reçoit pour mandat de compenser les mauvaises décisions des décideurs[9]. D'ailleurs la question n'est pas résolue et la lutte continue entre les tenants de la consigne à l'œuvre au sein de la RECYC (Société québécoise de récupération et de recyclage), organisation mandatée par le Gouvernement pour gérer la consigne, et les tenants de son abolition regroupés au sein de l'organisme Collecte sélective Québec.

Dans l'ensemble, la filière déchet va bien au Canada. Environnement-Canada affirme que les Canadiens sont les plus gros producteurs de déchets solides du monde. Environnement-Québec indique que la production de déchets municipaux s'élève annuellement à 5,6 millions de tonnes pour une population d'environ six millions et demi. La production annuelle de déchets domestiques par personne serait d'environ une demi-tonne, selon des données qui datent déjà de 1984[10]. Qu'est-ce qu'on y trouve? Pour les ordures ménagères, 28,5 % de papier et de carton, 10,9 % de verre, 10,3 % de plastique et 29,1 % de matières putrescibles[11]. Principalement des emballages et beaucoup de contenants à usage unique. Et tout cela aboutira au site d'enfouissement ou à l'incinérateur! Le déchet, domestique ou industriel, termine sa carrière soit dans le réemploi, soit dans l'élimination, soit, pour employer un anglicisme fort utilisé, dans la «disposition». Très souvent, hélas, il s'inscrit dans la filière pollution, d'une manière ou d'une autre.

La pollution

La question des déchets nous renvoie obligatoirement à celle de la pollution. Il s'agit là d'un problème vieux comme l'humanité. On ne peut pas vivre sans polluer, sans en quelque sorte dégrader son milieu. Quand une marmotte a pollué son terrier, elle s'en construit un autre. Quand une population nomade a pollué son camp et épuisé les ressources de son environnement immédiat, elle reprend la route. Dès qu'apparaît la ville, la pollution grandit: écoulement des eaux usées domestiques, encombrement des ordures. Pendant des millénaires, pourtant, la pollution a pu se résumer principalement à des problèmes d'eau, de contamination, d'hygiène et à de la pollution industrielle relativement simple. Pourtant, il suffit de penser aux épidémies de peste, de typhus et de choléra pour comprendre comment les sources endémiques de pollution constituaient une menace constante pour les populations d'autrefois, particulièrement dans les villes. L'hygiène a été la première victoire sur la pollution.

Mais la mutation industrielle est devenue la cause principale du développement actuel de la pollution, lequel est sans commune mesure avec la pollution antérieure. La mutation industrielle a d'abord fait exploser les besoins énergétiques. L'extraction du charbon et du pétrole, puis leur combustion, ont fait franchir à la pollution un bond considérable. Ensuite, la chimie puis la physique ont pris la relève. La chimie organique de synthèse a permis de faire apparaître de nouvelles substances qui se révèlent dommageables pour le milieu écologique, pour les plantes, les animaux ou l'être humain lui-même. Pour utiliser une image animiste, c'est comme si nous rejetions dans la nature des produits nouveaux qu'elle ne connaît pas et dont elle ne sait que faire. C'est ainsi que parfois le mieux engendre le pire.

Pensons à la thalidomide, ce médicament tout simple qui devait aider les femmes enceintes dans leur sommeil. Expérimenté chez les rats, il paraissait inoffensif. Il a pourtant causé des infirmités de naissance chez des milliers d'enfants. Enquêtes, procès, recherches ont finalement permis d'établir la toxicité du produit. Le médicament miracle portait la mort. L'être humain s'est révélé deux cents fois plus sensible que le rat à la thalidomide. Pensons au DDT, cette merveille qui permet de combattre les insectes nuisibles. Mais sa persistance dans l'environnement en fait un produit délétère qui s'insinue dans la chaîne alimentaire. Autre exemple: au moment de la crise de l'énergie, après 1973, les gens ont voulu passer à l'économie d'énergie et ont donc cherché à faire isoler leur maison. Au Québec, ce fut une ruée. Une méthode simple et peu coûteuse consistait à souffler de la mousse d'urée-formaldéhyde dans les murs. Quelques années plus tard, on découvrait que le produit entrant en contact avec l'humidité de la maison subissait des modifications chimiques et devenait toxique pour les habitants de la maison: maux de gorge, nausées, allergies diverses (cancer?).

Je n'ai pris que quelques exemples simples et bien connus. Mais la pollution est partout. En agriculture, où les méthodes culturales favorisent la monoculture intensive et extensive, laquelle provoque l'épuisement des sols et oblige au recours systématique aux engrais chimiques. De plus, la monoculture est propice aux épidémies de ravageurs que l'on combat, encore une fois, par des insecticides. Les insectes deviennent plus résistants, ce qui demande un recours acccru à l'insecticide, et ainsi de suite. La mise en œuvre d'équipements trop lourds provoque la compaction et la dégradation des sols. Le drainage intensif et l'absence de bande de protection le long des cours d'eau engendre l'érosion. «En 12 ans, le Québec a artificialisé à la pelle mécanique, sans la moindre étude d'impact ou débat public, plus de 60 000 km de ses ruisseaux et petites rivières.»[12] Le ministère de l'Environnement conclut pudiquement son analyse du monde agricole: «En plus d'avoir des effets sur le milieu environnant, il semble que les activités agricoles actuelles mettent en péril la productivité même des sols qu'elles veulent mettre en valeur.»[13] Des processus analogues se passent dans l'élevage, surtout du porc, du bœuf et du poulet. La gestion correcte des fumiers pose déjà un défi considérable. Mais le reste est encore plus inquiétant. Les animaux sont élevés en grande concentration, ce qui suppose qu'on leur accorde une surveillance accrue en les bourrant de remèdes, y compris souvent d'antibiotiques, lorsque nécessaire. La somme des intrants chimiques dans l'agriculture et dans l'élevage crée ainsi une concentration chimique à tous les échelons de la chaîne alimentaire, concentration proprement ingérée par les humains. On commence à soupçonner qu'il puisse y avoir éco-intoxication.

L'industrie forestière représente un autre cas dramatique de gestion courte des ressources au Québec. Depuis des générations, l'industrie procède massivement à des coupes à blanc, montrant une grande résistance à la coupe sélective apparemment peu fonctionnelle pour l'équipement dont elle dispose. Ensuite, bien sûr, il faut reboiser. Le reboisement se fait uniquement à partir des essences commerciales désirées, ce qui revient à peu près à de la monoculture (principalement de l'épinette noire et du sapin baumier). Mais les jeunes plantations sont soumises à une forte compétition d'arbustes et de feuillus non désirés. Pourquoi ne pas procéder alors à des arrosages chimiques de phytocides pour éliminer les feuillus? Par ailleurs, les forêts à essence unique deviennent des hôtes privilégiés pour les épidémies de ravageurs, surtout de la tordeuse du bourgeon de l'épinette, laquelle se nourrit principalement de l'épinette et du sapin. Il faut donc procéder à d'autres arrosages, cette fois d'insecticides. Après des années d'usage intensif d'insecticides chimiques (phénitrotion et aminocarbe pour lesquels on observe une résistance accrue des insectes alors que l'hypothèse de la vitalisation des populations résiduelles est même avancée), le Québec a maintenant recours à un insecticide biologique *(bacyllus thurigiensis)*. Les responsables prétendent que ces opérations sont sans risque de contamination à long terme, mais les commissions d'enquête qui se sont penchées sur le dossier ont émis sur ce point de très grandes réserves. Même si le ministère des Forêts amorce un virage vers la sylviculture, la logique dominante demeure celle de l'artificialisation et de la fuite en avant.

Bref, l'activité industrielle demeure, avec l'auto, la principale source de pollution. Nous sommes loin, bien sûr, de l'industrie sauvage du dix-neuvième siècle, où la pollution n'était pas encore considérée comme un problème réel. Le problème était nié, évincé, déclaré non pertinent. Depuis trente ans, les sociétés «modernes» sont parvenues à mettre en place tout un système législatif et réglementaire dans le but de contrôler les abus les plus criants. L'industrie, pour sa part, devient plus performante, découvre des technologies plus efficaces, change ses modes de production, assure une meilleure surveillance. Pourtant, à la limite, tout permis d'exploiter postule un permis de polluer à l'intérieur d'une marge donnée. Aucune industrie ne parvient au degré de pollution zéro: il faudrait pour cela cesser d'exploiter. Nous ne savons pas la marge de tolérance de la nature. Nous savons simplement que la nature a un pouvoir d'intégration fabuleux, sans connaître le seuil tolérable réel. Nous en sommes encore à l'heure des bilans et des observations. Par exemple, on sait qu'en général l'air des grandes villes industrielles occidentales est maintenant meilleur qu'il y a quinze ans, grâce à des lois et règlements plus sévères pour les émissions atmosphériques du milieu industriel et à un meilleur contrôle des automobiles (essence sans plomb, catalyseurs plus performants). Mais notre ignorance demeure profonde surtout en ce qui concerne les effets à long terme de nos actions. Et comme l'industrie se développe, nous n'avons pas la garantie que le bilan massique global de pollution aille diminuant.

Ainsi, nous savons à peu près les effets du plomb ou du mercure dans l'eau. De même, nous pouvons également identifier les effets isolés des plastiques, des huiles, des biphényles polychlorés (BPC), du DDT, des résidus pétroliers et de quelques autres produits. Les études monographiques sont nombreuses et de grande valeur. Mais quel est l'effet conjugué de tous ces polluants ensemble dans les conditions concrètes du milieu récepteur? Nous avons la certitude que l'effet de plusieurs polluants peut s'annuler, comme une base au contact d'un acide. Peut-être le phénomène se produit-il pour une grande majorité de produits. Mais les autres? Quels sont les effets de synergie? Quel avenir nous réserve la soupe chimique qui s'élabore dans nos eaux, dans l'air et le sol? «Il y a plus de 100 000 substances chimiques sur le marché mondial et on en utilise plus de 30 000 au Canada. Entre 100 et 200 nouveaux produits chimiques entrent chez nous chaque année.» Inquiet de sa propre affirmation, Environnement Canada s'empresse d'ajouter: «Il est évident qu'ils sont utiles.»[14] Un jugement de valeur s'insinue dans cette affirmation. Utiles pour qui? Utiles pour quoi? Utiles pour quelle période de temps? C'est pourquoi d'autres sons de cloche se font entendre.

> Il devient de plus en plus évident que les sources et causes de pollution sont beaucoup plus diffuses, complexes et reliées — et les effets de pollution plus répandus, plus cumulatifs et plus chroniques — qu'on ne le croyait précédemment. Les problèmes de pollution qui avaient naguère un caractère local se posent maintenant à l'échelle régionale, voire même mondiale. La contamination des sols, des eaux souterraines et des êtres humains par des produits agrochimiques s'élargit et la pollution chimique s'est étendue aux quatre coins de la planète[15].
>
> Sur les 100 000 produits chimiques testés selon les normes internationales pour leur toxicité, environ 4 000 sont reconnus cancérogènes en expérimentations animales. Quelque 400 produits ou procédés chimiques sont considérés comme cancérogènes chez l'homme, dont 50 sont confirmés par des enquêtes épidémiologiques reconnues[16].

La pollution chimique est notre alter ego, notre double. Elle n'est pas simplement notre sous-produit, notre déchet, comme le sont notre défécation ou nos ordures. Elle constitue notre façon de vivre, notre réflexe culturel. Un symbole simple de la production chimique artificielle pourrait être le fruit, raisin ou pomme, esthétiquement parfait qui a été l'objet de cinq, six arrosages chimiques et même davantage. Comparativement, le produit d'agriculture biologique semble malingre et laid, peu appétissant. La saleté, le manque d'hygiène nous répugnent. Nous sommes d'une hygiène parfaite, mais nous versons dans notre bain des mousses chimiques, puis nous nous vaporisons d'aérosols. La cuisinière électrique brille de propreté grâce à l'application de produits toxiques violents. Alors que la malpropreté et le manque d'hygiène affichent leur laideur et dévoilent les risques qu'ils occasionnent, l'art de vivre chimiquement nous réconforte en cela même où il nous expose à de nouveaux dangers mal évalués. Nos certitudes naïves s'écroulent, tout devient suspect. C'est ainsi que des experts commencent à soupçonner les lignes de distribution d'électricité en courant alternatif d'avoir une incidence sur certaines néoplasies, entre autres la leucémie.

Faut-il insister sur le nucléaire et ses déchets dont on ne sait trop que faire?

> Le problème des déchets nucléaires est probablement le plus critique de ceux que pose le recours à l'énergie nucléaire de fission. Très tôt, on réalisa que, en raison de leurs dangers pour l'homme, ces déchets devaient être isolés de la biosphère, non seulement pendant la période d'utilisation de l'énergie nucléaire, mais, pour certains d'entre eux, sur des échelles de temps se comptant en milliers d'années. Sera-t-on capable de disposer de nouvelles méthodes sûres permettant de ne pas léguer aux générations futures la contrainte d'une surveillance continuelle?[17]

Les auteurs étudient les deux approches possibles. Le retraitement qui permet l'extraction de l'uranium et du plutonium et le réemploi de ce dernier en surgénérateur, et le non-retraitement qui postule en général un stockage sous eau, puis un stockage définitif en couche géologique profonde. Les auteurs n'expriment de préférence ni pour l'une ni pour l'autre solution.

Épuisement des ressources

Peut-il y avoir un développement infini ou même indéfini dans un monde fini? La réponse est obligatoirement non. S'il y a une limite quelque part, la limite peut toujours être atteinte. Il suffit de postuler une durée assez longue. Sur un temps cosmique, nous savons que la terre un jour se refroidira, à moins qu'elle ne se réchauffe. Mais la perspective pouvant se définir en milliards d'années, à l'échelle humaine, tout cela nous semble hors de portée. Le temps humain n'est pas le temps cosmique. Parlons simplement des ressources de la terre elle-même. Tant que les forces humaines demeuraient limitées, la population petite, la consommation faible, la terre paraissait une mine inépuisable de ressources, la cueillette dépassant rarement les capacités de production de la nature. Bien sûr, il y a toujours eu des famines, des sécheresses, des pénuries. Il s'agissait alors d'événements circonstanciés, limités. La question ne pouvait se poser sur un plan planétaire. La crise en ces cas semblait davantage le résultat de la faiblesse humaine que celui des limites de la nature, ou même d'erreurs humaines ponctuelles. Maintenant se pose la question des limites de la terre elle-même. C'est la contribution du Club de Rome d'avoir posé le problème à ce niveau de globalité en essayant d'identifier les ressources planétaires, de les comparer aux pratiques en cours et de projeter leur date d'expiration ou d'épuisement. L'exercice périlleux, voire aléatoire, a quand même été stimulant et bénéfique.

Fondé en avril 1968 par Aurelio Peccei, le Club de Rome est un groupe de savants intéressés à examiner les problèmes auxquels l'humanité doit faire face. Il poursuit quatre impératifs de base:

- la nécessité d'éviter, en favorisant un désarmement total et consenti, le danger d'un conflit nucléaire;
- la nécessité d'éliminer les disparités économiques entre les nations;
- la nécessité de faire face à l'explosion démographique mondiale;
- la nécessité d'améliorer la personne humaine dans sa sagesse globale[18].

On a beaucoup dit que l'opinion du Club de Rome, surtout à la suite du Rapport Meadows *Halte à la croissance?,* était une réaction de bourgeois malthusiens préoccupés de stopper le développement des pauvres. C'est une remarque trop courte pour une pensée dont la visée se veut beaucoup plus large et plus humaniste que cela.

En 1972, d'une manière prophétique et un an avant la crise du pétrole, le Club de Rome rend publique une étude commandée à un groupe de chercheurs du MIT (Massachusetts Institute of Technology) dirigé par Dennis L. Meadows[19]. En publiant ce texte comme premier document, alors que ses rapports ultérieurs sont plus nuancés, le Club de Rome optait pour une dramatisation discutable. Avec le recul, on peut douter de la valeur de la stratégie mais, à tout prendre, la contribution fut importante, voire déterminante.

Publié sous le titre de *Halte à la croissance?*, le rapport Meadows étudie les effets possibles d'une croissance exponentielle. Sa thèse de fond est la suivante: supposons que la consommation actuelle continue dans le même sens. Supposons que la croissance démographique se poursuive également sur sa lancée. Quand arrivera-t-on au moment où les ressources ne répondront plus aux besoins et que surgira la courbe du malheur? Le modèle prospectif informatisé utilisé essaie de formuler quelques hypothèses. Pour dix-neuf matières premières, l'échéance de pénurie varie entre 9 et 173 ans: pour le pétrole, la prédiction indique entre 20 et 50 ans, pour le gaz naturel entre 22 et 49 ans. Le modèle étudie également les effets de la pollution et leur rapport au temps. En intégrant l'ensemble des données, les auteurs se font plus affirmatifs: «Cela nous permet d'affirmer avec une quasi-certitude que, au cas où aucun changement n'interviendrait dans notre système actuel, l'expansion démographique et l'expansion économique s'arrêteraient au plus tard au cours du siècle prochain.»[20] En finale, les auteurs du rapport insistent particulièrement sur le danger de l'explosion démographique.

Le modèle élaboré par l'équipe de Meadows est très hautement critiquable et l'a d'ailleurs été généreusement. C'est un modèle théorique qui dramatise le futur en supposant que tout ira demain comme aujourd'hui. On retrouve le même état d'esprit dans le fameux *Global 2000 Report to the President* paru en 1982. Toute chose qui progresserait de façon exponentielle mènerait à la catastrophe. Ces exercices de projection ressemblent davantage à des jeux dialectiques qu'à des prédictions réelles. Mais le fond de la perspective demeure valable, voire incontournable, puisque déjà nous voyons poindre des limites mesurables, particulièrement en ce qui touche les ressources énergétiques dites non renouvelables[21]. Cela, la crise du pétrole l'a démontré avec éloquence. Quand les pays producteurs et exportateurs de pétrole ont compris que le pétrole était un bien non renouvelable (non renouvelable à notre échelle de temps) et ont convenu de protéger cette ressource rare en s'imposant un quota de production et en ajustant les prix en conséquence, ils ont déclenché une crise financière et politique d'une grave ampleur dans tout le monde occidental, qui s'est ensuite répercutée dans les pays en voie de développement.

Depuis ce temps, s'il apparaît que la perspective de Meadows était en soi relativement abstraite, l'éventualité d'une pénurie est certainement réelle et de plus en plus documentée en de nombreux secteurs: il y a déjà rareté mondiale d'eau potable, il y a souvent rareté de territoire agricole adéquat, rareté de terrains dans nombre de villes. Les ressources de la mer donnent des signes d'épuisement à la suite des efforts de pêche déployés depuis une génération. En regard de la forêt, la cueillette dépasse fréquemment les capacités de régénération. On le dit pour la grande forêt équatoriale, mais le fait est également notoire pour la forêt boréale du Québec. Si les ressources s'épuisent, cela veut dire que nous consommons les ressources dites renouvelables plus rapidement qu'elles ne se renouvellent ou que, dans le cas des ressources dites non renouvelables, nous nous acheminons vers des ruptures de stocks avant que nous ayons entrevu des hypothèses valables de remplacement. Trois facteurs sont donc ici en cause: le rythme de la consommation, l'accroissement démographique et la capacité d'innovation pour trouver de nouvelles ressources ou leur substitut adéquat.

Inégalité du partage

Dans la crise de l'environnement, la question sociale est indissociable de la question strictement écologique. À première vue, la chose paraît étrange, habitués que nous sommes à dissocier les deux questions et à n'envisager la question de l'environnement que sous l'angle de la seule nature. Une ministre du Gouvernement québécois prend plaisir à opposer la mort des petits poissons et la mort des petits enfants pour favoriser ses projets de développement. D'une manière obvie, la surconsommation des riches apparaît comme la menace la plus directe. Comme cette surconsommation est véhiculée par une culture économique et technique très largement dominante, c'est le modèle de consommation des pays riches moins peuplés qui s'impose aux pays pauvres plus peuplés et non le contraire. L'enfant togolais rêve de Coca-Cola, de rock et d'auto plus que nous ne rêvons de cases de bambou, de marche à pied ou d'austérité alimentaire. Si de plus en plus de gens consomment de plus en plus, la spirale devient catastrophique.

La réponse à la crise de l'environnement pourrait donc s'articuler autour de deux pôles: moins de consommation chez les riches et régulation des naissances chez les pauvres. Inconsciemment, la pensée glisse vers les zones interdites: maintien de la consommation chez les riches avec libre accès aux ressources, contrôle des naissances et maintien du taux de faible consommation chez les pauvres. Ainsi les pauvres resteront pauvres et le privilège des riches restera sauf. Il arrive parfois que l'écologie serve de paravent à des aspirations sociales inavouables.

Peut-on dépasser les termes de cette problématique? Il convient d'abord de prendre acte de l'inégalité dans la consommation des ressources. Cela est vrai au sein même des sociétés occidentales où la stratification sociale demeure importante. Les inégalités sociales (autrefois on parlait plus volontiers de classes sociales) demeurent fortes même au sein du premier monde et l'on constate, au cœur des sociétés opulentes, des poches de désintégration sociale inquiétantes: paupérisme, itinérance, marginalité, drogue, chômage endémique, dépendance sociale. On parle alors d'un quart monde menaçant, celui de l'intérieur. La société d'abondance basée sur la compétition et l'absence d'aménité creuse des écarts au lieu de les combler alors que les courants de la droite libérale — l'axe Thatcher-Reagan-Mulroney —, relançant le libéralisme d'affaires et désengageant l'État, donnent une nouvelle justification théorique à ce phénomène. Les dernières études faites au Québec parlent de «deux pays en un» ou, comme dit la revue *Relations*, d'un «Québec cassé en deux»[22].

La Commission Brundtland a cerné quelques-unes des inégalités au plan international. En s'appuyant sur des données de 1984, elle établit que la différence de revenu par habitant s'établit de un à cinquante entre les pays pauvres (à l'exception de la Chine et de l'Inde) et les pays industrialisés à économie de marché. Entre ces derniers et la Chine et l'Inde, le rapport serait de 39 à un[23]. Il s'agit naturellement d'appréciations grossières puisque l'économie officielle traduit bien imparfaitement la totalité et la vérité des échanges économiques à l'œuvre dans une société donnée. Tout de même! En acceptant cette échelle, les 25,9 millions de Canadiens exerceraient sur l'environnement des pressions équivalentes à un milliard de Chinois, ou les 55,79 millions de Français, une pression plus grande que celle de l'Inde et la Chine réunies (l'équivalent de 2 milliards 175 millions contre 797 millions en Inde et 1 100 millions en Chine). Bien sûr, ces chiffres sortis de leur contexte sont tendancieux. Nous faisons de la géopolitique fiction. Mais la réalité fait peur. Pour la consommation d'énergie, ce facteur déterminant du développement, la situation serait pire: «La consommation d'énergie par habitant dans les pays à économie de marché est 80 fois plus importante que dans l'Afrique sub-saharienne.»[24]

Si on laisse aller les choses comme elles vont, les écarts se creuseront encore davantage au lieu de se corriger. Celui qui possède la technologie, le capital et l'énergie sort d'une crise constamment avantagé par rapport à celui qui ne possède pas ces atouts. Le mal-développement, pour sa part, n'est pas simplement un fait brutal, encore moins une fatalité naturelle. C'est aussi un processus qui, une fois enclenché, semble progresser à son propre rythme vers la catastrophe.

> La pauvreté en soi est aussi une pollution qui, à sa façon, agresse l'environnement. Les malheureux qui ont faim sont facilement amenés à détruire leur environnement immédiat pour survivre: ils abattent des forêts; leur bétail épuise les prairies; ils font un usage abusif des terres marginales; ils envahissent des villes déjà congestionnées. L'effet cumulé de ces changements est tellement énorme que la pauvreté devient un véritable fléau mondial[25].

Il n'est pas nécessaire d'être grand prophète pour comprendre qu'à mesure que les écarts continueront de croître, le danger de bouleversements majeurs progressera. La contradiction deviendra telle qu'il s'ensuivra des troubles sociaux, des révoltes, des guerres. On parle maintenant de plus en plus des migrants de l'environnement qui fuient leur pays dévasté et viennent grossir le flot des apatrides. Imaginer que ces gens ne trouveront pas les moyens d'entrer dans les pays de l'abondance nous paraît se plonger la tête dans le sable. Tous les moyens seront bons: la ruse, le mensonge, la corruption, la violence, l'audace la plus folle. Vision dantesque des «boat-people» qui trouveront toujours un aventurier pour organiser le voyage. Difficiles à défendre, les frontières des pays riches céderont alors que les problèmes politiques et sociaux croîtront sans cesse[26]. Maintenant l'inégalité, à l'horizon le chaos!

Il semble bien que la parade à cette situation s'appelle le développement. S'il y a une relation constante entre l'accès à une certaine abondance et la stabilisation de la population, la réponse à l'explosion démographique ne réside pas dans le contrôle des naissances comme solution isolée que l'on imposerait au tiers monde, ni dans le renforcement des systèmes de défense des sociétés industrialisées à économie de marché. La réponse passe par la croissance des sociétés peu ou mal développées et la diminution de la pression exercée par la consommation dans les pays très développés. On s'aperçoit ici que la considération stratégique glisse fatalement dans le champ de l'éthique et des valeurs. La Commission Brundtland a tenté de définir cet objectif dans le cadre d'un concept qu'elle veut opératoire: le développement durable. «Pour que le développement soutenable puisse advenir dans le monde entier, les nantis doivent adopter un mode de vie qui respecte les limites écologiques de la planète. (...) Le développement soutenable n'est donc possible que si la démographie et la croissance évoluent en harmonie avec le potentiel productif de l'écosystème.»[27]

Selon nous, on ne peut tenir une perspective d'ensemble si on ne définit pas la question sociale comme un des éléments constitutifs de la crise écologique. L'inégalité du développement et la régression vers le mal-développement des pays du tiers monde font partie de la crise de l'environnement au même titre que la pollution ou la disparition des espèces.

La pauvreté est une menace terrible pour la planète, de même que l'écart entre les pays. Loin de se combler depuis vingt ans, cet écart se creuse sans cesse et risque de mener à un seuil où la catastrophe devient une voie fatale.

Des accidents dont on parle

Il y a quinze ans, au moment où l'on parlait encore peu de l'environnement, je collectionnais des coupures de journaux pour me rappeler les accidents écologiques. Depuis quelques années, j'ai renoncé, par économie un peu et par paresse beaucoup, me disant que les accidents étaient si divers et si spectaculaires que je me les rappellerais sûrement. Mais non, comme tout le monde, j'ai oublié...

Le premier grand accident n'est pas tout à fait un accident, en fait n'en est pas un du tout: il s'agit de l'utilisation de la bombe atomique contre Hiroshima et Nagasaki (6 et 9 août 1945). L'arme atomique nous a fait franchir un bond régressif dans l'usage de la guerre. Tuer si abondamment et indistinctement, mais surtout tuer si totalement que la perspective de vie et de survie soit désormais bousculée. C'était la seule manière d'amener le Japon à capituler, disent les défenseurs de la décision. Il n'en demeure pas moins que le bombardement avait aussi une fonction d'essai. En passant à l'acte, les États-Unis ont modifié radicalement l'espace de la terreur. Depuis, «la bombe gagne en puissance. Sur l'atoll de Bikini, dans les neiges sibériennes de la Nouvelle-Zemble, elle atteindra l'équivalent de dizaines de millions de tonnes de dynamite. Et elle prolifère. Plus de trente mille, aux dernières nouvelles, sont disséminées dans les arsenaux de la planète.»[28] «L'humanité fait tout ce qu'elle peut (et plus encore) pour amener, le plus vite possible, son autodestruction.»[29]

Il y aurait long à dire sur la dissémination des armes nucléaires et le risque que ces dernières représentent. Par bonheur, la fin de la guerre froide entre le groupe de l'OTAN et celui du pacte de Varsovie, de même que les engagements pour la destruction des armes nucléaires sur les territoires stratégiques, font chuter grandement la tension. Mais le risque demeure toujours là, tant que l'arsenal demeure en place au sein des nations «nucléaristes». La tension demeure si vive au Proche et au Moyen-Orient, et les possibilités de contrebande d'armes de tout acabit si grandes, que le danger n'a pas disparu. La guerre du Golfe nous en a donné quelques avant-goûts.

Même en oubliant la guerre et la violence armée, reste toujours le danger d'accidents industriels. Faisons un tour sommaire des classiques du genre:

– Seveso, 10 juillet 1976. S'échappant de l'usine de produits chimiques Icnesa, un nuage de gaz toxique retombe sur Seveso (près de Milan, Italie). L'accident est d'abord tenu secret, puis minimisé. Pourtant, parmi les gaz échappés, il y a des dioxines. Plusieurs centaines d'habitants sont évacués et le gouvernement autorise l'avortement pour les femmes enceintes, car il y aurait risque de malformation chez l'embryon.

– Portsall Amoco Cadiz, 16 mars 1978. L'Amoco Cadiz, pétrolier de la société Shell, tombe en panne au large du Finistère (Bretagne, France). Pendant que l'on discute sur le coût du remorquage, le bateau échoue et se disloque: 230 000 tonnes de pétrole dérivent et viennent souiller les plages de Bretagne. C'est la quatrième marée noire en Bretagne après les accidents survenus au Torrey-Canyon (18 mars 1967), à l'Olympic Bravery (24 janvier 1976) et au Bœhlen (14 octobre 1976).

– Three Mile Island, 28 mars 1979. Accident à la centrale nucléaire de Three Mile Island (près de Harrisburg, Pennsylvanie). A la suite d'une série d'événements considérés maintenant comme mineurs, «environ

13 millions de curies de gaz rares (essentiellement du xénon 133 et une dizaine de curies d'iode 131) furent rejetés dans l'environnement»[30].

– Terre-Neuve, 5 février 1982. Au milieu d'une tempête de neige, une plate-forme flottante d'exploration pétrolière semi-submersible, l'Ocean Ranger, coule: 84 morts. G. Landriot évalue, en 1983, à 600 unités le nombre de plates-formes de forage en place, alors qu'à cette époque 130 autres étaient en construction. De 1970 à 1981, il y a eu 325 accidents causant 318 morts. Il y a des risques pour l'environnement marin si les vannes sous-marines de sécurité situées à la tête du puits ne fonctionnent pas. L'auteur ne donne pas d'information sur la pollution effectivement causée. Il conclut son étude sur un jugement étonnamment bienveillant: «La vigilance extrême dont font preuve les principaux intervenants de l'industrie offshore contribue efficacement, sur ce point, à la diminution du nombre et de la gravité des accidents.»[31]

– Mississauga, 10 novembre 1979. Un train de marchandises déraille en banlieue de Toronto. S'ensuivent une grande explosion et un incendie. Le train comprend des wagons pleins de gaz propane (qu'il faut arroser pour maîtriser l'incendie) et un wagon de 90 tonnes de chlore (qu'il ne faut pas arroser, car cela alimenterait l'incendie). Mississauga est évacuée. La maîtrise de l'incendie prendra une semaine. Par chance, on ne déplore aucune perte de vie.

– San Juan Ixhuatepec, 19 novembre 1984. Des réservoirs de gaz explosent à la chaîne dans une zone urbaine de Mexico (Mexique). Il y a eu de très nombreuses victimes et une panique gigantesque. L'accident montre la fragilité des villes du tiers monde à ce genre de cataclysmes.

– Bhopal, 2-3 décembre 1984. Accident à l'usine d'Union Carbide à Bhopal (Inde). Un bidonville avoisinait l'usine. Plus de 2 500 morts et au moins 100 000 victimes, dont beaucoup deviendront aveugles.

– Tchernobyl, 25 avril 1986. Accident grave à l'un des réacteurs de la centrale nucléaire de Tchernobyl (Ukraine). L'événement est d'abord caché par les autorités de l'URSS, mais révélé par la Suède. Des chiffres contradictoires sont mis de l'avant selon l'appartenance politique des informateurs. Le 1er mai, l'agence Tass fait état de deux morts et de cent quatre-vingt-dix-sept blessés. On estime aujourd'hui que les effets sont beaucoup plus importants: au moins 203 personnes fortement irradiées, évacuation de 135 000 personnes, contamination notamment des produits agricoles, retombées faibles, mais détectables sur toute l'Europe.

– Bâle, 1er novembre 1986. Violent incendie aux entrepôts du groupe Sandoz: entre 10 et 30 tonnes d'insecticides et de fongicides à base de mercure sont dispersés dans l'environnement. Le Rhin est privé de vie sur une partie importante de son parcours.

– Saint-Basile-le-Grand, 23 août 1988. À Saint-Basile-le-Grand, en banlieue de Montréal, un entrepôt contenant 150 000 litres de liquides contaminés par des BPC (biphényles polychlorés) prend feu. L'incendie s'étend assez rapidement et, avant qu'il ne puisse être contrôlé, environ 15 % du contenu de l'entrepôt aura brûlé. Comme la combustion des BPC s'est faite à des températures relativement basses, l'émission de furanes et de dioxines est certaine. La population environnante est évacuée et ne pourra réintégrer les lieux que deux semaines plus tard, à cause d'une confusion extrême des analyses auxquelles a procédé le ministère. L'enquête qui a suivi l'incendie[32] a démontré que celui-ci était d'origine criminelle, que le propriétaire avait dépassé les quantités autorisées, que l'entrepôt était déficient et insuffisamment protégé, que le ministère de l'Environnement avait manifesté un laxisme constant, n'effectuant pas les inspections ou, quand il le faisait, le faisant de façon superficielle, sans donner suite aux actions qui s'imposaient. Au moment de la crise, le désordre le plus complet a régné au sein des équipes responsables de l'intervention. Si tout l'entrepôt avait passé au feu et que le vent eût soufflé en direction de Montréal, il eût fallu songer à évacuer l'est de Montréal, avec la panique qui s'en serait suivie. Le propriétaire de l'entrepôt a pris la fuite aux États-Unis le soir même de l'incendie. Cet accident a forcé le gouvernement à instituer une enquête publique sur la gestion de l'ensemble des déchets dangereux[33].

– Alaska, 24 mars 1989. Le pétrolier Exxon-Valdez échoue dans la baie du détroit du Prince-William, en Alaska, provoquant une énorme marée noire de 44 millions de litres de brut dans un environnement particulièrement fragile. L'enquête a révélé que le capitaine était ivre au moment de l'accident et avait confié la conduite du navire à un adjoint inexpérimenté. Un communiqué de l'AFP annonçait, le dimanche 22 juillet 1990, que le pétrolier avait passé onze mois en cale sèche pour être réparé et serait bientôt prêt, après deux semaines d'essais, à reprendre du service. L'Exxon Shipping Co., propriétaire du bateau, ne semble pas trop ébranlée par la catastrophe survenue, mais a tout de même décidé de changer le nom du bateau, qui s'appellera désormais Exxon Mediterranean. La dépêche ne dit malheureusement rien sur la politique de la compagnie, notamment en ce qui concerne les critères d'embauche et de sélection de son personnel maritime.

Cette liste de catastrophes est bien insuffisante. Il y aurait à signaler les incendies, tous deux criminels, d'entrepôts de pneus, l'un à Hagersville (Ontario) et l'autre à Saint-Amable (Québec), ainsi que des dizaines d'accidents qui n'ont pas tous le privilège de la notoriété, en France, en Australie, dans les pays industrialisés, mais surtout dans les pays du tiers monde où les risques humains sont beaucoup plus élevés et les installations plus gravement déficientes. Et que dire de toutes les actions clandestines, au plan local comme en politique internationale?

Par définition, un accident est quelque chose de rare, voire exceptionnel. Mais la fréquence et la diversité des accidents dans l'industrie permettent d'entrevoir ce que Patrick Lagadec appelle «le risque technologique majeur»[34]. Nous rêvons constamment d'une société sans risque, dotée d'une technologie parfaite et peuplée d'humains toujours compétents et responsables au point que l'accident ne puisse se produire. C'est là un monde de rêve. Dans la réalité, toute technologie a des faiblesses de conception et des défaillances. Une auto finit toujours par tomber en panne un jour ou l'autre. Même une industrie aussi spécialisée et surveillée que l'aérospatiale a ses défaillances: le 28 janvier 1986, la navette spatiale Challenger explose après 74 secondes de vol. L'accident de Three Mile Island est attribuable à la fois à une défaillance technique, à une erreur de conception et à une erreur humaine. Les responsables de Tchernobyl, pour leur part, n'avaient pas tiré de l'accident de Three Mile Island les leçons nécessaires pour eux.

Nous vivons ainsi avec des technologies de grande puissance qui représentent des risques potentiels de très grande envergure, exigeant des conduites humaines spécialisées et psychologiquement irréprochables. Mais il n'est pas du tout sûr que la présence constante du danger n'engendre pas, chez les responsables, les techniciens et les usagers, des formes aiguës d'angoisse et de stress et donc des risques de conduites aberrantes constamment sous-évalués. Aucune technologie ne peut parvenir à un risque zéro. Plus encore, toute technologie connaît fatalement des incidents, qui peuvent mener à des accidents, lesquels peuvent mener à des catastrophes. En ce sens, la crise écologique moderne est constituée pour une part non négligeable d'un facteur de risque savamment occulté et pourtant toujours résurgent sous l'image de la catastrophe. Les films d'horreur, si populaires, trahissent peut-être nos doutes devant cette rationalité extrême. L'imaginaire oserait alors dire ce que la logique technologique cherche à récuser.

La disparition des espèces animales et végétales

Si on se place à l'échelle planétaire, la disparition d'espèces animales et végétales n'est pas un phénomène nouveau. Certains estiment que 99 % des espèces vivantes sont déjà disparues à cause des modifications intervenues dans les conditions de vie de la planète terre: changements écologiques à échelle réduite ou cataclysmes d'envergure encore mal expliqués[35].

On établit l'âge de la terre à environ 4,5 milliards d'années et le début de la vie à environ 3,5 milliards, avec l'apparition des premières bactéries qui vivent dans un milieu anaérobie, sans oxygène. «Vers environ 2,5 milliards d'années se développèrent des Cyanobactéries, Procaryotes capables de photosynthèse aérobie, donc libérant de l'oxygène.»[36] Commence alors une immense et gigantesque période de libération d'oxygène qui permettra l'apparition d'espèces utilisant l'oxygène pour leur respiration. Les premiers animaux à squelette apparaissent il y a environ 570 millions d'années. On pourrait dire, pour utiliser un anthropomorphisme grossier, que la vie se met à chercher dans tous les sens toutes les hypothèses possibles, dans les mers d'abord, dans les airs, sur la terre, dans le minuscule comme dans le gigantesque. Les paléontologues essaient d'établir la route parcourue: une route extrêmement complexe dont les vestiges restent lacunaires.

> Malgré ses lacunes, l'étude de la paléontologie introduit dans la systématique une dimension nouvelle, celle du temps. Elle montre en effet que tous les groupes ne sont pas apparus au même moment, mais de façon graduelle, par paliers successifs, de telle façon que l'on va du simple au complexe, de l'élémentaire au perfectionné, du général (fait pour vivre n'importe où) au spécialisé (fait pour vivre dans un milieu particulier, et dans lui seul)[37].

La fixation des périodes géologiques indique souvent les moments de grandes disparitions d'espèces: de l'ordovicien au silurien (environ 450 millions d'années): disparition de plus de la moitié des espèces d'alors; du dévonien au carbonifère (environ 375 millions d'années): disparition de plus de la moitié des espèces; du permien au triassique (environ 250 millions d'années): disparition d'une très grande majorité d'espèces. Autre hécatombe au jurassien (200 millions d'années) et à l'époque tertiaire, il y a environ 68 millions d'années. Chaque disparition laisse la place à l'explosion d'une nouvelle famille. Quand les dinosaures qui ont régné pendant 140 millions d'années disparaissent au début du tertiaire, les mammifères leur succèdent.

On pourrait dire que la disparition d'espèces est un phénomène biologique constant, en ce sens tout à fait normal, qui témoigne des variations des conditions de la vie au long de l'histoire terrestre, de la fragilité de la vie, mais aussi de son extraordinaire pouvoir d'adaptation.

Dans le cadre de la crise écologique actuelle, quand on parle du danger de la disparition des espèces, et donc des espèces menacées, on évoque un tout autre problème. Le terme désigne la menace que fait subir aux espèces actuellement vivantes l'espèce humaine dans son développement. Le rythme de destruction directe ou indirecte des espèces par l'être humain est beaucoup plus rapide que le rythme naturel: une centaine de fois supérieur, dit la Commission Brundtland, «peut-être des milliers de fois supérieur»[38].

Les raisons en sont faciles à comprendre. D'une part, l'expansion de la présence humaine sur tous les espaces de la terre amène la destruction d'habitats essentiels à la survie de nombreuses espèces (c'est le cas entre autres des grands carnassiers); d'autre part la prédation, la cueillette, l'exploitation intensives de certaines espèces en acculent d'autres à la mort (ce fut le cas du bison que l'on a sauvé in extremis); enfin le haut taux de pollution porte atteinte aux chances de survie de nombreuses autres espèces (c'est le cas des bélugas). Au fond, l'espèce humaine est en train d'accomplir, sur un temps géologique très court, ce que les forces conjuguées de la nature ont fait sur un temps infiniment plus long. Mais nous ne disposons pas du temps de la nature pour attendre que d'autres familles d'espèces prennent la relève de l'évolution. En s'isolant ainsi des autres espèces qui partagent son biotope, l'espèce humaine se met elle-même en danger.

Il y a unanimité sur ce point: la diversité des espèces est une richesse et une chance pour la vie. Un milieu biologique diversifié réagit beaucoup mieux à une agression qu'un milieu étroitement homogène. La disparition d'espèces vivantes amène un appauvrissement du stock génétique de la vie et donc un rétrécissement de la plateforme de la vie. D'un point de vue strictement utilitaire, l'appauvrissement d'espèces végétales et animales constitue donc une menace pour l'être humain: par exemple, si les sortes de blé que nous cultivons sont un jour attaquées par des insectes qui se seraient adaptés aux conditions actuelles de l'agriculture industrielle, il n'est pas sûr que nous puissions élaborer de nouvelles variétés à partir des souches anciennes, puisque ces dernières ont, pour la plupart, maintenant disparu. D'une manière plus globale, la disparition d'espèces, surtout végétales, rend plus fragile l'ensemble de l'écosystème lui-même.

La sauvegarde des espèces et des espaces naturels constitue donc un des aspects fondamentaux d'une politique de conservation. Les raisons d'y souscrire sont de plusieurs ordres: scientifique, médical, esthétique, éthique, biologique. Pour parler le langage d'aujourd'hui, les plus impérieuses sont peut-être tout simplement d'ordre économique.

Le déséquilibre des grands systèmes

Les citoyens et citoyennes âgés de plus de trente ans sont en mesure d'observer les modifications de leur milieu immédiat, de constater l'expansion de l'urbanisation, les nouvelles pratiques culturales du milieu agricole, les nouvelles technologies industrielles, le recours de plus en plus marqué aux produits chimiques. Toutefois, nous commençons à peine à prendre conscience des modifications qui surviennent à de très grands ensembles, à constater les perturbations de quelques-unes des grandes fonctions de l'écosystème. Ici, l'échelle de grandeur change complètement. Parfois, il s'agit d'hypothèses. Parfois, de phénomènes si bien observés que l'on peut parler de certitude scientifique. Nous entrons dans le domaine cher aux grands titres des journaux: la disparition de la grande forêt équatoriale, la destruction de la couche d'ozone, l'effet de serre, les pluies acides. Hypothèses, certitudes, menaces réelles ou appréhendées?

Quand Jacques Cartier, après Christophe Colomb, après Cabot et tant d'autres, a décidé de prendre la mer avec ses trois bateaux pour aller à l'aventure vers l'ouest, il percevait la dynamique interne de l'écosystème terre. La boussole offrait désormais des points de repère. Les vents avaient un sens dominant, de même que les courants marins. La mer n'est pas simplement une masse d'eau étale, ni l'air sans une certaine structure dynamique. Les explorateurs avaient une précompréhension de la dynamique planétaire. Cette conscience planétaire fait désormais partie intégrante de la culture généralisée.

Maintenant que l'on connaît le rôle fondamental des forêts dans l'équilibre écologique, comme réserve d'eau, d'espèces végétales et animales, comme «poumons de la terre», on a raison de craindre que la destruction rapide et irréfléchie de la forêt amazonienne n'engendre une catastrophe écologique mondiale[39]. Est-on en train de créer un désert gigantesque? Regarder une carte géographique en prenant conscience que la forêt amazonienne correspond à la latitude du Sahara fait carrément frémir. La menace devient planétaire. Ce qui se joue là pourrait ne pas concerner seulement le Brésil — ses politiciens, ses gens d'affaires, sa population interne — mais également tous les habitants du globe.

Après la seconde guerre mondiale, des groupes de citoyens du sud des États-Unis, las de la pollution des usines de leur secteur utilisant comme source d'énergie des combustibles fossiles (principalement du charbon), entreprirent des combats pour faire diminuer la pollution dont ils s'estimaient victimes. Au terme de leurs luttes, ils obtinrent que les usines mettent en place de très hautes cheminées pour l'expulsion de leur fumée. Victoire apparemment rapide, puisque l'environnement immédiat des quartiers s'améliora sensiblement. En réalité, la fumée expulsée très haut ne retombait plus aussitôt dans l'environnement immédiat, mais empruntait les grands courants aériens qui vont du sud au nord. Plus de vingt ans plus tard, on s'aperçut que la pollution ainsi expulsée subissait pendant son long séjour dans l'atmosphère des transformations chimiques dont le résultat final était d'abaisser le pH de la pluie, la rendant acide.

Quand la pollution part du sud des États-Unis pour retomber sur le Québec et l'Ontario, on imagine qu'il n'est pas simple de convaincre le voisin de son méfait et plus difficile encore de l'amener à se corriger. Le coupable dit toujours que l'accusateur exagère, que la preuve est insuffisante, ou que les correctifs demandés sont trop exigeants sans offrir de vraies garanties de succès. Il a donc fallu démontrer les faits, faire des relevés, constater l'acidification de la pluie, utiliser des traceurs pour prouver l'existence de vents dominants, poursuivre des études en laboratoire pour comprendre l'influence de l'acidité sur les arbres et les animaux, commander des études comparées simultanément par plusieurs universités afin de valider les résultats, entreprendre toute une série de relevés sur le terrain pour observer la détérioration de la forêt, etc. On peut dire maintenant que les pluies acides ne sont plus une peur abstraite, une théorie plus ou moins fondée: il s'agit d'un fait solidement étayé et bien documenté. Des régions sont coupables de pollution, alors que d'autres en sont principalement victimes. Évidemment, les cheminées d'usines ne sont pas les seules coupables: il y a aussi l'automobile, par exemple. De même, chaque pays pollué produit aussi une part de sa propre pollution. La nature elle-même produit des polluants. Mais tout cela n'élimine pas la responsabilité première des pollueurs[40].

Comme il n'y a pas encore sur ce point de droit international bien établi, les ententes se font par le jeu complexe de la conviction, de la pression politique, du poids de l'opinion publique. George Bush, comme Ronald Reagan, se fait tirer l'oreille et cède des bouts de concession avec beaucoup de belles promesses suivies de reprises grossières. À la dépollution, il préfère le troc de pollution: je vous pollue en ce domaine, mais vous me polluez aussi dans tel ou tel autre domaine; alors, nous sommes quittes. En Europe, où le phénomène des pluies acides est observé et mesuré depuis encore plus longtemps qu'en Amérique, les partenaires sont plus nombreux. Les pays scandinaves et l'Allemagne de l'Ouest formulent l'accusation, tandis que la France, l'Angleterre et les autres font la sourde oreille. Il faudra une autre génération avant que l'on comprenne que chacun est reponsable de sa propre pollution, que la refiler au voisin n'est pas une façon de faire et que, de toute façon, ni la mer ni l'air ne peuvent servir indéfiniment de dépotoir. Comme dit le proverbe: si tu craches en l'air, ça te tombera sur le nez. Pourvu simplement que l'on ait encore le temps de faire les corrections!

La même angoisse couve sous la question encore plus complexe de l'effet de serre. Les observations maintenant mesurées permettent de savoir que l'accumulation de polluants dans l'atmosphère progresse vite. Le polluant le plus connu demeure le CO_2, dont la source est également de notre compagne bien-aimée: l'automobile. «Depuis 1958 seulement, année où des mesures régulières ont commencé, la concentration de CO_2 est passée de 315 parties par million à 352 parties par milion en 1988, c'est-à-dire à un taux de concentration nettement plus élevé que les taux les plus forts qui aient été enregistrés par la terre depuis 160 000 ans.»[41] Comme on le constate, l'argumentation est alarmiste, mais pas nécessairement robuste, quand on sait que la vie date de 3,5 milliards d'années et l'ère des mammifères depuis plus de 60 millions d'années. Plus solide par contre est l'autre affirmation: «L'humanité a ajouté 5,5 milliards de tonnes de carbone dans l'atmosphère par suite de l'utilisation des combustibles fossiles.»[42] L'effet de serre consisterait en ceci: la masse de pollution agirait comme un écran qui empêche une partie de la chaleur qui émane de la terre (sous forme de rayonnement infrarouge) de s'échapper vers l'espace. Cette chaleur emprisonnée à la surface terrestre ferait donc progressivement monter la température moyenne, bouleversant ainsi en profondeur le système climatique actuel, et pourrait faire fondre la calotte glaciaire et hausser le niveau général des eaux. C'est une possibilité terrifiante. Sommes-nous en train d'observer le réchauffement de la planète? L'effet de serre est-il à l'œuvre? Certains l'affirment. Pourtant, les cycles météorologiques sont longs, autour de 80 ans, et il peut être abusif de dire tout de go que le réchauffement est commencé. Ce qui ne veut pas dire que l'on doive cesser d'être vigilant ni que l'envoi d'autres milliards de tonnes de carbone dans l'atmosphère soit souhaitable.

La question de la couche d'ozone est une composante encore plus complexe de cette même question. Le flux de rayonnement ultraviolet venant du soleil pénètre dans la stratosphère et est filtré par la mince couche d'un gaz assez rare appelé ozone. Cette couche d'ozone paraît essentielle à notre protection, puisque les rayons ultraviolets peuvent occasionner des brûlures et des lésions cutanées ou même causer certaines formes de cancer. Or, on a observé depuis une vingtaine d'années des fluctuations importantes dans la quantité d'ozone présente dans l'atmosphère. Ces fluctuations sont-elles un fait normal ou un fait nouveau? On a même observé un trou dans cette couche au niveau de l'Antarctique. Ces faits ont occasionné un développement considérable de la recherche: l'hypothèse actuellement retenue veut que l'ozone serait détruite par des réactions causées par la présence d'une série de produits appelés chlorofluorocarbures, connus aussi sous le nom commercial de fréon et l'abréviation CFC. Les CFC (dont la permanence dans l'atmosphère s'établirait entre 75 et 125 ans) contribuent déjà directement à l'effet de serre, une molécule de CFC jouant un rôle équivalant à 10 000 molécules de CO_2. Mais il y a plus. Arrivés dans la stratosphère, les CFC subissent le rayonnement ultraviolet qui peut casser leur structure moléculaire, libérant ainsi des atomes de chlore, lesquels à leur tour détruisent l'ozone[43]. Or les CFC font partie de notre arsenal chimique, pour la réfrigération, les aérosols, les mousses isolantes, les climatiseurs d'automobile et domestiques. Il s'en produit mondialement plus d'un million de tonnes par année et la demande ne cesse de progresser. La question de l'ozone est-elle réelle, exagérée, une fausse piste? Si les observations scientifiques se révèlent vraies et qu'il n'y a pas de mécanismes compensatoires, la perspective est très sombre et le danger grave, puisque même en arrêtant maintenant l'émission de CFC, l'effet enclenché pourrait se poursuivre encore pendant un siècle. C'est pourquoi la recherche se poursuit fébrilement et déjà une entente internationale (Montréal, 1989) prévoit une diminution de la production à partir de 1994, le temps nécessaire aux économies nationales pour commencer à s'ajuster[44].

Conclusion

Cette description déjà très longue et pourtant si sommaire permet de saisir la problématique d'ensemble de la crise de l'environnement. À mesure que l'on scrute cete question, on s'aperçoit que le plus inquiétant n'est pas ce que nous savons, mais ce que nous ignorons. Nous sommes face à un univers d'une complexité gigantesque au sein duquel, depuis deux siècles surtout, nous intervenons avec une naïveté désarmante. Nous commençons à comprendre que la portée réelle de certaines actions pourrait dépasser toutes nos appréhensions. En ce sens, la crise de l'environnement peut être d'une gravité sans précédent et constituer une nouveauté absolue. Serions-nous «en danger de progrès»[45]? La crise de l'environnement véhicule donc une anxiété désastreuse, pour ne pas dire désespérante, alors que les personnes peu sensibles à cette dimension pourraient en avoir ras le bol.

Ce qui doit nous ramener sur terre, c'est précisément la dimension sociale de la crise. Cela, nous le savons d'expérience depuis des siècles d'histoire: une trop grande inégalité mène fatalement à la crise. Si notre développement mène au risque écologique, à la menace nucléaire et à l'exaspération de l'inégalité entre les peuples, il n'y a pas à hésiter, la crise est à notre porte. Même si la démonstration scientifique sur l'épuisement des ressources ou sur l'effet de serre ou sur tout autre élément ponctuel de la crise n'est pas toujours parfaitement convaincante, même s'il existait pour chaque problème isolé une parade efficace, la diversité et l'ampleur des indices cumulatifs sont telles qu'il nous faut conclure que la crise existe bel et bien: ce n'est pas un mirage. Comme le dit la Commission Bruntdland: «Il ne s'agit pas, en effet, de crises isolées: une crise de l'environnement, une autre du développement, une autre énergétique. Non, de crise, il n'y en a qu'une.»[46] Cette crise unique et globale constitue notre lieu spirituel et l'espace éthique où chacun de nous joue son destin.

Notes

1. Pour la France, voir principalement: Philippe Lebreton, *La nature en crise*, Paris, Éditions Sang de terre, 1988, 341 pages. Pour le Québec, voir: *L'environnement au Québec, un premier bilan. Document technique*, ministère de l'Environnement, 1988, 429 pages. Également André Beauchamp, «Environnement: bilan et perspectives», *L'Action nationale*, mai 1990, p. 633-653. Au plan mondial, en plus des nombreuses publications de l'UNESCO et de l'OCDE, on peut prendre connaissance avec profit des travaux du World Watch Institute qui produit chaque année un rapport sur l'état de l'environnement: *State of the World*. Ce rapport annuel est maintenant accessible en français: Lester R. Brown, *L'état de la planète*, Paris, Économica, 1989, 389 pages. On commence à trouver, à un niveau assez vulgarisé, de bonnes informations et des commentaires pertinents dans *L'état du monde* qui paraît chaque année en coédition La Découverte/Boréal. Nous avons aussi puisé une mine d'informations dans les divers tomes annuels de *Universalia*, le complément de *L'Encyclopædia Universalis*. À un niveau supérieur, il faut considérer le rapport de la Commission mondiale sur l'environnement et le

développement, commission présidée par madame Gro H. Brundtland: *Notre avenir à tous*, Publications du Québec/Éditions du Fleuve, 1988, 454 pages, diffusé en Europe par les éditions Chiron. Ce document dépasse de loin la fonction de bilan et constitue en réalité, grâce à la consultation qui l'a précédé ainsi qu'à la composition et au mandat institutionnel de la commission, la référence obligée pour comprendre la crise actuelle et amorcer les correctifs qui s'imposent.

2. Alvin TOFFLER, *Le choc du futur*, Paris, Denoël.
3. *Notre avenir à tous*, p. 5.
4. France MESLÉ, «La baisse de la natalité en RFA», *L'état du monde 1989-1990*, p. 532.
5. Gisèle TURCOT, «Anne, ma sœur Anne», *Relations*, janvier-février 1988, p. 10.
6. *Notre avenir à tous*, p. 66.
7. *L'environnement au Québec*, p. 373.
8. *L'environnement au Québec*, p. 374.
9. Pour la situation française, voir Roger CANS, *Le monde poubelle*, Paris, First, 1990, 290 pages. Pour la question des contenants, voir p. 153-164.
10. Francine LÉGARÉ, *Ces déchets qui n'en sont pas*, Montréal, Publications du Québec, 1987, p. 8.
11. *L'environnement au Québec*, p. 367.
12. Louis-Gilles FRANCŒUR, *Le Devoir*, 14 septembre 1989.
13. *L'environnement au Québec*, p. 273.
14. *L'environnement à l'heure de la concertation. Le plan vert*, Ottawa, Environnement Canada, 1990, p. 15.
15. *Notre avenir à tous*, p. 251.
16. André PICOT, «Les risques du travail dans l'industrie chimique», *L'état du monde 1989-1990*, Paris/Montréal, La Découverte/Boréal, p. 592.
17. Dominique FINON et Jean-Paul SCHAPIRO, «La gestion des déchets nucléaires», *Universalia 1981*, p. 306.
18. Cf. L. GASSO, «Le dixième anniversaire du club de Rome», *Universalia 1979*, p. 218-220.
19. *Halte à la croissance?* Le club de Rome présenté par Jeannine Delaunay et le rapport Meadows, Paris, Fayard, 1972, 309 pages.
20. *Halte à la croissance?*, p. 232-233.
21. Voir Julien HARVEY, «Développement insensé ou histoire responsable», dans A. BEAUCHAMP et J. HARVEY, *Repères pour demain*, Montréal, Bellarmin, 1987, p. 59-93.
22. Cf. *Relations*, n°s 545 (novembre 1988) et 559 (avril 1990).
23. *Notre avenir à tous*, p. 34.
24. *Notre avenir à tous*, p. 202.
25. *Notre avenir à tous*, p. 33.

26. Cf. Lester R. Brown, *L'état de la planète 1989*, Paris, Économica. Voir en particulier le chapitre 4, Jodi L. Jacobson, «Abandonner sa terre natale» (p. 97- 124) et le chapitre 8, Michael Renner, «Renforcer la sécurité mondiale» (p. 219-251).

27. *Notre avenir à tous*, p. 11. Il y a des discussions chez les francophones sur la façon de traduire l'expression «sustainable development». Certains préfèrent développement soutenable, traduction littérale qui correspond au concept bien connu en foresterie de rendement soutenu. D'autres préfèrent développement durable qui a prévalu dans la diffusion du concept. La préférence est alors donnée au temps, mais la perspective est moins dynamique. D'autres enfin préfèrent les termes de développement viable, plus proches du vocabulaire biologique. L'opération nolisation du concept de développement durable fait également l'objet d'études intensives. Voir, auprès du Conseil canadien de la recherche sur l'évaluation environnementale (CCREE), Peter Jacobs et Barry Sadler: *Développement durable et évaluation environnementale: perspectives de planification d'un avenir commun* (204 pages); André Beauchamp: *Le développement urbain viable* (à paraître).

28. Hubert Reeves, *L'heure de s'enivrer*, Paris, Seuil, 1986, p. 25.

29. *L'heure de s'enivrer*, p. 24.

30. François Cogné, «Problèmes de santé après 3 Mile Island», *Universalia 1980*, p. 321.

31. Gérard Landriot, «Les accidents des plates-formes de forage en haute mer», *Universalia 1983*, p. 309.

32. Sûreté du Québec 108-880823-077. Rapport du Commissaire enquêteur, Cyrille Delâge, 20 juillet 1989.

33. Commission d'enquête sur les déchets dangereux: *Les déchets dangereux au Québec*, Québec, Bureau d'audiences publiques sur l'environnement, septembre 1990, 491 pages.

34. Cf. Patrick Lagadec, «Le risque technologique majeur», dans *Le courrier du CNRS*, Dossiers scientifiques, n° 72, Paris, mai 1989.

35. Cf. Rick Gore, «What Caused Earth's Great Dyings», *National Geographic*, juin 1989, p. 662-690.

36. Yvette Gayrard-Valy, *La paléontologie*, Paris, PUF (Que sais-je? 2190), p. 80.

37. Jacques Ruffié, *De la biologie à la culture*, Paris, Flammarion, 1983 (Champs 128), tome 1, p. 25-26.

38. *Notre avenir à tous*, p. 181.

39. Il faut toutefois rappeler que, dans une «forêt non exploitée où chaque arbre a sa vie propre et meurt de sa belle mort, la décomposition des arbres restitue à l'atmosphère le gaz carbonique qu'ils ont prélevé durant leur vie (...) En fait, tout laisse à penser que le bilan des échanges gazeux de la forêt dense est, en gros, équilibré. Donc, pas de "poumon vert".» Jean-Marie Pelt, *Le tour du monde d'un écologiste*, Paris, Fayard, 1990, p. 236-237.

40. Voir H. Van Dop, «Les pluies acides», *Universalia 1984*, p. 226-232. Voir aussi Ross Haward et Michael Perley, *Pluies acides*, Montréal, Québec/Amérique, 1982, 214 pages.

41. Lester R. BROWN, Christopher FLAVIN, Sandra POSTEL, «Un monde en danger», *L'état de la planète 1989*, p. 10.

42. ID., *Ibid.*

43. Cf. Patrick AIMEDIEU, «L'ozone atmosphérique menacé», *Universalia 1989*, p. 116-124.

44. Sur la question des pluies acides, de la couche d'ozone et l'effet de serre, voir l'excellent exposé dans Sylvie FAUCHEUX et Jean-François NOËL, *Les menaces globales sur l'environnement*, Repères, n° 91, Paris, La Découverte, 1990, 123 pages.

45. François CLOSETS, *En danger de progrès*, Paris, Denoël/Gonthier, 1978 (Bibliothèque méditations 180), 376 pages.

46. *Notre avenir à tous*, p. 5.

L'ENVIRONNEMENT

Chapitre 3
Qu'est-ce que l'environnement?

Environnement, écologie, écologistes sont des mots à la fois simples et terriblement compliqués. Des mots qui désignent une totalité et deviennent, à cause de cela même, généraux, vagues, imprécis. L'intention du présent chapitre est de proposer une définition simple de l'environnement en allant, comme il se doit, du connu à l'inconnu.

Dans le mot environnement, il y a le mot environ, non dans le sens d'à peu près, mais dans le sens de ce qui est autour. L'environnement est ce qui nous entoure, le milieu dans lequel nous baignons.

L'eau, l'air, le sol

Ce milieu est fait de réalités physiques ou, de préférence, de systèmes physiques. Plutôt que de parler de corps et de molécules et de nous aventurer dans la chimie ou la physique, nous utilisons en environnement trois catégories usuelles: l'eau, l'air, le sol. Très souvent les ministères et services de l'environnement sont structurés autour de ces trois axes, tout comme le sont les bilans que l'on veut objectifs de l'environnement, qui essaient de décrire l'état de santé du milieu dans lequel nous vivons.

Le cycle de l'eau nous est connu depuis notre tendre enfance et fait partie des chansons et comptines populaires. L'eau n'est pas une réalité statique. Elle s'écoule de la source à la mer, pénètre dans le sol, s'insinue dans les plantes, constitue la plus large part de nos organismes. Sous l'action du soleil et de la chaleur, l'eau s'évapore, devient nuage et entreprend, sous cette forme, des voyages mystérieux dans l'atmosphère. Puis, sous l'effet du froid, le nuage se condense et retombe sous forme de pluie ou de neige. Ainsi le cycle recommence, non d'une manière statique, mais de façon dynamique, variable. Les cours d'eau connaissent leurs crues et leurs étiages. L'eau inégalement répartie tombe trop à certains endroits, trop rarement à d'autres, dessinant ainsi le portrait multiforme du désert, de la steppe, des marécages.

À sa manière, l'air est également un système d'une grande complexité. Nous le savons quotidiennement, grâce au vent. Quand, l'été, le vent de l'ouest s'agite et que les feuilles des arbres tournent à l'envers, nous savons que l'orage est proche. Quand au contraire le «nordet» s'installe, nous savons qu'un système de froid et de pluie prévaudra pour plus d'une journée.

Chaque pays a ainsi ses vents nocifs, le fœhn en Suisse, la mousson en Inde, le mistral en Provence. L'enfant qui joue avec son cerf-volant sur la plage sait d'instinct que le caprice du vent n'est pas si fantaisiste et qu'il y a bien un vent dominant. Les navigateurs aussi le savaient qui partaient d'Europe et se risquaient sur la mer. L'air n'est pas qu'une masse inerte autour du globe: c'est un véritable système où diverses couches étagées sont en interaction complexe. Le fait est maintenant bien connu et étudié alors que la crise des pluies acides nous a permis d'améliorer nos connaissances sur les circuits de l'air.

Le sol aussi a sa complexité. Nous savons déjà qu'il y a de la bonne et de la mauvaise terre, des terrains sablonneux et d'autres, au contraire, lourds et riches, que la chimie des sols varie à l'infini. Mais il y a bien plus. Je me souviens que j'avais dressé, sur mon terrain, une clôture dans la glaise, jusqu'à la rivière. J'étais fier de l'alignement des poteaux. Au printemps suivant, quelle ne fut pas ma surprise de constater que l'alignement n'était plus rectiligne, comme si en certains endroits le sol avait glissé vers la rivière. Bien sûr, nous apprenons à l'école que les glaciers coulent, avancent ou reculent, comme le glacier Colombia en Alberta où l'on peut constater les régressions du glacier selon les années. Mais il nous est difficile d'envisager la dynamique de la croûte terrestre, la dérive des continents, le glissement des plaques tectoniques. Le temps de ces mouvements n'étant pas à l'échelle humaine, nous en venons à croire que le sol sous nos pieds n'a pas d'histoire, ni passé ni futur, objet fixe et immuable livré sous nos pieds: «solide comme le roc» dit le proverbe. Pourtant, il suffit de voir comment en peu d'années un sol peut s'appauvrir ou comment, après un dur hiver, sous l'effet combiné des gels et des dégels, les pierres ont surgi dans le jardin pour entrevoir que, là aussi, le sol est un système ouvert.

Eau, air, sol forment ainsi les premiers systèmes physiques de l'environnement. Retenons bien le mot système, qui renvoie à une réalité complexe et dynamique possédant comme une architecture propre. Mais ces systèmes ne sont pas isolés. Ils se recoupent constamment les uns les autres. Le plus important se joue précisément aux interfaces, quand le sol, l'air et l'eau se rejoignent. Déjà, le système eau ne peut se penser sans le système sol, puisque l'eau s'insinue dans le sol, s'y filtre, s'y accumule en des nappes aquifères souterraines. Le système eau ne peut non plus être adéquatement compris sans le sytème air, puisque la vapeur d'eau sous forme de nuage est étroitement tributaire des systèmes aériens de vent. Aux interfaces, nous assistons à des alliages complexes d'eau et d'air, d'eau et de sol, de sol et d'air ou des trois systèmes ensemble qui conditionneront, on s'en doute, tous les vivants de l'environnement. C'est ainsi que marécages et lieux humides constituent un des premiers milieux à conserver, alors que la tendance spontanée serait de les détruire.

La flore et la faune

Au-delà des systèmes physiques (eau, air sol), l'environnement désigne aussi les systèmes biologiques: la flore et la faune, ou, comme on disait déjà dans mon enfance, le règne végétal et le règne animal. L'histoire de la vie sur la planète terre est une prodigieuse aventure de morts et de naissances, d'une recherche fébrile de l'organisation biologique dans toutes ses dimensions possibles. On en retrace l'origine il y a environ trois milliards cinq cents millions d'années, avec l'apparition des premières cellules vivantes. Mais on imagine le gigantesque travail de prospection dans tous les milieux qui a fait que la nature a atteint les résultats actuels: trois cent mille espèces végétales et plus d'un million d'espèces animales et cela, sans compter la disparition de multitudes d'espèces vivantes aux divers âges géologiques de la planète, que nous avons évoquée au chapitre deux. Le surgissement de la vie pourrait se comparer à ces pièces de pyrotechnie que l'on utilise dans les feux d'artifices. Une gerbe d'étincelles jaillit d'abord et se disperse dans l'atmosphère dans le jeu des couleurs. Puis, comme du milieu de cette gerbe éclatée, se produit une nouvelle explosion qui engendre à son tour une gerbe nouvelle. De cette gerbe nouvelle qui se répand, surgit, à un niveau supérieur, une autre explosion qui engendre encore une gerbe et ainsi de suite. Et nous voilà, dans la nuit, ébahis de voir ces divers étages de couleurs et de flammes qui illuminent le ciel.

Il n'y a plus guère de gens pour contester aujourd'hui le long cheminement de la vie du plus simple au plus complexe, dans une prodigieuse évolution. Face à la représentation fixiste du monde, il a fallu constater d'abord la profondeur du temps géologique, puis le foisonnement diversifié des êtres, ainsi que la disparition d'espèces si nombreuses, dont nous n'avons pu prendre connaissance que par quelques témoins fossiles. C'est comme si, pour utiliser un anthropomorphisme, la nature avait cherché comme à tâtons les diverses solutions pour occuper l'univers. Parmi ces solutions, deux domaines distincts, les plantes, ou la flore, et les animaux, ou la faune, le terme désignant tout le règne animal, à la fois les insectes, les poissons, les oiseaux et les animaux terrestres[1].

Flore et faune sont l'objet de deux disciplines scientifiques considérables: la botanique et la zoologie. Déjà l'identification des espèces et leur définition rigoureuse, la taxonomie, représentent un défi colossal. Un autre défi considérable consiste à décrire la dynamique de l'évolution, la route qui va de l'origine à maintenant. Y a-t-il progrès, évolution, involution, téléfinalisme, comme si on allait, ainsi que l'affirme Teilhard de Chardin, en suivant une règle de complexité/conscience? Pour Teilhard, les formes diverses de la vie ne sont pas que simples réponses aux exigences et conditions du milieu: c'est aussi un cheminement vers une complexité de plus en plus grande et vers une intériorité de plus en plus affirmée, le phylum humain marquant, en un sens, le sommet actuel d'accomplissement, le passage, pour utiliser l'expression de Jacques Ruffié, de la biologie à la culture[2].

Mais l'important pour notre propos consiste à saisir comment la vie s'ancre dans le milieu physique et comment il y a une interrelation entre les données physiques et les organismes vivants. La compréhension scientifique de cette dynamique fait l'objet d'une discipline appelée l'écologie, dont nous parlerons dans la section suivante. Mais comme nous en sommes encore à la définition du concept d'environnement, contentons-nous de suggérer l'interrelation entre le milieu extérieur et les formes de vie animale et végétale.

La première observation et la plus simple concerne le milieu aquatique, si différent du milieu terrestre. On trouve là des espèces animales et végétales que l'on ne retrouve pas ailleurs. Mais même à ce niveau, nous savons d'expérience la différence considérable entre un milieu marin, une rivière, un lac, un marécage. Le pêcheur qui veut taquiner la truite sait qu'il doit chercher les ruisseaux à l'eau vive ou, dans le cas de truites grises ou mouchetées, des lacs propres à l'eau exceptionnellement froide. La raison semble simple: l'eau froide contient proportionnellement beaucoup plus d'oxygène dissous, oxygène dont cette espèce de poissons a particulièrement besoin. À l'inverse, le pêcheur d'anguilles ou de barbotes cherchera une eau plus chaude, plus riche, ne craindra pas les fonds vaseux ni les méandres d'une rivière paresseuse où l'oxygène dissous est moins abondant. S'il cherche des brochets, il tentera sa chance à l'embouchure d'un ruisseau.

C'est ainsi que, de façon empirique, nous saisissons les interrelations entre l'eau, l'air, le sol et les espèces vivantes. Qui n'a, un jour, découvert à ses dépens que l'herbe à puce affectionne les milieux ombragés avoisinant les rivières? Quel est le chercheur de champignons qui ne sait que telle ou telle espèce convoitée s'associe de façon privilégiée à d'autres espèces végétales, tout comme il est notoire qu'au printemps on ne cueille l'ail des bois que dans les érablières? Au désert, la contrainte la plus rigoureuse est le manque d'eau, en sorte que seules quelques espèces de plantes et d'animaux qui protègent leurs réserves d'eau à l'extrême arrivent à s'établir dans un milieu aussi peu propice. Semblablement, un climat trop froid pose des contraintes considérables. Une épinette noire qui atteint sa maturité en moins de cinquante ans dans son habitat naturel, la taïga, pourra prendre cent cinquante ans à la limite nordique de la frontière avec la toundra pour parvenir au tiers de sa taille adulte. Quand un voyageur découvre les hautes montagnes pour la première fois, les Alpes par exemple, il est surpris par les étages divers de végétation qu'il observe, comme des couches successives: la forêt dense, l'alpage, les espèces buissonnantes, la roche presque nue, la neige. De montagnes en montagnes, presque toujours le même schéma trop constant pour n'être simplement qu'un effet du hasard.

Entre la flore et la faune, il existe également d'étroites relations. Il suffit d'observer, à l'automne, les écureuils ramasser les glands et les noix pour comprendre qu'un peuplement de chênes ou de noyers constitue un habitat propice à l'écureuil. En hiver, pour se protéger de ses ennemis et avoir accès à la nourriture indispensable, le chevreuil a besoin pour établir son parc d'hivernage, ou ravage, d'un ensemble intégré de forêt de feuillus et de conifères. Une forêt de conifères seulement ne suffirait pas, ni un ensemble de feuillus uniquement. Pour le règne animal, de façon variable selon les espèces, les plantes servent constamment de nourriture et de refuge. Leur présence en un endroit donné sera donc favorable ou défavorable à l'établissement de colonies animales. Un espace traversé par un ruisseau et peuplé de bouleaux et de trembles favorisera l'établissement de castors. À l'inverse, un feu de forêt chasse nombre d'espèces animales, tandis que la forêt qui repoussera sera, en un premier temps, formée d'espèces végétales dites pionnières ou intolérantes (intolérantes à l'ombre, c'est-à-dire avides de soleil). Un feu de forêt dégage également une chaleur intense qui favorise l'éclosion des cônes de pin, relançant la pousse de cette espèce.

Les écosystèmes

Ces réflexions tout à fait élémentaires permettent néanmoins de nommer quelques réalités auxquelles la science écologique donnera plus de rigueur. L'environnement ne désigne pas une réalité statique, un assemblage d'eau, d'air, de sol et d'espèces animales et végétales. Il désigne plutôt la totalité constituée de ces divers éléments coexistant ensemble. C'est le tout qui est visé plus que chaque élément isolé. Et à l'intérieur de ce tout, la connaissance des cycles occupe une place importante: par exemple, le cycle de l'azote, celui de l'oxygène, du carbone, etc.

L'eau, l'air, le sol, le climat, l'altitude, les diverses catastrophes naturelles fournissent un cadre permettant à la vie de s'agripper. Le monde végétal qui constitue le premier maillon de la chaîne trophique (on dit souvent, à peu près dans le même sens, chaîne alimentaire, ou même préférablement réseau alimentaire) possède sa propre dynamique, les espèces végétales pouvant connaître entre elles l'exploitation, la compétition ou la symbiose. Font de même les espèces animales qui vivent en interaction avec les systèmes physiques du milieu et avec les espèces végétales et qui vivent, entre elles, les mêmes relations interspécifiques. Certains animaux qui mangent l'herbe ou les fruits sont chassés par des prédateurs. Il s'établit une espèce de communauté de vie, ce que la science écologique appelle une biocénose, entre tous les éléments du système vivant dans un milieu donné, ou biotope. Depuis Darwin, nous avons tendance à ne voir que l'aspect agressif du système, la compétition, la lutte pour la vie, le rapport entre le prédateur et sa proie ou la course des plus forts au mépris des plus faibles, alors que les relations articulées à travers toute la chaîne trophique forment un tout cohérent mais jamais fermé. Quand un prédateur vient à mourir, ce qui arrive fatalement, sa carcasse peut être dévorée par un charognard, par exemple une corneille en milieu terrestre ou un homard en milieu marin. Elle rentre ainsi partiellement dans une partie du cycle alimentaire. Mais le reste de la carcasse sera digéré par divers décomposeurs et réintroduit dans la chaîne alimentaire, principalement à travers le règne végétal.

C'est ainsi que nous pouvons aborder le concept englobant d'écosystème. Un écosystème est un système de systèmes intimément reliés les uns aux autres. Systèmes physiques, systèmes biologiques. Normalement, dans un écosystème donné s'établit une sorte d'équilibre qui fait que, pour un temps donné, le système en question se maintient et se perpétue dans le temps. On parle alors de climax. Mais le système n'est jamais clos. Il y a toujours des accidents, à dimensions réduites ou considérables: une inondation, un feu, une éruption, un tremblement de terre, une glaciation, une invasion d'espèces végétales ou animales inconnues sur le site. Si le bouleversement est tel que l'équilibre antérieur ne peut être retrouvé, il se créera une nouvelle forme d'équilibre plus favorable à certaines espèces végétales et animales. Un écosystème donné reste toujours relié aux autres écosystèmes environnants et donc perméable à certaines modifications qui peuvent survenir. Il semble y avoir dans un écosystème comme un principe de régulation intérieure qui fait que la simple recherche de séquences causales linéaires est insuffisante et qu'il y a précisément des «effets de système» qui rendent fragiles beaucoup de nos prédictions optimistes ou pessimistes.

Ces considérations un peu abstraites sont nécessaires, car nous avons parfois tendance à croire que les choses sont figées et invariables. Nous oublions qu'un écosystème tend à retrouver son équilibre même après des perturbations parfois considérables. Nous oublions également que la disparition d'un type d'écosystème peut conduire à l'établissement d'un autre qui n'est pas sans valeur. René Dubos donne de cela de fréquents exemples, notamment le dénuement des montagnes grecques, véritable catastrophe qui a toutefois fait surgir un paysage d'une beauté saisissante. Il signale également le phénomène des polders hollandais qui seraient aujourd'hui une entreprise hautement controversée, mais dont le succès, même sous l'angle écologique, semble certain.

Dans une pensée de type catastrophique, nous nous représentons aisément le milieu écologique comme un milieu faible, peu polyvalent et constamment soumis à la dégradation, alors qu'en réalité il s'agit d'un milieu particulièrement souple et adaptable, constamment en train de créer de nouveaux équilibres. Il y a belle lurette que la corneille, la mouffette, le raton laveur, la chouette, la marmotte ont pris racine dans le milieu urbain et appris à vivre en symbiose avec nous. Ceci ne veut pas dire qu'il faille tenir pour banale la crise écologique ni se complaire dans l'insouciance: il s'agit plus simplement de reconnaître le caractère extrêmement complexe des relations qui s'établissent à l'intérieur d'un écosystème.

Sous cet aspect, un écosystème peut se comparer à un mobile dans une chambre d'enfant. J'ai toujours été intrigué par ces formes dissymétriques qui, à l'état de repos, parviennent malgré leur irrégularité à un équilibre charmant. Mais il suffit d'un rien: un courant d'air, une porte qui s'ouvre, la main de bébé qui agrippe et le mobile part dans une danse étrange avant que finalement l'équilibre se recrée. En réalité, le mobile est d'une extrême sensibilité, mais sa propriété est d'être constamment apte à retrouver son équilibre premier. Toute intervention dans un écosystème perturbe fatalement la totalité de l'écosystème; au-delà de cette fragilité il y a comme une force d'intégration qui fait que l'interdépendance des éléments contribue, par un jeu de forces particulièrement complexe, à vite reconstruire l'équilibre menacé. Cette tension de la fragilité et de la résistance nourrit notre ambivalence collective face à l'environnement: catastrophisme presque maladif chez les uns, confiance irraisonnée chez les autres. Nous aurons l'occasion d'y revenir.

Conservons pour l'instant le concept d'écosystème qui pourrait se traduire philosophiquement comme une communauté de destin. À cet égard, le lac est un écosystème, la forêt est un écosystème, de même qu'un peuplement forestier climatique; la savane est un écosystème, tout comme il est légitime de considérer le fleuve Saint-Laurent en son entier comme un vaste écosystème qui prend sa source à la sortie des Grands Lacs, eux-mêmes gigantesques écosystèmes, et se termine dans le golfe Saint-Laurent. Mais évidemment, tous ces écosystèmes restent ouverts, précaires, conditionnés. Par exemple, tout lac vieillira, les débris et les alluvions s'accumuleront, les eaux se réchaufferont, la végétation se fera de plus en plus abondante et, sur une durée longue, le lac deviendra tourbière. Le milieu tourbière abritera des espèces végétales et animales bien différentes de l'écosystème lac.

Nous savons qu'au Québec, le fleuve Saint-Laurent occupe une place prépondérante dans l'écosystème physique, ainsi que dans la représentation symbolique de la société québécoise («Sous l'œil de Dieu, près du fleuve géant, le Canadien grandit en espérant» nous faisait chanter l'hymne national). Si la qualité de l'eau des Grands Lacs (Michigan, Huron, Supérieur, Ontario, Érié) subit une modification importante, ou si la pollution par les résidus chimiques et les métaux lourds s'accentue, le fleuve Saint-Laurent subira également des perturbations importantes: modification de la qualité physico-chimique de l'eau, effets sur les poissons et les autres êtres vivants qui l'habitent. Certains observateurs disent qu'un des coups les plus durs encaissés par le fleuve Saint-Laurent est la canalisation, à la fin des années cinquante, et qu'il a fallu une vingtaine d'années avant que le fleuve récupère et recrée certains de ses équilibres.

Car tout fleuve est un peu comme un organisme vivant, les élargissements et les régions de très faibles courants jouant un rôle d'usine d'épuration, tandis que les rapides et les chutes permettent une oxygénation restauratrice de l'eau transportée. C'est ainsi que malgré les charges de pollution qu'ils reçoivent, certains cours d'eau arrivent à conserver une qualité surprenante. À la condition, bien sûr, que la masse polluante ne soit pas exagérée.

Le 1er novembre 1986, un incendie majeur ravage à Bâle les usines Sandoz. Il s'ensuit un déversement de trente tonnes de dérivés mercuriels. L'hécatombe dans le Rhin fut gigantesque et tous les journaux et télévisions du monde ont diffusé ces images apocalyptiques de poissons morts, particulièrement des anguilles, espèce en général très résistante. Cet événement a d'ailleurs produit un choc salutaire en Europe pour sensibiliser à nouveau l'opinion et mener à des plans de sauvetage du Rhin. Mais, une fois la crise passée, l'opinion s'est tournée vers d'autres sujets sensationnels.

> Il eût été intéressant de savoir que, malgré l'impact brutal de multiples substances chimiques déversées dans le fleuve, on pouvait encore détecter, un mois plus tard, vingt-huit espèces vivantes ou survivantes sur le fond. Quelques espèces de poissons avaient, elles aussi, survécu à la vague de substances toxiques, notamment aux confins des affluents. Le peuplement se poursuivit intensément durant l'année 1987, grâce notamment à de forts débits, cette année-là, qui exercèrent un effet de chasse sur la pollution. Au milieu de 1987, grâce à des mesures d'aide au repeuplement, le Rhin récupéra une densité de population comparable à sa moyenne normale. En un an, le mal était presque réparé![3]

La référence inévitable aux travaux humains, tout comme l'allusion à la pollution, nous renvoient au côté le plus problématique de l'environnement: la présence de l'être humain.

L'être humain

Pour l'opinion publique ordinaire, l'environnement se résume aux fleurs et aux petits oiseaux, aux réalités physiques et biologiques, à l'exclusion de l'être humain. D'où le quolibet d'«oiseaulogues» appliqué dédaigneusement aux environnementalistes par des gens dits sérieux. La préoccupation environnementale paraît alors se situer à la marge, plus proche de l'esthétique que de l'économique, poétique, souci de luxe d'une classe aisée, comme l'était la première génération de conservationnistes américains.

Il est pourtant acquis aujourd'hui qu'au niveau du concept formel de l'environnement, l'être humain en fait partie. La relation de notre espèce à l'environnement est manifestement dialectique. Nous faisons partie de l'environnement et en sommes un des éléments constituants comme les autres espèces animales et apprenons à nous y adapter. Pourtant, infiniment plus que les autres espèces animales, nous sommes capables de prendre une distance critique à l'égard du milieu biophysique dans lequel nous vivons et de l'adapter en notre faveur. Nous transformons même le milieu à nos besoins et projets.

Si l'adaptation au milieu est commune à tous les vivants, il se pourrait que l'adaptation du milieu soit le propre de l'être humain. C'est précisément cette capacité d'intervenir dans le milieu et de le modifier en sa faveur qui constitue maintenant ce que nous avons appelé la crise écologique, qui n'est pas une crise de la terre comme telle, mais une crise de l'espèce humaine. Si la catastrophe se produit, nous ne ferons pas nécessairement disparaître la vie de la terre. La vie a commencé avant nous et sans nous et pourrait continuer sans nous et après nous. Mais nous pourrions nous exclure de la vie. Si l'origine de la crise écologique est humaine, son enjeu ultime l'est également: la survie de l'espèce.

Si l'être humain était un simple animal comme les autres, son développement serait contraint par les mécanismes de mieux en mieux connus qui déterminent l'éclosion des espèces animales. Dans un milieu donné, une espèce est contrôlée, entre autres facteurs, par ses prédateurs (comme la population de lièvres est controlée par la population de renards), par la compétition des autres espèces au sein de la même niche écologique, par la quantité de nourriture disponible sur un territoire donné, et par les limites de son espace, ce que l'on appelle le principe de territorialité. En certaines circonstances, il peut arriver qu'une espèce animale détruise son milieu écologique, par exemple des moutons ou des lapins qui créent le désert, lorsqu'il y a absence de prédateurs. De même, l'implantation d'une communauté de castors dans un milieu forestier modifie considérablement l'environnement immédiat.

Si l'être humain n'avait pas la capacité de modifier le milieu et de vaincre certains des mécanismes biologiques indiqués plus haut, on peut douter que nous serions aujourd'hui cinq milliards d'êtres humains. Très tôt dans l'histoire de l'humanité, au moment de la fabrication d'armes ou de l'élaboration de stratégies collectives de chasse, nos ancêtres ont vaincu leurs prédateurs et sont devenus la terreur des autres espèces. Les animaux en compétition au sein de la même niche écologique ont également vite été dominés par la chasse, par la simple compétition et par la prise en main du territoire, même si des processus de symbiose et de domestication sont vite apparus. La quantité de nourriture disponible a été grandement développée grâce aux techniques humaines. Nos ancêtres cueilleurs et chasseurs sont vite devenus agriculteurs et éleveurs, modifiant ainsi considérablement et de façon définitive le mode de vie de l'être humain. Enfin, le principe de territorialité parfois extrêmement contraignant chez certaines espèces, particulièrement chez les oiseaux, a été assumé dans des cultures fort diversifiées allant du nomadisme à la promiscuité des mégalopoles actuelles, du clan patriarcal à la famille nucléaire éclatée. C'est comme si l'être humain avait appris à «tricher» face à la nature et à modifier les règles du jeu en sa faveur. On peut à cet égard penser que sans cette prérogative de se distancier d'avec la nature, notre espèce atteindrait tout au plus quelques millions d'individus, plutôt que les cinq milliards actuels.

Il n'est pas dit du tout, par ailleurs, que les mécanismes évoqués plus haut soient parfaitement maîtrisés par l'espèce humaine. Les famines ont toujours été un fardeau et une terreur pour l'humanité et sont encore aujourd'hui, dans les pays du tiers monde, des facteurs de mortalité très importants. Par ailleurs, des phénomènes comme le suicide sur une base individuelle, ou les guerres sur une base collective, peuvent correspondre à des difficultés fondamentales des êtres humains à vivre nombreux sur un territoire donné. On observe chez de nombreuses espèces animales que la présence d'un trop grand nombre d'individus sur un même territoire empêche la réalisation de la période de reproduction et d'élevage. À d'autres moments et en d'autres circonstances, ce même facteur peut favoriser l'apparition de comportements agressifs ou de modifications des conduites sexuelles. Il est alors alléchant, quoique toujours périlleux, d'établir un parallèle avec la violence urbaine, les troubles psychiques ou les pulsions révolutionnaires et la concentration humaine, comme si l'entassement faisait surgir une irrationalité nouvelle dans les conduites humaines. Par ailleurs, le surgissement de maladies épidémiques est également inquiétant. Si nous connaissons maintenant mieux les mécanismes de propagation et les causes spécifiques des grandes maladies contagieuses qui ont fait le malheur de l'humanité, particulièrement la peste qui a hanté le moyen âge chrétien, mais aussi la lèpre, la malaria, le typhus, le choléra, nous nous interrogeons sur d'autres maladies qui pourraient être le résultat d'une détérioration générale et pernicieuse de l'environnement ou venir d'une défaillance de l'espèce humaine face à des stress nouveaux insupportables. L'apparition de maladies dites multifactorielles comme le cancer, ou la diffusion rapide du sida, entrent dans ces catégories de nouvelles inquiétudes à propos de l'espèce humaine. Y-a-t-il des mécanismes biologiques et culturels compensatoires qui bloqueraient la surpopulation absolue ou le pillage à l'infini de la nature, ou la détérioration du milieu par l'espèce humaine?

Bref, il est loin d'être sûr que l'espèce humaine ait parfaitement intégré ou liquidé les contraintes biologiques qui s'imposent aux espèces animales et que la science essaie d'identifier en leur donnant le nom de lois. Si l'on ne peut parler de victoire définitive, il est bien légitime de parler de victoires provisoires tout de même spectaculaires: cinq milliards d'êtres humains, le développement de la culture humaine, l'émergence de ce que Teilhard de Chardin appelle la noosphère comme étape achevée de la biosphère. Tout cela est possible parce que l'espèce humaine fait surgir dans l'environnement de nouveaux écosystèmes qui sont des écosystèmes construits. Ainsi, le régime agraire traditionnel où la rotation des cultures, le pâturage, l'assolement, la jachère, la gestion des fumiers et diverses mesures d'irrigation permettaient la persistance du régime, constituait un écosystème construit remarquablement équilibré. Le village traditionnel est également un écosystème construit où l'insertion de l'humain dans la nature semble particulièrement bien réussie. On peut parler de symbiose. À l'inverse, la ville représente un écosystème construit parfois presque entièrement artificialisé, où toute l'occupation du territoire est monopolisée par la présence humaine et où les éléments dits de nature sont conservés principalement pour des raisons esthétiques ou des considérations strictement anthropocentriques. Ici, l'être humain ne s'insère plus dans le milieu écologique: il construit son monde et dicte à la nature sa propre loi. Par ailleurs, et c'est à la fois sa force et sa fragilité, la ville n'est pas un écosystème qui se suffit à lui-même; elle ne peut survivre, pour sa subsistance, sa consommation énergétique et les besoins symboliques de ses habitants, que par des échanges constants et variés avec le reste du milieu. Sous cet angle, la ville n'est pas un écosystème viable ni durable: c'est un écosystème fragile, constamment transitoire, un élément de la nouvelle techno-structure, véritable écosystème humain en voie d'implantation.

Au fond, il serait conceptuellement plus simple de considérer l'être humain comme extérieur au milieu écologique et donc de se contenter de simplement distinguer la nature et la culture. Mais cette simplification évacuerait le problème lui-même qui vient justement de l'interpénétration de l'humain dans le naturel, du retentissement de l'humain sur le naturel et du retour du naturel sur l'humain: effet de système, parfois effet pervers dont la crise écologique est le révélateur. Comme la conduite humaine n'obéit jamais entièrement à une logique abstraite mais témoigne toujours du retour du biologique, on ne peut saisir les effets des interactions humaines sur le milieu que si l'on tient compte, en même temps et du même mouvement, mais pas avec les mêmes instruments ni les mêmes disciplines scientifiques, à la fois des données de nature et des données de culture, ou si l'on veut des systèmes physiques et biologiques (eau, air, sol, flore, faune) et de l'être humain dans ses différentes composantes: sa façon de vivre et de penser, ses valeurs, ses activités, ses systèmes symboliques, son organisation sociale, sa technologie, sa façon de travailler et de fêter, etc. C'est d'ailleurs par cette référence obligée à l'être humain que la question écologique devient véritablement question et qu'elle acquiert sa dimension éthique si difficile à accepter pour les responsables économiques et politiques de nos sociétés. Nous aurons l'occasion d'y revenir longuement dans d'autres parties du présent essai.

Une définition formelle

Maintenant que nous avons fait un survol descriptif des éléments qui constituent l'environnement, nous pouvons nous référer à une définition formelle. J'emprunte celle de l'Unesco, un peu encombrée de terminologie marxiste, mais tout à fait pertinente pour la question.

> On peut considérer l'environnement comme l'ensemble de systèmes naturels et sociaux dans lequel l'homme et d'autres organismes vivent et d'où ils tirent leur subsistance. Il s'agit là d'un concept qui englobe les ressources et les produits naturels et artificiels permettant de satisfaire les besoins humains. L'environnement naturel est constitué de quatre systèmes étroitement liés, à savoir l'atmosphère, l'hydrosphère, la lithosphère et la biosphère. Même en dehors de toute intervention humaine, cet ensemble d'éléments naturels est en changement constant, mais la nature et le rythme de ce changement sont grandement influencés par l'action de l'homme. L'environnement social comprend les groupes humains, les infractructures matérielles construites par l'homme, les rapports de production et les systèmes institutionnels qu'il a élaborés. L'environnement social témoigne de la façon dont les sociétés humaines se sont organisées et fonctionnent pour satisfaire, en premier lieu, les besoins de nourriture, d'abri, de santé, d'éducation et de travail. Lorsque dans certaines sociétés, les besoins fondamentaux ont été satisfaits, l'homme poursuit des objectifs plus ambitieux. Tirant parti de son expérience, ainsi que des leçons de la science et des outils que lui offre la technologie, poussé par sa soif de progrès et de nouveauté, il a recherché un épanouissement accru dans la double voie de l'enrichissement intellectuel et spirituel et du confort matériel.[4]

Qu'est-ce que l'écologie?[5]

Comme on l'a suggéré plus haut, l'observation empirique nous permet de faire des liens entre le climat, les conditions naturelles et les types de végétation ou de peuplement animal associés à un milieu. On peut le faire aussi à propos des populations humaines. C'est ainsi que les peuples nordiques passent pour plus dynamiques, alors que ceux vivant sous climats torrides passent pour plus négligents, sinon plus paresseux. D'Aristote à Jules César à Jean Giraudoux, tous les observateurs signalent ainsi les différences des mœurs, des coutumes, des perceptions. C'est une source intarissable d'humour. Mais il arrive parfois que les pires clichés viennent rejoindre des observations tout à fait pertinentes.

J'ai l'impression que l'humanité a toujours soupçonné l'existence de relations ou interrelations entre le vivant et son milieu. Le succès de l'élevage comme de l'agriculture en dépend étroitement. Mais il n'est pas si simple de faire de ce savoir global un savoir rigoureux et digne du nom de scientifique. Il a fallu d'abord pour cela «découvrir» les autres continents, c'est-à-dire faire des observations sur d'autres flores et d'autres faunes pour ensuite devenir capable de deviner les éléments d'un système et les rôles joués par ces divers éléments. Un voyageur comme Samuel de Champlain, à la fois navigateur, administrateur et soldat, fait dans ses premiers voyages au Canada des observations sur les plantes et les animaux. Il cherche à nommer les espèces qu'il rencontre, utilise les mots qu'il connaît déjà ou encore emprunte les termes employés par les Amérindiens. Comme il est assez bon dessinateur, il esquisse quelques planches qui décrivent ce qu'il voit. Manifestement, l'écosystème nord-américain l'intrigue.

Y a-t-il un ordre dans toute la variété d'un écosystème donné? Comment faire des regroupements, identifier les espèces, trouver un système de référence? On attribue à Carl von Linné (1707-1778), botaniste suédois, d'avoir tenté de fixer les termes des règnes animal et végétal en établissant la taxonomie par la distinction du genre et de l'espèce. Si les nomenclatures proposées n'ont pas été retenues, les catégories de genre et d'espèce l'ont été. Il n'y a pas de pensée écologique chez Linné, mais plutôt un système quasi théologique qui l'amène à définir un «système de la nature» maintenu en place moins pour des raisons de cohérence interne que par une volonté extérieure.

Le créateur du mot écologie est Ernst Heinrich Haeckel (1834-1919), professeur d'anatomie puis de zoologie à Iéna, adepte des théories de Charles Darwin sur l'évolution des espèces et le premier à oser affirmer, en 1868, l'origine animale de l'espèce humaine. Créateur du mot écologie, Haeckel n'est toutefois pas le créateur de la science elle-même. Il fallait, pour que la science écologique naisse, que l'on pousse beaucoup plus loin la biologie et surtout la botanique, d'un côté, et la zoologie, de l'autre. En observant la sociologie des plantes et des peuplements forestiers ainsi que l'évolution des peuplements selon les données du milieu physique, d'une part, et en observant les relations à l'intérieur du règne animal, d'autre part, la science biologique a permis de faire émerger peu à peu un savoir nouveau dont l'objet est moins l'étude des plantes et des animaux que la dynamique dans laquelle les uns et les autres sont inscrits. À cela vient s'ajouter une revendication rapidement perceptible aux Etats-Unis pour la conservation de la nature et l'établissement de parcs où la nature soit à l'abri de l'être humain[6]. La science écologique est alors constituée comme corpus scientifique, alors que le mot écologique, pour sa part, se colore de dimensions mystiques et politiques.

L'écologie est devenue la science qui étudie les relations entre les êtres vivants et leur milieu. La notion englobe à la fois le système naturel et le système social, mais en général les deux éléments sont souvent dissociés, même si la pratique de l'interdisciplinarité devrait permettre de poursuivre l'étude sur les deux champs en même temps. On trouvera ainsi aisément dans un recueil écologique, à côté d'études sur des domaines d'ordre technique, physique ou biologique, une ou deux études sur le sida, le suicide, le paysage urbain, etc. Quand on connaît un peu la complexité des disciplines scientifiques, il serait étonnant qu'une nouvelle science, fût-elle l'écologie, arrive à s'imposer à des sciences déjà longuement implantées tant dans le domaine des sciences naturelles que dans celui des sciences sociales. La métadiscipline reste toujours une utopie plus ou moins généreuse. «Les méthodologies interdisciplinaires sont en pleine fluctuation et la science de l'environnement est loin d'avoir trouvé son autonomie. Il est donc utile de forger de meilleurs instruments analytiques, et à mesure qu'ils nous permettent d'aller plus loin en profondeur, de réviser les synthèses qui sont remises en question.»[7] Sage observation d'un vieux routier de l'écologie qui en a vu bien d'autres.

Il n'en reste pas moins que l'avènement de l'écologie transforme l'horizon du savoir et réintroduit le sujet connaissant à l'intérieur de l'objet de connaissance. Pour signifier les problèmes de frontière que pose l'écologie, on parle alors de nouveaux paradigmes, l'écologie représentant un concept limite qui nous permettrait de comprendre non seulement que «ça» marche, mais encore comment «ça» marche. Science carrefour qui fait éclater les limites de la pensée cartésienne, l'écologie se dresse comme un discours impossible. «Ce qui meurt, avec le paradigme classique, ce n'est pas la science, c'est l'impérialisme scientifique comme théologie, comme discours dominant, privant tous les autres de leur efficacité.»[8] Comprenons que l'écologie n'est pas la science qui apportera la vraie réponse, mais la science qui nous aidera à continuer à poser correctement, ou même plus correctement les questions.

Écologie, écologue, écologiste

Science nouvelle du «système», systémique, complexe, évolutionniste et spiritualiste, pour utiliser les termes de Tessier, l'écologie réintroduit le sujet dans l'objet et soulève ainsi des questions nouvelles fort embarrassantes.

Pour désigner les hommes et les femmes qui s'adonnent à cette science et qui sont indissociablement personnes de savoir et acteurs sociaux, on utilise maintenant le terme d'écologue. Les écologues sont principalement des personnes vouées à l'étude de l'écologie.

Par ailleurs, compte tenu des enjeux colossaux de la crise écologique et de l'émergence d'une éthique nouvelle, il n'est pas rare que l'écologue donne naissance au militant ou à la militante, et que la science nouvelle, qui est à la fois pratique scientifique et théorie de la connaissance, devienne aussi thèse ou programme politique. Il est toujours tentant de dire que si l'on faisait les choses de telle façon, tout irait mieux. L'écologue glisse alors vers l'écologiste et il n'y a pas lieu de le déplorer, dans la mesure où il s'agit, pour ces gens-là, d'une maturation dans leur engagement et dans la mesure, également, où les exigences de la lutte politique ne font pas disparaître la curiosité intellectuelle indispensable au savant. La politique me semble progresser souvent grâce à l'émigration d'intellectuels qui s'aventurent en politique et souvent, hélas, s'y cassent la figure. En devenant écologiste, l'écologue a tendance à devenir philosophe social et militant politique.

À l'inverse, à mesure que l'écologisme comme doctrine politique se répand, il y aura de moins en moins de maîtres et de plus en plus de disciples, de moins en moins d'experts qui, venus de l'écologie, vont vers l'engagement politique et de plus en plus de militants qui adhèrent directement au mouvement politique, parce que ce dernier représente un halo de valeurs et d'aspirations ardemment ressenties sans que la démarche de connaissance ait d'abord longuement précédé. On assiste alors à l'émergence de personnes politiquement engagées dans des programmes à saveur écologique. Déjà bien implanté en Europe, le mouvement commence à s'organiser au Québec. Les écologistes proposent de plus en plus un changement global de la société, une forme de révolution pacifique, alors que ceux et celles qui ne veulent que des adaptations du système sont désignés par le terme d'environnementalistes.

L'autre versant de la pensée écologiste, c'est, bien sûr, sa dimension mystique. Y règne le sentiment que les approches scientifique et politique ne recoupent pas toute la question et qu'il faut recourir à d'autres dimensions. Faute de mieux, qualifions ce versant de mystique. Le monde est subitement vu autrement et acquiert un sens nouveau. Chacun de nous se dit confusément: qu'est-ce que je dois faire maintenant pour conjurer la crise? C'est la question éthique. Et derrière l'agir, une autre question se profile: qu'est-ce qui doit changer en profondeur pour que cela soit vrai? Quelles sont les valeurs nouvelles que je devrais épouser, si tant est que je sois en mesure d'opérer moi-même le changement? Quel type de regard devrais-je désormais porter sur le monde? C'est le domaine plus fondamental d'une spiritualité de l'environnement, qui débouche facilement sur de nouvelles utopies religieuses.

Les questions de l'éthique et de la spiritualité feront l'objet des deux prochaines sections. Quant à la question proprement politique, elle sera simplement esquissée. J'espère qu'elle pourra faire l'objet d'un essai ultérieur.

Notes

1. La distinction entre le végétal et l'animal est presque devenue de sens commun. Mais on soupçonne les cas limites où les frontières entre les deux demeurent parfois insaisissables. «Ainsi, chez les êtres unicellulaires, la différence entre animal et végétal est-elle beaucoup plus estompée que chez les organismes supérieurs: aucune hésitation n'est possible quand il s'agit de classer un chat dans le règne animal, un platane dans le règne végétal. En fait, les protistes se situent en amont de la "grande bifurcation" qui a consacré la rupture définitive entre les végétaux et les animaux. La vocation des deux règnes est très différente. Les premiers, voués

à l'autotrophie, consacrent tous leurs moyens à augmenter leur pouvoir de synthèse. Cela se traduit chez les végétaux supérieurs (...) par une immobilité permanente. (...) Les animaux, au contraire, s'orientent vers la deuxième option: l'hétérotrophie. Ils deviennent des cueilleurs (herbivores), puis des chasseurs (carnivores), ce qui implique le développement sensible de la sensorimotricité et l'apparition de centres intégrateurs (...) et, par-dessus tout, le développement de facultés mentales.» Jacques RUFFIÉ, *Le sexe et la mort*, Paris, Odile Jacob (Points OJ2), p. 41-42.

2. Jacques RUFFIÉ, *De la biologie à la culture*, deux volumes.
3. Jean-Marie PELT, *Le tour du monde d'un écologiste*, Paris, Fayard, 1990, p. 54.
4. UNESCO, conférence de Tbilissi, 1977.
5. Pour une excellente initiation à l'environnement, simple et proche de la vie quotidienne, voir: *Environnement québécois. Pour comprendre et agir*, Ministère de l'Éducation du Québec, Direction de la formation à distance, 1989, 11 fascicules. Le rédacteur du document est Claude Villeneuve. Par ailleurs, les manuels habituels de référence sont les ouvrages de François RAMADE: *Éléments d'écologie appliquée*, Paris, McGraw-Hill, 1989, 578 pages, et *Éléments d'écologie fondamentale*, Paris, McGraw-Hill, actuellement épuisé.
6. Pour l'ensemble de la question, voir Pascal Acot, *Histoire de l'écologie*.
7. Pierre DANSEREAU, «Interdisciplinarité dans l'aménagement: un propos écologique», *Pour un paradigme écologique*, sous la direction de Roger Tessier, Montréal, HMH, 1989, p. 53. Rappelons que, dès la première édition de sa *Flore laurentienne*, en 1935, le frère Marie-Victorin utilisait le terme écologie.
8. Roger TESSIER, «Conclusion: pratique scientifique et paradigme écologique», *Pour un paradigme écologique*, Montréal, Hurtubise, HMH, 1989, p. 303.

L'ÉTHIQUE

Chapitre 4
L'urgence d'une éthique environnementale

Depuis une vingtaine d'années, un consensus semble se dégager: il faut, pour un temps de crise écologique, mettre en place une éthique nouvelle. Les références ne manquent pas sur ce point, tantôt explicites, tantôt implicites, dans nombre de textes déclaratoires: la conférence de Stockholm, différents textes de l'UNESCO dont en particulier celui de la conférence de Tbilissi sur l'éducation à l'environnement, la Stratégie mondiale de conservation, diverses conclusions de congrès, etc. On y trouve un consensus d'autant plus généreux que l'éthique proposée est rarement qualifiée et que son contenu demeure imprécis. S'il fallait lui en donner un, d'énormes dissensions surgiraient. En général, il s'agit d'un appel pressant et généreux qui réclame un changement dans les attitudes. Les anglophones qualifient ces textes de maternants (motherhood).

La jeunesse d'abord?

Très souvent, c'est la jeunesse qu'on mobilise avec, presque toujours en présupposé, la conviction que pour les plus vieux «c'est foutu», alors que les plus jeunes, eux, comprendront. Se profile ainsi l'utopie qu'il suffit de recommencer à neuf avec les jeunes à l'école et de tenir bon pour que tout soit gagné. J'entends ce discours depuis trente ans et nous avons vécu trente ans de désillusions: les jeunes, une fois passé le conflit des générations, ne retiennent que rarement ces invitations romantiques au changement de valeurs et d'attitudes. Ils n'inventent pas de société qualitativement meilleure. Ils s'intègrent vaille que vaille à la société ambiante, essaient de survivre, sont pris par les impératifs de leur milieu et bricolent des changements plus ou moins importants. Le message éducatif a beau être: «Change la façon de te conduire à l'égard de l'environnement, accroche-toi à des valeurs durables», la réponse existentielle est: «Cela est idéal et j'y ai cru, mais il faut bien que je vive, que je gagne ma vie et que je profite du bien-être qui m'entoure.»

Il y a, bien sûr, d'énormes changements de valeurs en marche dans notre société. Mais ces changements ne sont pas, à mon sens, le fruit de l'éducation programmée, d'une stratégie consciente d'implantation de nouvelles valeurs sélectionnées et reconnues comme les «vraies valeurs». Les mutations en cours sont davantage le fruit d'un changement global du milieu, de la culture générale et de la consommation, avec son énorme pression publicitaire, que d'une meilleure éducation aux valeurs. Il est probable qu'on ne change pas la société par les jeunes d'abord, même si cette proposition est plus plausible maintenant qu'hier, pour des raisons complexes que je ne puis analyser ici. Si l'on veut changer une société donnée par un processus d'éducation, il faut probablement viser les adultes d'abord et, particulièrement, les leaders d'opinion.

Un changement de société par une mise en place de contenus et d'objectifs éducationnels différents dans le système scolaire demeure une utopie invérifiable. À mes yeux, ce n'est pas l'effort éducatif qui réussit à implanter des valeurs nouvelles — il suffit de voir l'échec de la transmission de la tradition —: c'est bien davantage la consommation qui prend le véhicule jeunesse pour séduire la société. La pression globale du système économique et de l'industrie de la communication triomphe du système d'éducation et le pénètre si bien qu'il le dévie de ses fins. Le système éducatif devient, à son corps défendant, le relais des idéologies dominantes. L'auto ne régresse pas, ni la drogue, ni le bruit (les fameux baladeurs), ni le vedettariat, ni la course à l'avoir, même si certains déplacements d'accent sont notoires.

Cette constatation pessimiste n'évacue pourtant ni la légitimité ni la nécessité d'un travail sur l'éducation aux valeurs et sur l'émergence d'une éthique renouvelée. Mais le mode d'articulation de cet effort d'éveil de la conscience ne peut reposer sur le milieu scolaire en priorité, ni non plus sur un mode de transmission magistral. Ceci dit, on observe certainement dans la jeunesse un souci écologique notoire, une préoccupation vigilante et assez répandue pour espérer que quelque chose bouge. Comment faire de cette force obscure le moteur d'un changement en profondeur? Comme bien d'autres, la Commission Brundtland souhaite vivement un changement dans l'ordre de l'éthique:

> Au tout premier rang de ses préoccupations, la Commission a placé les personnes, les habitants de tous les pays, les gens de toutes conditions. Et c'est aux personnes qu'elle adresse son rapport. Les changements qu'elle préconise dans les attitudes humaines dépendent d'une vaste campagne d'éducation assortie de débats et de participation du public. Cette campagne doit commencer dès maintenant si l'on veut qu'un progrès humain soutenable soit atteint[1].

Comportements, attitudes, valeurs

La Commission parle d'attitudes humaines. Il est courant, dans les sciences humaines, de distinguer entre comportements, attitudes et valeurs: les comportements sont les gestes repérables; les attitudes sont les propensions à agir de telle et telle manière; derrière les attitudes, les valeurs sont des représentations mentales qui donnent sens et richesse à nos attitudes et à nos comportements. Prenons le cas de quelqu'un qui jette ses déchets dans la nature, geste hautement condamnable. Cette personne cesse de jeter ses déchets à cause d'un règlement maintenant en vigueur, soutenu par une surveillance rigoureuse et assorti d'amendes lourdes. En ce cas, la personne change son comportement, mais l'attitude reste inchangée: si la surveillance se relâche, elle jettera à nouveau ses déchets dans la nature. Au bout d'un certain temps, la personne pourra avoir changé d'attitude et, ayant acquis une autre façon de faire, accepter de toujours gérer convenablement ses déchets et parvenir à le faire volontiers, «même si ça suppose un peu d'effort» et que la surveillance se relâche. Si la personne en vient à comprendre le geste qu'on lui demande et à l'intégrer dans ses principes, elle pourra en faire publiquement l'éloge et la promotion et adhérer aux nouveaux objectifs de son milieu. Elle aura alors intégré son comportement et son attitude dans un ordre cohérent de valeurs.

Naturellement, l'exemple est simpliste. Dans la majorité des cas, les changements ne sont pas si faciles et l'intégration étroite des comportements, des attitudes et des valeurs demeure très rarement atteinte. Cette intégration suppose, en effet, une grande cohérence personnelle et culturelle, ainsi qu'une parfaite rationalité dans les gestes concrètement posés par la personne. Autant dire que ces deux conditions ne se réalisent à peu près jamais. Dans les choses de la vie qui touchent aux conduites amoureuses, au racisme, au sexisme, à la consommation, à l'environnement, au civisme, à l'argent, le chaos prévaut plus que la cohérence.

Peut-être les sociétés traditionnelles connaissaient-elles une meilleure cohérence à cause de l'encadrement plus strict qu'elles procuraient: foi, Église, culture mieux définie, plus cernée et reposant sur la répétition et la transmission, symbolique riche et diversifiée qui donnait sens aux événements, importance de la tradition, système de communication plus encadré, importance du milieu rural et de l'insertion dans un terroir. Encore là faut-il se méfier de nos projections idéologiques! Mais dans la société post-industrielle, et c'est justement à la fois le drame et la difficulté d'y implanter une éthique nouvelle, nous sommes dans un monde de comportements épars et morcelés. Les valeurs, qui sont a priori des représentations sûres, sont elles-mêmes soumises depuis un siècle (Nietzsche, Marx, Freud) à un soupçon radical et à une discussion si généralisée qu'on se demande si des consensus peuvent encore émerger. La tradition a cédé le pas à l'innovation, les médias ont pris une ampleur considérable, le mode de vie urbain a supplanté partout le mode de vie rural, les États imposent des systèmes fortement centralisés.

On comprend dès lors pourquoi l'environnement devient un paradigme: probablement parce qu'on lui demande d'agir comme une force de rassemblement qui établira des cohésions nouvelles. Derrière la requête d'une éthique nouvelle de l'environnement se profile une recherche de salut. J'estime que l'on se fait illusion si l'on croit que semblable éthique peut s'imposer par sa seule cohérence. Ce serait trop beau! L'éthique participe de l'incertitude et de la subjectivité de tout savoir. Ce qui ne nous dispense pas, loin de là, de devoir essayer de proposer une éthique concrète pour un monde en péril. Mais cette éthique ne sera toujours qu'une modeste proposition à des sœurs et des frères humains.

Faut-il vraiment une éthique environnementale?

Le règne animal semble régi par des codes automatiques qui encadrent et déterminent si bien les conduites que le recours à l'éthique n'est pas nécessaire. Dans le cas de certains insectes, comme les fourmis ou les abeilles, les codes de conduite spécifiques semblent transmis de manière innée. C'est ainsi que chez l'*apis mellifica*, l'abeille productrice de miel, les rôles de reine, de faux-bourdon et d'ouvrière sont déterminés par la structure morphologique. Mais le rôle d'ouvrière connaît trois stades

> selon une séquence irrémédiablement figée. Au début, l'ouvrière se consacre au travail subalterne d'une femme de ménage. Elle nettoie et prépare les alvéoles. Puis elle devient nourrice et prend soin du couvain (...) Vers le 20e jour, elle est gardienne et reste vigilante à l'entrée de la ruche (...) Elle termine son existence (les dix derniers jours, soit le tiers de sa durée) comme butineuse[2].

Alors que chez les insectes la part de l'inné est déterminante, la part d'acquis et donc d'apprentissage par le jeu et l'éducation devient capitale chez d'autres espèces animales plus évoluées. Un jeune chat joue interminablement et mime les gestes du combat, de la chasse, de la fuite qu'il répétera plus tard dans la vie réelle. C'est ainsi, par exemple, que nombre d'animaux supérieurs n'arrivent pas à copuler s'ils ont été isolés dans leur jeune âge ou s'ils n'ont pas vu faire des adultes[3]. Ce que nous appelons couramment l'instinct a alors besoin d'être soutenu et développé par l'expérience du groupe. Mais il ne semble pas que l'on puisse parler d'éthique chez les animaux, même si parfois on peut déceler comme un sentiment de culpabilité. Conrad Lorenz rappelle les astuces d'un vieux chien qui «mentait» pour cacher ses erreurs. Le chien vieillissant ne reconnaissait plus aisément son maître de loin et il lui arrivait donc de se conduire de manière agressive quand ce dernier arrivait. Parvenu à proximité, il s'apercevait de son erreur. Au lieu de reconnaître cette erreur et de cesser son hostilité, le chien continuait sur sa lancée en faisant alors semblant de poursuivre un adversaire au loin, derrière son maître. Il y a chez les animaux une vie psychique intense, mais personne ne parle d'une conscience morale et d'un code d'éthique rigoureux. Dans les combats des mâles pour l'accès aux femelles, les luttes sont très vives. Mais la mise à mort de l'adversaire ne survient pas. Dès qu'un mâle perd le combat, il cesse de lutter et prend des positions de soumission, en mimant un jeune bébé. Cette attitude calme la colère du vainqueur et le combat prend fin. L'objectif de survie de l'espèce prévaut sur la vengeance. «L'évolution a mis en place un certain nombre de mécanismes psychologiques qui inhibent l'instinct de mort entre deux sujets conspécifiques.»[4]

Chez les humains, ce mécanisme de protection biologique ne joue pas. Les humains blessent, tuent, inventent la guerre. Aucune espèce animale n'aurait survécu aux combats que l'espèce humaine entretient en son sein avec un entêtement effréné. Le mécanisme biologique qui bloque chez l'animal les manifestations excessives d'agressivité envers le congénère ne joue plus chez l'être humain et se voit relayé par un commandement éthique: «Tu ne tueras pas.» On peut se demander s'il ne s'agit pas là d'un cadeau empoisonné. La force de l'éthique, c'est sa noblesse, sa capacité de déploiement dans des situations diverses, sa capacité d'approfondissement. Sa faiblesse, c'est qu'elle peut être niée, contestée, ou simplement ne pas être suivie.

Manifestement, il n'y a pas, non plus, de code biologique qui contraigne notre espèce au sein du milieu écologique. Progressivement, l'espèce humaine s'implante, chasse, élimine ou domestique les autres espèces animales et végétales. En un sens, on pourrait dire que sa conduite devient folle et que l'espèce humaine chasse les autres espèces jusqu'à n'être plus que la seule. «À l'heure actuelle, les humains consomment 25 % de toute la production reliée à la photosynthèse, et cette proportion monte à 40 % si on exclut la production des océans.»[5] Loi inexorable? À moins que l'éthique ne prenne la relève.

Laisser faire comme en économie?

À l'égard des conduites humaines et particulièrement de notre façon de gérer le patrimoine écologique, un appel à l'éthique a peu de chance d'être spontanément entendu. Écologie et économie ont à cet égard la même origine, l'écologie étant la science du milieu, l'économie en étant la gérance. Beaucoup d'économistes, surtout libéraux, refusent une réflexion éthique sur l'économie et prétendent qu'une main secrète guide les choses et rétablit les équilibres. Une main naturelle, dirait-on, équivalente d'une contrainte biologique, une main qui se réclame souvent d'un certain darwinisme social et qui nous dispenserait de réfléchir éthiquement, de guider l'action, puisque tout finirait par s'arranger tout seul. La nature, en effet, élimine les plus faibles. L'animal trop vieux, malade, blessé, meurt tout bonnement, sans soins, ou se fait dévorer par des prédateurs, pendant que le groupe continue son chemin. La nature semble ainsi s'autogérer. Diriger l'économie serait alors l'empêcher d'atteindre sa fin. L'on peut citer pour s'en convaincre la faillite de l'économie des pays de l'Est, entièrement dirigée.

Ici, il me semble y avoir méprise. Le mécanisme du *struggle for life* (mécanisme beaucoup plus limité en écologie qu'on ne l'a pensé longtemps et qui est complété par des mécanismes nombreux de collaboration à l'intérieur de la même espèce et de collaboration entre les espèces au sein d'une même biocénose) a pour but la survie, l'adaptation et la qualité de l'espèce par l'élimination des plus faibles. L'adaptation biologique constitue le seul mécanisme de survie. Ce mécanisme ne joue plus automatiquement chez l'être humain, précisément parce que la survie de l'espèce peut advenir grâce au développement mental, à la technique, à la culture. L'adaptation d'une espèce à son milieu et la sélection adaptative permettant l'émergence d'une nouvelle espèce sont des processus qui s'inscrivent dans une durée très longue, alors que les mécanismes d'adaptation culturelle agissent, comparativement, avec une rapidité foudroyante. En laissant faire, nous renoncerions à nous conduire humainement.

Pour nous en tenir au seul niveau de l'économie, nous pressentons que le discours du laisser-faire n'est pas innocent, qu'il est en réalité construit et intéressé. Discours déjà pénétré d'une éthique, parfois inconsciente ou camouflée, éthique jamais naïve ni jamais le seul reflet de faits purs et durs, comme on aime à le répéter. La théorie économique demeure toujours, comme dit le terme, une théorie, c'est-à-dire la mise en œuvre d'une hypothèse interprétative, une projection de l'esprit, une intrusion du sujet au sein du savoir. Le symbolique et l'éthique sont ainsi toujours au rendez-vous. L'histoire de l'industrialisation au dix-neuvième siècle et la protestation prophétique qui a parcouru ce siècle de Fourrier à Proudhon, de Marx jusqu'à Léon XIII, montrent bien que la course à la richesse s'est accompagnée d'une accentuation de la misère et de la déchéance d'une partie de la population. La question éthique traverse l'économique de part en part, malgré les résistances que rencontre une éthique de l'économie. Tant qu'il s'agit des relations personnelles, cette éthique trouve aisément sa formulation dans la règle de sagesse ancestrale: tu ne voleras pas. Mais lorsqu'il s'agit d'établir une éthique des affaires, d'encadrer et de réglementer la pratique économique au sein d'un pays comme sur le plan international, la résistance devient farouche. Pourtant, on pourrait en scrutant bien décoder une éthique de la juste et loyale concurrence dans les accords du GATT comme dans nombre d'autres ententes de niveau international.

Bref, le champ de l'économie n'échappe pas au questionnement éthique. Le champ de l'écologie n'y échappe pas non plus. S'en remettre au laisser-faire en se disant que les choses s'arrangeront toutes seules impliquerait comme postulat que la technique n'existe pas encore. En intervenant dans son destin par la technique et la culture, l'être humain s'affranchit des contraintes de la nature ainsi que des mécanismes de contrôle que la nature impose aux espèces végétales et animales. Il s'en va directement à sa ruine s'il ne fait surgir à temps des mécanismes volontaires de régulation de son action. Cette prise en main consciente et responsable constitue précisément le passage à l'éthique.

Un nouveau recours à la technique?

Cette proposition peut sembler surprenante. On nous laisse entendre souvent que le passage par l'éthique est inutile: il suffirait d'un nouveau recours à la technique. La crise écologique serait une simple étape de croissance, une difficulté de parcours. La technologie de la dépollution, par exemple, se développe très rapidement et commence à constituer un champ important de la vie économique: certains parlent d'un secteur quaternaire de l'économie, en relation aux secteurs primaire (l'extraction et la production première), secondaire (la transformation) et tertiaire (les services et la communication).

Ainsi la technique réagirait toute seule et développerait son antidote. Mais selon nous, cette hypothèse demeure illusoire. Bien sûr, nous devrons trouver dans et par la technique des éléments de solution aux crises en cours. Mais s'en remettre naïvement à la technique sans recourir aussi à l'éthique, c'est redoubler la crise en la renvoyant à plus tard. La technique profite alors de la crise pour s'implanter encore davantage et retarde d'autant une prise de conscience de la technique en tant que porteuse de sens. C'est pourquoi le passage à l'éthique suppose d'abord un recours à l'épistémologie pour élucider les postulats camouflés ou inconscients de ce que l'on pourrait désigner par la techno-science.

Pour une épistémologie de la technique

Depuis deux siècles, l'explosion des sciences et des techniques de même que l'efficacité de ces dernières sur le terrain ont finalement propagé l'idée de l'innocence de la technique et des sciences. Nous en sommes venus à penser que la science, au sens des sciences dites exactes, serait le parfait décalque de la réalité. L'observateur y jouerait un rôle d'absolue neutralité et n'interviendrait pas dans la constitution du savoir, un savoir qui se constituerait comme magré lui. C'est bien ainsi d'ailleurs qu'est censée se construire la science expérimentale. Le chercheur qui s'enferme dans son laboratoire et observe patiemment les effets de tel nouveau médicament sur trois générations de souris et de lapins est tenu, par son protocole de recherche, de mettre au point des stratégies très complexes pour «objectiver» constamment ses observations, comparer ses données avec celles de groupes témoins, s'assurer que les travaux nécessaires de l'observateur ne constituent pas eux-mêmes un élément perturbateur, et le reste. Dans certaines études où l'effet de stress peut jouer (par exemple, dans les études sur l'influence des champs électro-magnétiques sur les troupeaux de bovins, l'éleveur peut lui-même créer l'effet de stress chez les animaux s'il est convaincu de la nocivité des champs électro-magnétiques), on doit même procéder à des études à double insu.

Cette rigueur et cette méticulosité dans la démarche de connaissance, cette technicité rébarbative du savoir qui fait le cauchemar des études universitaires, tout cela engendre une conviction: une fois que l'on sait et qu'en plus l'expérimentation a confirmé la validité de l'hypothèse, il n'y a pas de doute, on possède le réel. Il ne vient pas à l'idée, par ailleurs, que le chercheur puisse être mû ou guidé par d'autres motivations plus ou moins conscientes, influencé dans les objets de recherche par la mode, ou les règles du marché, ou les programmes militaires, qu'il puisse être intérieurement enclin à certaines conclusions par sa situation sociale ou par les évidences de son milieu. À propos des recherches sur l'effet de serre, Jean-Marie Pelt a un mouvement d'impatience: «L'effet de mode est au moins aussi important que l'effet de serre!... Réchauffement? Refroidissement? Il y a dix ans, il fallait dire refroidissement. Aujourd'hui, il faut dire réchauffement. Pour avoir des crédits!»[6]

Il suffit d'observer les querelles publiques autour de certains objets. Par exemple, deux économistes parfaitement compétents, dotés au surplus d'une solide formation en comptabilité, exprimeront des opinions contradictoires sur le bilan de l'économie de leur pays selon que l'un travaille pour le parti au pouvoir et l'autre pour un parti d'opposition. Nos journaux sont aussi remplis de telles querelles d'experts: c'est à qui attaque les chiffres, leur mode de cueillette, leur signification; qui conteste les méthodes utilisées, critique le protocole de recherche, dénonce le caractère indû des conclusions. Pensons simplement aux duels en cours entre les médecines dites douces et la médecine traditionnelle, entre les sages-femmes et les obstétriciens, entre les tenants de la psyché et ceux du somatique, ou aux querelles d'experts sur les effets sur la santé de certains produits, par exemple l'amiante sur laquelle la controverse dure depuis plus de vingt ans, les experts américains dénonçant la nocivité, les experts québécois défendant l'innocuité ou du moins dénonçant les limites méthodologiques ou idéologiques des experts américains.

Je me souviens qu'une dame m'avait consulté à propos de difficultés matrimoniales. En réalité, son mari et elle ne parvenaient pas à s'unir sexuellement. Un médecin consulté plusieurs années auparavant avait simplement dit que «ça se réglerait tout seul avec le temps» et qu'il suffisait d'attendre. Mais la situation empirait toujours et le couple paraissait menacé. Après quelques entrevues, je conseillai une démarche en psychiatrie. La dame rata son entrevue, mais décida d'aller rencontrer un gynécologue. Selon le spécialiste, le premier médecin consulté avait posé un mauvais diagnostic. La dame souffrait d'une malformation qu'une opération mineure a vite corrigée. L'épisode m'a permis de constater que ma propre tendance privilégiait l'approche psychologique dans l'interprétation de certaines réalités sexuelles. J'aurais dû conseiller le gynécologue d'abord.

Feu l'objectivité?

En science, l'objectivité pure n'existe pas. Comme toute entreprise humaine, la science s'inscrit dans un projet, est l'œuvre d'un sujet. Aucun savoir n'est pur décalque de la réalité. Tout savoir est reconstruction dans l'esprit d'une réalité extérieure, intégration d'un objet dans la structure d'un sujet. Saint Thomas, qui était un tenant, dans la lignée d'Aristote, de l'objectivité de la connaissance, n'en reconnaissait pas moins qu'il n'est de science que de l'universel, ce qui exige l'abstraction. Il postulait dans son système l'existence d'un intellect agent permettant l'intégration de l'objet dans le sujet; il ne faisait pas de confusion entre le domaine de l'intentionnalité, qui est celui de la connaissance, et celui de l'objet. Paradoxalement, alors que, au moins depuis Kant, la philosophie insiste sur la subjectivité du savoir, l'univers scientifique et technique semble s'être retranché dans une conception purement objective du savoir. Une conception du savoir fermé, qui non seulement récuse comme non recevable le questionnement éthique, mais ne tolère pas davantage la relativité des savoirs.

Il est impossible de proposer une éthique de l'environnement tant que le décapage de la science et de la technique n'a pas été effectué. Dans un ouvrage retentissant[7], Denis Duclos s'est attaqué à cette question en cernant comment dans les domaines reliés à la peur — les catastrophes, les accidents, les risques technologiques — les divers acteurs de notre société se comportent. Sa conclusion affirme que tous cherchent à défendre leur peau en occultant la part d'inconnu inhérente à leur savoir, ou en niant leur propre subjectivité, et à durcir leur position en imputant, par exemple, l'accident à des erreurs humaines qui ne mettent pas en question la fiabilité de la technique. Notre société a tellement investi sa confiance dans l'univers technique que nous ne tolérons pas, même si nous savons que cela advient, que la technique puisse faillir et que les savoirs sur lesquels notre confiance repose puissent vaciller sur leur base. Dans le procès que la société intente aux savoirs, l'expert a donc tendance à durcir sa science ou sa technique, à les défendre comme si elles étaient sa chose et à accuser ceux et celles qui demeurent inquiets d'agir de façon émotive, non rationnelle. Dans ce contexte, le contestataire écologique semble jouer le rôle du déviant. Il devient l'ennemi qui dévoile la peur que l'on ne veut pas savoir. Les Américains ont inventé un mot pour désigner cela: le complexe NIMBY (*not in my backyard*: littéralement, «pas dans ma cour»), qui décrirait le refus irrationnel des gens affectés par un projet et l'incrédulité qu'ils opposent aux arguments des experts du promoteur. Le définisseur du risque serait objectif, scientifique et rationnel; l'opposant serait émotif, non scientifique et irrationnel.

Faut-il rassurer?

Nos sociétés semblent sûres dans le court terme, beaucoup plus sûres que les sociétés traditionnelles, car elles ont déployé des efforts considérables pour nous rassurer. Jean Delumeau n'hésite pas à parler du recul de l'insécurité[8]. Mais, «il arrive un moment où un excès d'assurance ne rassure plus, où la recherche fébrile de la protection crée à nouveau l'angoisse, où la course affolante entre dangers et sécurités engendre le vertige»[9]. «Les sociétés contemporaines sont peut-être devenues, à force de raison scientifique et technique, moins sûres dans le long terme que les sociétés traditionnelles et cela, aussi bien pour ce qui concerne le milieu de vie constamment modifié, que pour la communauté humaine que ces changements influencent.»[10] Ainsi, tant la crise de l'environnement que la brèche de la peur font apparaître la fragilité des savoirs les plus sûrs et nous renvoient de ce fait à la subjectivité du savoir et donc au lien étroit existant entre l'éthique et la science.

Si la science n'est pas pure réalité, on comprend qu'il y ait aussi dans la constitution du savoir scientifique et technologique l'œuvre d'un sujet. On trouve un plaisir, un désir, la défense d'une position d'acteur social derrière tout chercheur. S'y glisse aussi une représentation du monde porteuse de valeurs et lourde d'une éthique sur ce qui est bien, ce qui est souhaitable, ce qui doit être évité. La curiosité s'y joint qui pousse à désirer que toute nouvelle trouvaille soit implantée au plus tôt. La promesse brille d'un nouvel éclat: «Scintille, diamant, miroir où se prend l'alouette.» Ces réalités ne sont pas honteuses. Mais elles sont toujours là et témoignent de la permanence de l'éthique dans la science comme dans toute activité humaine. Le drame serait de nier ces réalités, de les occulter, de ne plus s'en rendre compte grâce à la mise en œuvre complexe des ruses de la recherche ou du métier lui-même. La crise écologique comme la pauvreté spirituelle de notre époque me semblent en grande partie résider dans cette «farouche séparation entre matérialité et civilité, science et éthique, une profonde réticence à saisir d'un même regard l'humain dans la technique, et la rationalité propre du moral»[11]. La technique n'a pas, dans notre société, qu'une fonction utilitaire, instrumentale. Elle est la forme de notre culture et cherche à nous enfermer dans sa réalité, nous réduisant de ce fait au statut d'objet. La ruse de la technique est alors de camoufler derrière sa pure instrumentalité son aspect prométhéen et sa transgression contre l'humain lui-même qu'elle prétendrait sauver[12]. Par bonheur en un sens, la crise écologique nous révèle la faille du système.

Si nous saisissons l'étroite compénétration de l'éthique et de la technique, nous comprendrons que la solution à la crise écologique ne peut pas venir uniquement d'un nouveau bond en avant de la technique. La technique ne peut, par elle-même, parvenir à solutionner les problèmes qu'elle a engendrés, non pas parce qu'elle serait inefficace, mais plutôt parce qu'elle le serait trop, parce qu'une large part de ses problèmes réside dans son non-dit. La fuite en avant mènerait à la catastrophe. La solution de la crise environnementale passe à la fois par la technique et par l'éthique. Par une technique qui s'ouvre à l'éthique, par une éthique qui s'ouvre à la technique. Nous n'avons certainement pas l'éthique qui réponde aux défis de la situation actuelle.

Notes

1. *Notre avenir à tous*, p. 28.
2. Jacques Ruffié, *Le sexe et la mort*, Paris, Odile Jacob (Points OJ2), p. 151-152.
3. *Ibid.*, p. 140.
4. *Ibid.*, p. 117.
5. Pierre Gosselin, «Pour des sociétés durables», *Mieux vivre avec son environnement*, Montréal, Environnement-Québec, 1990, p. 2.
6. Jean-Marie Pelt, *Le tour du monde d'un écologiste*, Paris, Fayard, 1990, p. 274.

7. Denis Duclos, *La peur et le savoir. La société face à la science, la technique et leurs dangers*, Paris, La Découverte, 1989, 307 pages. Voir ma recension de ce volume dans *Relations*, n° 563 (septembre 1990), p. 219-220.

8. Cf. Jean Delumeau, *Rassurer et protéger. Le sentiment de sécurité dans l'Occident d'autrefois*, Paris, Fayard, 1989, 667 pages.

9. *Ibid.*, p. 572.

10. Denis Duclos, *La peur et le savoir*, p. 10.

11. *Ibid.*, p. 271.

12. Christian Miguel et Guy Ménard, *Les ruses de la technique*, Montréal, Boréal, 1988, 388 pages. Nous renverrons plusieurs fois à cet ouvrage qui a l'avantage de procéder à une importante revue de littérature. Il faut signaler également l'ouvrage de Philippe Roqueplo, *Penser la technique. Pour une démocratie concrète*, Paris, Seuil, 1983, 249 pages.

Chapitre 5
Une éthique à faire surgir

Dans le chapitre précédent, nous avons essayé de démontrer l'urgence et la légitimité d'une éthique de l'environnement. Avant d'essayer d'en préciser les contours concrets, nous estimons essentiel de préciser la tâche de l'éthique et d'indiquer les représentations où prend racine toute construction éthique sur l'environnement.

Éthique et morale

Dans le présent essai nous avons utilisé de préférence le mot éthique au mot morale, mais la différence entre les deux mots n'est pas nécessairement très rigoureuse. Sémantiquement, les deux mots ont la même origine: *ethos*, en grec, désigne les conduites et *mores*, en latin, les mœurs. Éthique et morale ont pour objet les conduites humaines à orienter, puisque le mouvement de nature, instinct ou contrainte biologique, ne suffit pas. Après la Réforme, les auteurs protestants ont pris l'habitude d'utiliser le terme éthique pour se distinguer de la morale enseignée par l'Église catholique. Le mot éthique a donc prévalu dans le milieu anglo-saxon, alors que le mot morale a continué à triompher dans les milieux catholique et francophone. Peu à peu, le mot morale a eu tendance à prendre une signification négative, celle d'un système clos et rigide, imposé par une Église ou une religion, d'un code de conduite perçu comme un carcan.

Pourtant, il existe non une morale, mais des morales, puisque la conceptualisation des devoirs variera selon les accents que l'on mettra de l'avant. Il y a, par exemple, une morale du bonheur perceptible chez Aristote, ou une morale du devoir comme chez Kant, ou une morale du plaisir. Les grands systèmes philosophiques ont tendance à définir une morale qui leur est propre: le stoïcisme (il y a beaucoup de morale stoïcienne dans les épîtres de saint Paul), le personnalisme, le marxisme, l'existentialisme[1]. Parfois, les morales s'enracinent dans une tradition religieuse: judaïsme, taoïsme, foi chrétienne, islam. Actuellement, au sein de la tradition catholique et chrétienne, un courant tend à affirmer qu'il y a dans l'Écriture non une morale révélée, un code clos et constitué, mais un appel éthique intense (comme dans les Béatitudes) dont la mise en œuvre, la forme et les accents dépendront du système moral culturel dans lequel vivent les croyantes et croyants. La foi propose l'expérience du salut, mais la réponse éthique serait de la responsabilité humaine. Cette conception des choses est assez troublante pour ceux qui cherchent à tout prix des invariants et pour qui la morale est fixée une fois pour toutes. Nous en reparlerons plus loin.

Face au mot morale maintenant un peu déprécié, le mot éthique plaît davantage, a priori moins chargé de mauvais souvenirs. Deux significations peuvent se dégager. Pour certains auteurs, éthique désigne la science de la morale, réflexion théorique et critique qui fonde la morale[2]. La plupart du temps, le mot éthique signifie plutôt «ce qui, échappant aux systèmes et aux codes tout en y inscrivant parfois les résultats de ses démarches, oriente néanmoins, par ses questions et ses propositions plus que par l'imposition de règles, les conduites humaines»[3]. Bourgeault insiste sur l'idée de proposition, comme s'il avait surtout peur d'une morale figée. Sa ligne de force s'articule autour du concept de responsabilité: «La renonciation aux absolus, ouvrant tout à la discussion et au débat, ne nous livre pas pour autant et nécessairement aux caprices de l'arbitraire. Elle peut exprimer aussi une orientation éthique fondamentale de quête inachevée, dont l'exigence tient précisément à la renonciation — au deuil — des fausses certitudes.»[4] L'éthique serait donc plus proche du processus que du message constitué. On sent que l'on se rapproche ici d'un art autrefois très dénoncé par Pascal, mais dont on retrouve maintenant les mérites: la casuistique.

Comme on peut le voir, les distinctions entre morale et éthique ne sont ni simples ni tranchées. J'ai peur d'une éthique trop vague qui n'arrive pas à éclairer les conduites, car alors, sur une grande échelle, les slogans tiennent lieu de morale et les modes de vérité: «Tout le monde le fait, fais-le donc!» Qu'il suffise de rappeler le glissement sémantique de la moyenne sociologique à la normalité sociologique à la norme éthique. Est bon ce que les autres font. Néanmoins, les thèmes explorés dans le présent essai étant encore descriptifs et exploratoires, nous utiliserons préférablement le mot éthique pour décrire les tâches qui nous attendent.

Trois éthiques possibles

Sur un plan formel, trois éthiques semblent possibles pour déterminer la conduite humaine à l'égard de l'environnement selon la façon dont on conçoit l'insertion de l'être humain dans le milieu écologique. Les trois éthiques renvoient aussi chacune à une représentation symbolique du monde et par ce biais à une spiritualité, ainsi qu'on le verra dans la quatrième section du présent essai. Plus encore, j'ai l'impression que les trois éthiques ont cours en même temps dans notre société.

Disons d'abord qu'il n'est pas possible de vivre biologiquement sans consommer d'énergie et, dans le cas de notre espèce, sans manger ni polluer d'une quelconque manière. La pollution zéro, la consommation zéro, la modification zéro du milieu sont un idéal impossible.

La nature est sacrée

Il me semble qu'en certaines cultures que les anthropologues ou les sociologues de la religion décrivent souvent comme primitives, le monde est d'abord perçu comme sacré. En ce cas, l'intervention humaine dans l'univers risque d'être cataloguée comme une profanation. Tuer un animal pour se nourrir ou se vêtir conserve un arrière-goût de meurtre. Développer la technique semble une infraction, le défi d'un interdit, une révolte contre la divinité. On pourrait y retrouver le mythe de Prométhée, la découverte du feu étant réalisée par un vol à l'égard de la divinité. Il y aurait donc dans ce contexte une idée latente de culpabilité et de transgression. Pourtant, ces sociétés fonctionnent et une certaine technologie y progresse; à la différence notoire d'avec notre société, cependant, le développement légitime de la technologie est celui qui favorise l'insertion dans la nature:

> Le paradigme symbolique dominant le rapport originaire que l'homme entretient avec la nature par le biais de la technique n'est autre que celui d'un mode d'insertion et d'intégration dans le monde sacré de cette nature, permettant de se brancher sur les flux du monde: on ne s'oppose pas à ces derniers, on cherche plutôt à s'y inscrire, à y trouver sa place. La modalité de puissance propre à ce premier symbolisme n'a rien à voir avec une puissance de domination de la nature[5].

La perspective semble donc être la participation et la communion à l'énergie du monde. Dans ce contexte, il y a une éthique et même davantage, plutôt une morale fort contraignante, qui fait du respect sacré de la nature un devoir et qui n'autorise le risque de la technique que dans le respect des mythes et des interdits, dans une perspective d'intégration au sein de la nature.

Une éthique de la nature

Le deuxième type de rapport au monde consiste à légitimer la technique pour elle-même et ainsi à libérer la puissance humaine dans son projet d'intervention. C'est l'image biblique d'un monde confié à l'être humain, ou la conception grecque qui, quoique exprimée autrement, construit une représentation semblable. La technique se développe, mais reste bloquée par une série de codages qui la contraignent. Pour le milieu grec antique, Miguel et Ménard signalent quatre de ces blocages: limitation du nombre (refus des gadgets), limitation dans la forme qui doit copier la nature ou reproduire l'idée platonicienne préexistante, dévalorisation sociale de la technique et réflexion sur le retentissement social des innovations[6]. Jusqu'à la Renaissance, le même type de contrainte axiologique encadre la technique, une technique pourtant très répandue pour ne pas dire omniprésente. Si l'image biblique de l'être humain responsable du monde libère la puissance et déculpabilise le rapport instrumental au monde, le développement technique reste un développement «normé» et encadré.

La norme est celle même de la nature, ou encore, pour utiliser le langage scolastique, celle de la loi naturelle, image en nous de la loi éternelle dont on précise la règle par l'usage de la raison. La technique ne semble pas avoir beaucoup préoccupé la pensée éthique du moyen âge (à notre connaissance, Thomas d'Aquin n'en parle guère), alors que le rapport au monde est assumé dans le respect de la juste mesure et de la finalité de l'existence humaine. Dans ce genre de représentation, il n'y a guère d'éthique écologique possible, puisque le rapport au milieu écologique ne fait pas problème comme tel. Les vertus morales courantes suffisent. Mais l'ensemble du contexte définit une éthique de la mesure, du respect, de la soumission[7]. Il est intéressant de noter que, dans le prolongement de la pensée d'Aristote et dans une perspective de justice sociale, le prêt à intérêt a été moralement rejeté dans tout le moyen âge, et même longtemps après dans l'Église catholique (bulle *Non esse inquitandos*, 1830), précisément parce que «l'argent ne fait pas de petits», qu'il ne fructifie pas comme une réalité naturelle, un arbre par exemple, et que son caractère artificiel l'empêche d'être fécond.

Évidemment, cette perspective a maintenant été largement dépassée dans la mesure où le prêt est de moins en moins le résultat d'une relation interpersonnelle pour pourvoir à des nécessités urgentes qu'une des constituantes de l'économie: «Aujourd'hui l'argent prêté est converti en moyen de production et, grâce à cette conversion, on peut dire qu'il participe à la fécondité pratique des moyens de production.»[8]

Une technique sans éthique?

À l'âge technologique où nous sommes, la représentation sacrale et primitive du monde ainsi que la conception d'une intervention humaine circonscrite par une loi naturelle paraissent périmées. L'éclatement vécu à la Renaissance, la mise en brèche des autorités reçues, le recours par la Réforme au libre examen qui favorise une exaltation du sujet individuel, le développement de la méthode expérimentale comme voie de savoir, une espèce d'euphorie de la connaissance et de la recherche qui animera en particulier les dix-huitième et dix-neuvième siècles, tout cela et tant d'autres facteurs ont modifié fondamentalement notre rapport à la culture, à la technique et à l'environnement.

La nature n'est plus ce que l'on ne peut toucher sinon avec un infini respect, ou encore transformer, mais avec beaucoup de prudence. Elle est comme devenue un objet entre nos mains. Elle l'est si bien devenue, d'ailleurs, que nous sommes littéralement en train de la détruire. L'éthique de l'âge industriel a consisté à expulser l'éthique hors des préoccupations légitimes reliées à l'exercice de la technologie. Il s'agirait alors d'une non-question.

Pour surmonter la crise présente, il nous faut en un sens inventer une morale pour un temps nouveau, c'est-à-dire formuler les exigences que nous devons nous imposer pour survivre. Ces exigences ne sont pas données a priori. Elles ne sont pas dictées éternellement par quelque dieu ni par un ordre naturel prédéterminé puisque, de toute façon, nous intervenons dans cet ordre depuis l'atome jusqu'aux voyages interplanétaires.

Cette éthique à faire non encore formulée surgit de partout. Elle emprunte constamment à la sagesse ancestrale, s'habille de justice, de modération, de partage, de prudence. Je doute qu'elle puisse être fixée d'une manière définitive dans la mesure où le rapport de l'être humain au monde est désormais un rapport médiatisé par la science et la technique. L'évolution de l'une et de l'autre fait donc se déplacer constamment les termes et les champs de l'éthique. L'éthique de l'environnement est provisoire et mouvante. Naturellement, des invariants éthiques demeurent et la nature de l'être humain ne change pas: nous sommes irrémédiablement obligés à l'éthique. L'instinct ne prendra pas le relais. Nous avons à assumer de façon responsable notre être-au-monde en disant tout haut, et de la façon la plus concrète possible, quels sont nos devoirs. Mais la nature de ces devoirs, leur forme, leur importance dépendent de l'état de la situation, des sciences et des techniques ainsi que des institutions dont nous disposons. À tout prendre, s'il n'y avait pas crise, si tout allait pour le mieux dans le meilleur des mondes, nous serions bien fous de nous forcer. C'est la crise qui instaure l'urgence éthique.

C'est pourquoi les propositions éthiques qui suivent collent d'assez près aux éléments de la crise écologique. Je les formule comme des défis, conscient de leur faiblesse, de leur fragilité ainsi que du caractère utopique et général de leur formulation. Mon intention est de proposer ici non un traité, mais la simple esquisse d'une éthique potentielle. Par ailleurs, la perspective n'est pas du tout révolutionnaire, plutôt environnementaliste qu'écologique.

Notes

1. On trouvera une bonne description de quelques morales dans Éric Volant, *Des morales*, Montréal/Paris, Éditions Paulines/Médiaspaul, 1985, 245 pages.
2. Voir Angèle Kreemer-Marietti, *L'éthique*, Paris, PUF (Que sais-je? 2383).
3. Guy Bourgeault, «Une éthique de la responsabilité: perspective, repères, jalons», *Des enjeux éthiques pour demain*, Montréal, Fides (Cahiers de recherche éthique 14), p. 112.
4. *Ibid.*, p. 113.
5. *Les ruses de la technique*, p. 55. À noter que la référence à Prométhée que nous situons ici n'est pas suggérée par les auteurs au niveau de la technique primitive, mais à celui de la technique grecque beaucoup plus évoluée.
6. *Ibid.*, p. 103-108.
7. Dans un essai antérieur, j'ai montré comment cette morale de la nature avait continué à être véhiculée au sein de la culture québécoise par le folklore et le répertoire promu par *La bonne chanson*, y compris les chansons de Théodore Botrel, magnifique témoin de cette morale. Voir «À propos des morales de l'environnement», *Repères pour demain*, p. 95-157.
8. Bernard Häring, *La loi du Christ*, Paris, Desclée, 1959, tome II, p. 552.

Chapitre 6
Les tâches prioritaires de l'éthique environnementale

Maintenant que nous avons justifié le projet de l'éthique environnementale et que nous en avons indiqué très sommairement les grandes représentations symboliques qui le sous-tendent, il convient d'oser faire des propositions concrètes. Nous avons cherché à donner à nos propositions un caractère concret qui permette d'identifier des défis, parfois même d'identifier le rôle de certains acteurs. C'est pourquoi les catégories élaborées ici reproduisent certaines catégories du chapitre 2. Nous sommes conscient du caractère aléatoire de certains découpages, découpage critiquable du point de vue de l'éthique comme discours disciplinaire. Dans un essai remarquable[1], Roger Berthouzoz identifie brièvement «les principes d'une éthique pour la sauvegarde de la biosphère»: «exploitation économe et rationnelle des ressources; promouvoir une attitude responsable dans la production, l'échange et la consommation des biens nécessaires à la vie; développer le respect et la qualité de la vie». Toute catégorisation a ses limites et ses avantages.

Nous avons regroupé nos réflexions autour de sept défis majeurs: baisser la consommation, développer la qualité de la vie, devenir responsable de ses déchets, revenir à la prudence, tenir compte de la justice dans le temps et dans l'espace, contrôler les naissances, instaurer une éthique du savoir. Il s'agit de catégories descriptives. Mais le moteur grâce auquel l'éthique peut s'élaborer est, à mon sens, l'exercice d'une démocratie ouverte, la possibilité pour une société de discuter de ses défis, de ses valeurs et de ses priorités ainsi que la façon dont les gens se disent à eux-mêmes leurs raisons de vivre et leur fierté d'agir d'une façon plutôt que d'une autre.

Premier défi: baisser la consommation

«Nombre d'entre nous vivons au-dessus des moyens écologiques de la planète, notamment en ce qui concerne notre consommation d'énergie.»[2] «Les nantis doivent adopter un mode de vie qui respecte les limites écologiques de la planète.»[3] Ces deux citations du Rapport Brundtland donnent bien le ton, mais nul ne dit comment nous pourrions baisser la consommation. Ce qui n'est pas un mince défi.

L'explosion démocratique de la consommation date, à vraiment parler, de l'après-deuxième guerre mondiale. Les classes aristocratiques, puis bourgeoises, ont toujours eu accès à la consommation et surtout au luxe, mais la distance entre les classes et le maintien d'une morale à double standard (un pour le peuple, l'autre pour les nobles) faisaient que le peuple ne vivait pas à la manière des riches. Les écarts étaient considérables, mais on aurait dit qu'à cet égard régnait chez le peuple une espèce de résignation. Un exemple illustrera ce point. Chez les Pères de l'Église, la doctrine commune insistait sur la destination universelle des biens et ne considérait l'appropriation personnelle que dans un second temps. La perception de base était donc que le superflu appartenait de droit aux pauvres et que la richesse était une spoliation («N'est-ce pas les riches qui vous oppriment?» Jacques 2,6). La scolastique ultérieure a vite distingué entre les choses nécessaires à la vie et les choses nécessaires au statut social. Sauf en cas de grande nécessité, le riche n'était donc pas tenu de faire aumône des biens qui caractérisaient son statut social et paraissaient nécessaires à son maintien.

Ces précisions casuistiques s'imposaient, mais la conception nouvelle reconnaissait le bien-fondé de distinctions sociales tranchées. En réalité, dans des sociétés de faible production, une telle distinction peut sembler légitime, car une volonté démocratique de partage égalitaire poussé paraît difficilement réalisable ou mène à la faillite. Fourastié signale en ce sens que Mauriac, en dénonçant l'attachement aux biens et à la propriété foncière des gens de Bordeaux et leur résistance face aux pauvres, perpétuait un genre d'anachronisme et ne comprenait pas la situation sociale de ses ancêtres.

Après la seconde guerre mondiale, la puissance industrielle s'est trouvée considérablement augmentée. «Depuis un siècle, la production industrielle a été multipliée par 50, et les 4/5 de cette progression sont intervenus après 1950.»[4] Le développement industriel occasionné par l'effort de guerre a permis de produire subitement beaucoup plus d'objets à prix nettement plus bas. En une génération dans les sociétés occidentales, nous sommes passés à l'*affluent society* ou société d'abondance. La généralisation du crédit et la démocratisation des mœurs ont diffusé les nouveaux modes de vie. La publicité et la mise en marché ont cessé d'être simplement des instruments de vente de produits pour devenir la matrice des besoins à faire surgir. Le cinéma, puis la télévision, ont révélé au monde entier la façon de vivre à l'américaine. Il va de soi, dans les films, que l'on ait sa voiture, le téléphone, maintenant le téléphone cellulaire, la panoplie des appareils électriques et ménagers, son ordinateur domestique, etc. L'héroïne changera de vêtements cinq, six, sept fois et toujours selon les modes de pointe. Et ainsi de suite. On diffuse non un film, mais un mode de vie qui devient une exigence indispensable pour toute personne humaine. A-t-on idée de la pression que de telles images provoquent chez des gens vivant dans les pays du tiers monde[5] et, à l'intérieur de notre propre société, quelles revendications refoulées cet univers fait naître?

Or, il est évident maintenant que l'intensification constante de la consommation (plus d'objets différents accessibles à plus de gens) fait subir à l'environnement une pression insupportable. Indépendamment de la question de la justice et de l'équité, il faut prendre acte du fait que, partant de données déjà vieilles de 1984, la Commission Brundtland estime que le rapport entre des pays à économies de marché (comme le Canada ou la France) et l'Inde ou la Chine s'établit de 40 à 1 en ce qui concerne le produit intérieur brut[6]. Un alignement de la Chine et de l'Inde sur le modèle américain mènerait à la catastrophe. Moralité: il faudrait préférablement baisser le niveau de consommation dans les pays riches.

Peut-on discipliner le désir?

Mais baisser le niveau de consommation est pour une société donnée proprement impensable, scandaleux. Dès qu'une chose entre dans le style de vie, elle devient un impératif dont on ne peut se passer. Le luxe d'hier est le nécessaire d'aujourd'hui. De toute manière, un ralentissement brusque de la consommation engendrerait un malaise économique sérieux. C'est bien cela que l'on observe dans les périodes dites de récession. La confiance en l'économie baissant, les gens consomment moins et diminuent leurs achats, surtout les biens qui peuvent attendre. En conséquence, les ventes baissent, ce qui ralentit la production, occasionnant du même fait une augmentation du chômage qui redouble la prudence des consommateurs, etc. La spirale semble ne pas avoir de fin. En réalité, la spirale cesse quand la confiance revient. Mais on comprend bien qu'une condamnation morale subite de la consommation qui réussirait (comme la campagne antialcoolique au début du siècle aux États-Unis qui a mené à la prohibition) et le surgissement très rapide de nouvelles habitudes créeraient la faillite à coup sûr. Ce serait aller contre la prudence.

Jean Fourastié fait remarquer qu'en général le désir d'amélioration du niveau de vie est, dans l'ensemble des classes sociales, relativement modeste. Personne ne voudrait doubler subitement son niveau de vie. Il semble que tout le monde se contenterait d'un progrès minime, 10 ou 15 %, probablement parce que, quelle que soit notre situation sociale, nous désirons simplement nous hausser d'un cran et rattraper les gens qui nous précèdent. Mais une fois le palier désiré atteint, chacun se remet aussitôt à rêver d'un autre 10 ou 15 % qui suffiraient à procurer le bonheur. Le processus n'a pas de fin. L'aspiration est relayée tout le long du corps social, s'insinue dans les revendications salariales et syndicales, pénètre la politique. Or un tel rythme de 10 ou 15 % constamment repris à court terme comme une exigence jamais satisfaite est écologiquement insoutenable. L'économie non plus ne parvient pas à suivre: la crise de 1982 a très durement frappé et celle qui s'achève semble également avoir été fort sérieuse.

Il y a ainsi dans l'économie des ratés qui ralentissent la consommation. Mais les seuls freins à la consommation proviennent-ils des limites de l'économie elle-même et peuvent-ils venir d'ailleurs? Il ne semble pas, tant l'esprit du temps baigne dans la consommation. L'austérité joyeuse que recommande le professeur Dansereau se révèle davantage une vertu individuelle qu'un comportement de groupe, de classe, voire de société.

Dans l'état actuel des choses, je ne pense donc pas que nous puissions vraiment parvenir à faire baisser la consommation de façon significative. La consommation peut diminuer à l'égard de certains biens particuliers, selon les modes et les lois du marché, parce qu'un bien ou un service devient subitement trop cher, ou parce que le besoin créé par la publicité est tout à coup relayé par un autre, ou encore parce que l'on a atteint une certaine saturation, ou même parce que l'idéologie a changé. Dans la première catégorie, il y aurait le pétrole dont la flambée des prix dans les années 75-80 a amorcé des modifications de consommation importantes. Dans la seconde catégorie, il suffit de regarder nos vêtements, les chemises, les cravates, les robes périmées mais non usées, ou tant de gadgets qui ne servent plus. L'introduction du jean, si fortement soutenu idéologiquement dans les années 60, a eu à court terme un effet catastrophique sur une certaine mode. Mais celle-ci l'a vite récupéré. De même, la faveur des cheveux longs, chez les hommes, a provoqué la faillite de plusieurs barbiers et coiffeurs pour hommes dans les années 70.

Pour ralentir ou diminuer la consommation, on pourrait penser à des contraintes d'État, sous forme de rationnement. C'est en pratique irréalisable, sauf pour certains produits stratégiques, comme le pétrole ou plus largement l'énergie. Nous en traiterons plus loin. Un contrôle sévère nous mènerait à une économie strictement dirigée, à l'instauration d'une économie clandestine et à l'imposition de contrôles politiques proches de la dictature, ce qui mène à la longue à l'échec, s'il faut en croire l'expérience des pays de l'Est. Dans nos pays, les rationnements conduisent au marché noir et à la mise en place d'une société parallèle. L'expérience désastreuse de la prohibition de l'alcool aux États-Unis montre assez qu'une moralisation par l'État risque de produire des effets pervers pires que les bienfaits escomptés. Sauf en cas de guerre ou de crise nationale, il n'est donc pas sûr que l'État puisse être efficace en ce domaine.

Censurer la publicité?

Un autre moyen de baisser la consommation consisterait en un contrôle très strict de la publicité pour la réduire à n'être qu'un véhicule d'information et rien d'autre. La publicité, en effet, vend du rêve d'abord et, par ce moyen, un produit. Le consommateur achète non un savon, mais la beauté; non un parfum, mais la séduction; non une auto, mais un rêve d'érotisme et de puissance[7]. Je suis frappé au Québec par les transferts subliminaux véhiculés par les réclames de bière, alliant constamment la liberté, la jeunesse, l'amitié, la musique, le goût de vivre et donc la réalisation de soi à la consommation de bière («Tes amis, ta musique, ta bière: viens-t'en à Laurentide!»). Le raffinement publicitaire a dépassé depuis longtemps le stade de l'information pendant que les publicitaires n'arrivent pas à s'imposer un code de déontologie sérieux. Ils s'interdisent de dire explicitement des mensonges et d'exploiter la violence brutale. Mais les associations de consommateurs ne parviennent pas à empêcher la publicité directe adressée aux enfants, tandis que la Cour suprême du Canada considère que le droit d'affichage prolonge le droit à la liberté d'expression et fait partie des droits constitutionnels. On arrive ainsi au paradoxe que pour réprimer les abus publicitaires il faudrait déjà contrôler la publicité, voire même user de ses stratégies les plus audacieuses. Une attaque de la publicité par les milieux non publicitaires, par exemple les associations de consommateurs, n'obtient toujours qu'un succès mitigé. Il faudrait vaincre l'ennemi sur son propre terrain ou encore souhaiter que le milieu de la publicité s'autodiscipline, alors qu'il a plus tendance à aller de l'avant qu'à freiner son élan. Les consommateurs ont fait d'énormes gains pour une meilleure consommation. Il suffit de penser aux victoires de Ralf Nader aux États-Unis. La lutte a permis des déplacements de consommation et empêché des abus criants. Elle n'a pas fait régresser la consommation dans son ensemble.

La consommation comme substance de la vie sociale

Les échanges économiques ont toujours joué un rôle fort important dans la réalité sociale et constituent, à n'en pas douter, un des attraits de la vie urbaine. J'ai pourtant l'impression que le commerce et les mécanismes de consommation sont devenus la substance même de la vie sociale moderne. On use parfois du terme consumérisme pour définir cette idéologie. Le débat autour de l'ouverture des commerces le dimanche pourrait être sur ce point assez révélateur. Notre vie sociale ne semble plus tenir sa cohérence du dedans, par la qualité des échanges affectifs, culturels, spirituels entre les individus et les communautés. Elle subsiste comme par le dehors, grâce au réseau des communications, chacun étant branché sur l'univers des médias. Pour le reste, le point de ralliement de notre société se situerait au sein du centre commercial, véritable temple avec ses sources et ses cascades, ses portails, sa musique, sa statuaire. Quand l'individu veut flâner, prendre le pouls de la société, rencontrer autrui, il va magasiner au centre commercial. C'est sa façon privilégiée de combattre l'ennui et d'exister socialement. Si la vie sociale et les principaux échanges entre les individus se passent au centre commercial, il devient alors intolérable que ce temple soit fermé le dimanche: «Les enfants s'ennuient le dimanche, avec leur faux col et leur robe blanche.» À la limite même, acheter ou non importe peu. Le lieu de la consommation a été promu au rôle de sacrement de la vie sociale.

En ce sens, demander la diminution de la consommation fait partie du rêve. C'est demander l'impossible. À moins qu'une mutation culturelle profonde ne s'accomplisse et n'opère un passage de la quantité vers la qualité.

Deuxième défi: développer la qualité de la vie

On a beaucoup parlé de la qualité de la vie il y a une dizaine d'années. La France a innové en modifiant le nom du ministère de la Protection de la nature et de l'Environnement pour celui de ministère de la Qualité de la vie, ce qui marquait certainement un virage vers une conception élargie de l'environnement et la prise en compte de nouveaux facteurs. Qualité de la vie voudrait alors dire qualité du milieu bio-physique qui assure les conditions d'une vie en santé (air salubre, eau propre) et qualité des relations de l'être humain avec ce milieu: contacts sains avec la «nature», vie moins tendue, meilleure aménité sociale, etc.

Au niveau de la vie personnelle, nous savons un peu ce que pourrait être la qualité de la vie, et surtout ce qu'elle n'est pas. Quand un individu connaît un *burn-out* ou un infarctus parce que le rythme du travail, de la consommation, du second emploi pour payer la seconde voiture ou pour payer les dernières vacances l'a tellement vidé de lui-même que sa propre vie lui échappe et se passe dans le décor qui l'entoure. Échec sentimental qui suit un autre échec sentimental; échec parental dans l'impossibilité de communiquer avec ses enfants à travers l'imbroglio des jours de garde et des vieux conflits; échec relationnel avec les amis, l'entourage, le milieu de travail. Parfois, les gens arrivent à rentrer en eux-mêmes et à changer de valeurs: vie moins trépidante, diminution de la consommation d'alcool, cessation de la consommation de tabac, modifications du régime alimentaire, pratiques sportives et ascétiques nouvelles, vie plus intériorisée. Mais on reste toujours au niveau de conduites privées qui laissent indemne la représentation symbolique collective.

La problématique de la qualité de la vie n'arrive pas à s'inscrire profondément dans le champ social probablement parce qu'elle ne parvient pas à répondre aux exigences de l'esprit de quantité. «La quantité seule est sérieuse...»[8] La qualité demeure difficile à évaluer en chiffres. Par exemple, le sentiment de sécurité que l'on ressent dans une ville ne dépend pas nécessairement du nombre de policiers que l'on rencontre. Ce serait même plutôt le contraire, trop de policiers créant l'anxiété. Le sentiment de sécurité réfère certainement au risque d'agressions (vols, viols, attentats, violence), risque quantifiable, mais dont le fondement n'est pas toujours facile à cerner et qui dépend de facteurs sociaux, économiques et culturels. Pourquoi, un jour, se met-on à avoir peur? Pouquoi la violence éclate-t-elle? La sécurité ne dépend pas non plus d'abord de l'abondance: ce sont souvent les gens riches qui craignent. Plus de sécurité par de meilleurs éclairages, une surveillance accrue, des systèmes de sécurité plus performants? Mesures valables une à une. À la limite, on le voit, chaque demeure deviendrait une citadelle assiégée. Il faut donc inclure dans les composantes du sentiment de sécurité des réalités moins quantifiables, un souci d'équité plus prononcé, un apprivoisement de l'autre et des autres, culturellement, socialement, ethniquement distants. La qualité de la vie, en ce cas, s'évalue davantage en relations, en communication, en compréhension. Faut-il apprendre aux jeunes d'abord et essentiellement à se défendre et à se battre en vue des affrontements de gangs aux portes du métro, ou plutôt inciter à apprendre à se parler, à se comprendre et à intégrer les différences?

Quantifier la qualité?

La qualité de la vie, n'est-ce pas vivre longtemps? «Jusqu'à la quatrième et la cinquième génération», disait l'antique bénédiction. Il y a une relation constante entre l'amélioration des conditions extérieures (nourriture, hygiène, logement, vêtement, situation économique) et la longévité. Mais cette longévité elle-même devient fort problématique quand la santé défaille et que les années supplémentaires n'ont presque plus de signification humaine. D'où la revendication souvent entendue de ne pas simplement ajouter des années à la vie, mais surtout de la vie aux années. D'où la critique aussi d'une technologie médicale raffinée, lourde et coûteuse et, parfois même, déshumanisante.

On parvient de la sorte à une espèce de paradoxe: pour que la qualité soit prise au sérieux, il faudrait que l'on puisse la calculer, la quantifier. En environnement, beaucoup estiment que l'économie ne changera que lorsque les «externalités» seront «internalisées» aux coûts de production, par exemple lorsque l'on inclura dans le coût du papier les coûts du reboisement, de l'entretien des forêts, de la dépollution des rivières, de la perte d'habitats fauniques, de la diminution de la variété des essences, etc. Un calcul internalisé révèle souvent que la rentabilité de certains projets se situe dans le court terme (rentabilité financière et non rentabilité économique, pour utiliser le jargon des études d'impact) et que les profits encaissés ne le sont que par la dilapidation du capital nature. Semblablement, le politicien à qui on demande de modifier l'approche auprès des personnes âgées pour favoriser la résidence au domicile plutôt que l'institutionnalisation répondra vite: «Combien ça coûte, quel est le prix de tout cela?» Notre comptabilité sociale recèle de la sorte nombre de contradictions: une mère de famille qui reste à la maison ne fait pas partie, au Canada, du produit national brut. Si elle travaille à l'extérieur, son travail sera quantifié et comptabilisé. Si, en son absence, elle fait appel à une gardienne rémunérée, alors cette activité s'inscrira dans le produit national brut. D'où l'importance pour la promotion féminine d'inscrire le travail à domicile dans l'économie nationale. Paradoxe étrange de la comptabilité quantitative: un incendie qui ravage une maison procure du travail aux pompiers, aux assureurs, puis aux ouvriers de la construction. La destruction vaut plus cher que la conservation.

L'esprit de quantité exige le mesurable et le quantifiable, l'instauration d'une mesure. L'exigence rationnelle postule des faits observables et vérifiables, des critères dits objectifs, un instrument de mesure, une démarche systématique. La science exige même que l'on puisse reproduire les mêmes résultats à partir des mêmes données. Mais comment faire cela quand on parle de bonheur, de qualité des relations aux autres et au milieu écologique? Le passage à la qualité exigerait une gigantesque mutation culturelle, le passage, comme le répète le professeur Dansereau, du PNB au BNB, du produit national brut au bonheur national brut. Le modèle quantitatif repose sur deux traits fondamentaux exigés de l'être humain: consommateur vigoureux, producteur efficient. Un modèle qualitatif postule le dépassement de ces perspectives et l'intégration de données qualitatives au sein du travail et de la société comme tout au long de la chaîne trophique. Dans le monde du travail, on parle ainsi de plus en plus de contrôle de la qualité; les Japonais ont inventé les cercles de qualité et la gestion égalitaire, en chemise blanche.

«Du plus-avoir au mieux-être: la recherche de la qualité de la vie ébranle le vieux modèle social antérieur, mais davantage dans ses objectifs et valeurs que dans son fonctionnement concret. L'économisme a vécu comme système de référence, mais il reste bien coriace au niveau de la praxis.»[9] Le même auteur affirme que la seule attitude porteuse d'avenir «consiste à introduire les valeurs de qualité de la vie au sein même de l'économie (...). Cela signifie que la préoccupation éthique ne peut se situer, moins que jamais, en dehors de la sphère économique, mais au contraire doit l'animer de l'intérieur.»[10]

Faire de nouvelles expériences

Dans la perception courante, la consommation ne fait pas directement partie de l'éthique. Si je puis me le payer, ça ne regarde que moi, dit l'individu, qu'il s'agisse d'un objet de luxe, d'une auto ou d'un voyage au Club Med. Le payer, ou plutôt l'acheter à crédit: jouir maintenant, payer plus tard. Il n'y a pas d'illégitimité individuelle à la consommation dans les limites de la bonne vieille sagesse qui condamne l'abus déshumanisant, l'avilissement de la vie humaine dans la consommation des choses. On appelait cela la tempérance. Un virage à la qualité repose moins sur la dénonciation austère de la consommation que dans la capacité de faire de nouvelles expériences, d'apprécier l'être plus que l'avoir, la relation aux autres et à l'environnement plus que la relation à des objets. C'est ici tout le modèle social qui serait à repenser et on peut légitimement se demander si un tel mouvement peut avoir un succès massif ailleurs que dans les groupes restreints, bien articulés et fortement motivés: familles, communautés, associations, églises, groupes prophétiques. Conversions individuelles et de petits groupes. Malgré tous les virages verts qu'on nous annonce, il n'y a pas lieu d'être exagérément optimiste sur ce point. Mais le prophétisme des groupes peut ébranler fortement la culture de l'avoir. Il nous manque des François et des Dominique. À bien y penser, il y a déjà des mères Teresa, des abbés Pierre, des Jean Vanier. Tout n'est pas perdu.

Chercher l'aménité sociale

L'autre versant d'un passage à la qualité penche du côté de l'aménité sociale. La course à la consommation est la course aux symboles de la valorisation sociale. On a l'impression d'être plus parce que l'on consomme plus et qu'on occupe, de ce fait, une place plus importante dans la société. Le résultat de cette pression se traduit depuis quinze ans par une course effrénée à la richesse. Dans la foulée des années soixante, la pensée sociale avait mis de l'avant l'idée de l'État-Providence, de politiques de lutte à la pauvreté pour la construction d'une société compatissante. Le Reaganisme et le Thatcherisme ont sabré joyeusement dans cette vision de la réalité sociale pour promouvoir le désengagement de l'État et l'enrichissement des riches. L'accroissement des inégalités accentue donc la frustration sociale et avive le désir de consommation. Pour diminuer la pression vers la consommation, il faudrait vraisemblablement atténuer la réalisation de soi par la performance économique et développer le sens de la participation au sein de la société. La lutte contre les inégalités devient alors prioritaire et exige le passage à un discours centré sur les personnes (la solidarité, le partage, la convivialité) plutôt que sur les choses (niveau de vie, objets de consommation, argent). Comme disait François Perroux, il faudrait déshonorer la richesse. Quel défi! On ne dira jamais assez, dans ce contexte, l'importance du bénévolat et de la militance sociale comme expériences primordiales de la gratuité.

Porter attention à la dépense de l'énergie

Dans les éléments constitutifs d'une recherche de la qualité de la vie, j'inclus l'attention à porter à la consommation de l'énergie, puisque l'énergie représente le moteur de tout développement économique. De toutes les questions écologiques, celle de l'énergie est certainement la plus cruciale, même si on n'en parle guère en termes de consommation personnelle et sociale. On en parle comme d'un problème géopolitique. Le Rapport Brundtland lui a consacré un chapitre entier, le septième:

> En 1980, la consommation d'énergie dans le monde avoisinait les 10 TW (un térawatt représente un milliard de kilowatts). Si la consommation par habitant reste inchangée, d'ici 2025 une population de 8,2 milliards d'habitants pourrait avoir besoin de 14 TW (plus de 4 TW dans les pays en voie de développement et plus de 9 TW dans les pays industriels), soit 40 % de plus qu'en 1980. Si, par contre, la consommation par habitant s'uniformisait et atteignait le niveau actuel des pays industriels, il faudrait à cette même population 55 TW d'ici 2025[11].

Il faut comprendre que la deuxième hypothèse est démentielle dans l'état actuel de nos connaissances et de nos techniques, puisqu'elle supposerait de multiplier par cinq fois et demie la consommation totale actuelle d'énergie. Les risques et les incertitudes sont trop grands actuellement pour qu'on puisse envisager pareil scénario. La terre ne peut pas vivre selon le modèle de développement de l'Occident. La première hypothèse d'un taux de consommation inchangé est également irréalisable, puisqu'elle maintient le tiers monde dans sa situation actuelle, ce qui veut dire la désespérance pour les pauvres. C'est le scénario du plus grand risque politique.

La Commission élabore donc deux scénarios intermédiaires: un scénario fort de 35 TW, pas particulièrement rassurant, et un scénario dit faible qui contiendrait la consommation mondiale à 11,2 TW, supposant une diminution de la consommation de 3,1 TW dans les pays industriels et une augmentation de 4,0 TW dans les pays en développement. C'est un scénario utopique qui suppose une avancée rapide dans le sens de l'économie d'énergie et de la haute efficacité énergétique.

Tout scénario qui voudrait mettre en œuvre la perspective du développement durable (le Canada et le Québec ont tous deux mis sur pied une table de recherches sur environnement et développement, ce dernier terme étant assorti du mot économique, référence que la Commission Brundtland avait explicitement bannie car, en ce cas, l'expérience l'a prouvé, l'adjectif économique vide le substantif développement de sa signification) suppose une politique énergétique extrêmement ferme. Les premières étapes à franchir concernent la politique des transports et l'efficacité énergétique. Une politique de transport suppose la diminution des cylindrées des voitures, l'imposition d'objectifs à l'industrie automobile en termes de pollution et de consommation, le développement du transport en commun et l'arrêt de l'étalement des villes. Les politiques courantes vont exactement en sens inverse. Le Canada a décidé d'abolir de nombreux services ferroviaires et démantèle Via Rail. Il n'y a aucune limite de consommation de pétrole pour les véhicules automobiles imposée aux fabricants et la mode revient aux grosses cylindrées et aux voitures de luxe. D'autre part, la protection du territoire agricole recule nettement, alors que les banlieues ne cessent de se déployer.

La stratégie industrielle du Québec consiste à favoriser l'implantation d'alumineries, très grandes consommatrices d'énergie électrique, et à favoriser l'exportation d'énergie électrique aux États-Unis. Non seulement le Québec cherche-t-il à vendre ses surplus et excédents ponctuels, mais il s'aventure dans des contrats de puissance garantie qui assurent au client une quantité fixe d'énergie 365 jours par année. Cette stratégie de vente repose sur les ressources québécoises d'énergie, mais oblige à devancer la construction de nouvelles centrales hydro-électriques sur des territoires «conventionnés» habités par les nations amérindiennes. Le conflit social et politique gronde à l'horizon. Fait à signaler, Hydro-Québec incite sa clientèle à économiser l'énergie en éteignant des lumières, en baissant le chauffage, en isolant mieux les maisons, en évitant l'heure de pointe, etc. Pour l'observateur se dégage la pénible impression qu'Hydro-Québec et le gouvernement font peser sur l'individu le poids d'une éthique de la conservation, mais que les objectifs politiques, eux, sont au contraire des scénarios de développement intensif rapide. Tout le contraire du développement durable. La politique énergétique québécoise a vraisemblablement régressé depuis dix ans. Le gouvernement impose aux citoyens une éthique qui contredit la sienne propre. Les généreux discours d'intention sur le développement durable n'ont pas encore influencé les stratégies énergétiques.

Le Québec n'a pas d'industrie nucléaire, sauf une centrale témoin à Gentilly. La France, au contraire, a choisi l'option nucléaire et s'est lancée, après un âpre débat qui a laissé des séquelles, dans une politique du tout au nucléaire. Il nous semble que ce choix très affirmé pour le nucléaire a rendu les Français un peu incrédules face à la crise écologique, comme si l'option du nucléaire avait engendré chez eux une confiance en la technologie qu'on ne retrouve pas ailleurs. On semble mal reconnaître le sérieux de la crise, sans doute pour éviter de penser aux risques encourus. Par exemple, le passage à l'essence sans plomb pour les voitures y est très en retard. De même, le discours écologique n'a pas l'acuité qu'il connaît en Allemagne ou dans les pays scandinaves. Toutefois, l'opinion publique semble se réveiller et l'accident de Tchernobyl a soulevé de graves inquiétudes, au point que le soupçon naît à l'égard des élites scientifiques qui rassurent le pays. Les problèmes du nucléaire sont liés au risque d'accident (et donc à la surveillance) et à la disposition des déchets, comme nous l'avons dit au chapitre 1. Faut-il dire, avec Jean-Marie Pelt, que «la France est la poubelle nucléaire de la planète»[12]? Ou bien se rallier au jugement de Roger Cans:

> S'agissant de la France, où 54 réacteurs fournissent plus de 70 % de l'électricité, le choix du nucléaire nous a largement surdotés. Au point que nous sommes obligés de vendre le courant en excédent à nos pays voisins. Or la France n'a pas vocation à devenir la centrale nucléaire de l'Europe. La production d'énergie atomique est une entreprise bien trop risquée pour qu'un seul pays, le nôtre, se lance ainsi en pointe et assume une part des risques que les autres ne veulent pas prendre[13].

Manifestement l'inquiétude grandit et il faudra bien que les individus comme la société surveillent de plus près l'augmentation de consommation domestique et industrielle. Paradoxalement, les politiques française et québécoise se ressemblent, axées sur l'exportation d'énergie et apparemment peu soucieuses d'une véritable économie.

Les États ont rarement l'éthique qu'ils veulent voir adopter par leurs citoyens. La classe politique n'est pas toujours la plus cohérente ni la plus éducable.

Même l'alimentation

Nous mangeons trois fois par jour, pour subsister bien sûr, mais pour tant d'autres raisons: par plaisir, par besoin de nous rencontrer et de partager, pour fêter. Chez l'être humain, la manducation devient repas, acte profondément social. Déjà l'allaitement du bébé est une rencontre intense et privilégiée entre la mère et son enfant, et même de plus en plus aujourd'hui, grâce aux biberons, entre le père et son enfant. La fonction du regard et de la rencontre est aussi importante que celle de la nourriture elle-même. Manger, c'est acquiescer à la vie, c'est communier au cosmos comme à autrui. La personne esseulée perd l'appétit. La personne déprimée doit réapprendre à manger pour sortir de sa déprime.

Manger est l'obsession de tout animal, tant la contrainte alimentaire et la disette sont toujours à l'horizon. Dans les cultures traditionnelles, les gens gardent mémoire des famines d'autrefois qui hantent l'imaginaire comme une menace jamais conjurée. Ma mère ne pouvait jamais jeter de nourriture. C'était pour elle la nourriture du «Bon Dieu». Jeter eût été une profanation. Je la revois au déjeuner, faisant chauffer sa rôtie sur le poêle. Comme elle était distraite, il lui arrivait d'oublier la tranche de pain et de ne sortir de sa rêverie que grâce à l'odeur de calciné qui se dégageait. Alors, placidement elle grattait sa rôtie trop cuite et la mangeait: «On ne jette pas de la nourriture.»

Dans l'ère du prêt-à-jeter, nous jetons la nourriture comme le reste. Dans les restaurants McDonald's, la consigne impose de jeter les mets déjà cuits à toutes les heures et même plus fréquemment encore, car la logique du *fast-food* est d'aller vite et de ne pas faire attendre le client. Quel drame s'il fallait patienter cinq minutes pour être servi! Alors, on prépare tout à l'avance, on en prépare sciemment trop et ensuite, suivant la consigne, on jette ce qui n'a pas servi. Et l'on recommence.

Plus subtile encore est la manie nouvelle des aliments décalorifiés. Il s'agit de prendre de bons aliments et d'en extraire, à coup d'énergie, la valeur nutritive afin que l'on puisse se gaver sans engraisser.

Esthétique oblige. Les nobles romains pratiquaient une méthode plus violente pour l'estomac: ils se faisaient vomir par un esclave dans une salle attenante, puis revenaient à table poursuivre la fête.

Une réflexion sur l'éthique environnementale se doit d'aborder, au niveau de la consommation, la question de l'alimentation. Les courants de pensée les plus radicaux condamnent toute manducation d'animal possédant des centres nerveux, pouvant donc souffrir. L'argumentation s'appuie également sur des considérations qui tendent à démontrer qu'au plan biologique notre espèce est proche des herbivores: absence de dents typiques des carnivores, intestins semblables à ceux des herbivores, etc. Des considérations diététiques permettant maintenant de calculer de façon plus scientifique les apports alimentaires et caloriques nécessaires pour une bonne alimentation, l'argumentation débattra également de l'opportunité ou de la nocivité de l'ingestion de viandes ou de poissons[14].

Ces discours sont fort utiles, mais il faut aussi s'en méfier notamment à cause de leur dimension fréquemment idéologique. On ne peut passer, sans plus, de considérations strictement biologiques à des normes sur les conduites humaines. En réalité, chez l'être humain, la biologie s'assume dans la culture. Or culturellement, nous sommes des omnivores et la viande occupe une place importante dans la symbolique de la nourriture. Cette importance, culturelle plus que strictement biologique, varie considérablement selon l'histoire, la géographie, la nourriture disponible, le climat, etc. Par exemple, chez les Juifs vivant dans un pays chaud, la nourriture de porc est vite apparue comme un vecteur de maladie. D'où la prescription d'un interdit de nourriture par mesure de prévention. Peu à peu, l'interdit alimentaire a été sacralisé en devenant un interdit religieux hautement valorisé, intégré dans le système du judaïsme. Il a ensuite, à la longue, joué un rôle culturel important, la non-manducation du porc permettant au peuple juif de se distinguer des autres et de garder son identité. Le second livre des Maccabées rapporte le martyre des sept frères et de leur mère refusant de manger du porc (2 Maccabées 7). Par ce biais, l'interdit alimentaire est farouchement défendu et conservé même si la base rationnelle de l'argumentation ne tient plus. Les Chinois, au contraire, qui constituent une immense culture, consomment énormément de viande de porc. Et j'ai vu maintes fois un certain documentaire cinématographique qui nous montre une tribu où une femme donne le sein à un porcelet, lequel est engraissé avec soin tout l'été et ensuite immolé à la grande douleur de sa nourrice. Il n'y a probablement pas de domaine où l'interaction du biologique et du culturel soit aussi grande que l'alimentation. C'est pourquoi il faut se méfier des croisades trop rapides et y aller très prudemment dans les codages symboliques sous-jacents aux modes alimentaires. Sinon, la diététique progresse, la culture et le sens régressent.

Sur le plan écologique, les revendications en faveur d'une nourriture dite plus légère et plus saine abondent. D'abord, nous sentons le besoin de manger moins et de manger mieux. Les raisons de santé liées au style de vie paraissent évidentes: travail physique moins difficile et vie sédentaire favorisent l'embonpoint. C'est là simple question d'hygiène et de discipline... et d'un immense effet de mode. Par ailleurs, les raisons médicales sont sérieuses.

> Les mauvaises habitudes alimentaires contribuent à plus de 30 % des maladies: elles jouent notamment un rôle dans l'incidence des maladies cardiovasculaires. Une correction de ces mauvaises habitudes alimentaires implique une réduction de l'apport alimentaire en matières grasses, en cholestérol et en sucre, et une augmentation de la consommation de fruits, de légumes et de produits céréaliers[15].

En plus des considérations de santé, signalons quelques considérations écologiques. Elles sont de plusieurs ordres, en particulier relatives au transport, à la dimension internationale, au mode de production et à la place occupée dans la chaîne trophique.

L'enrichissement, le développement des systèmes de transport et la mondialisation du marché amènent maintenant sur nos étalages des produits qu'on ne trouvait pas autrefois. Nous jouissons ainsi d'une grande variété de produits souvent exotiques qui nous permettent une alimentation plus variée et possiblement un meilleur équilibre diététique. Mais nous consacrons, par ce biais, une quantité considérable d'énergie pour assurer le transport d'aliments ayant souvent leur correspondant nutritif dans les produits de culture maraîchère locale ou régionale. Mieux vaut manger des fraises l'été en saison, ou en hiver sous forme de confiture, que d'acheter en janvier des fraises de la Californie. Toujours donner préférence à ce qui est local et n'acheter d'aliments venus de loin que lorsque la substitution n'est pas possible. C'est, on le sent, le contraire des pratiques incitatives du commerce qui nous orientent vers les produits exotiques à cause du profit engendré par la valeur ajoutée.

Dans le même ordre d'idées, il importe de porter attention au retentissement international de nos achats. L'implantation de l'économie de marché a souvent conduit à déstructurer l'économie des pays du tiers monde, à déstabiliser les antiques cultures vivrières (écologiquement beaucoup plus stables et respectueuses des cycles et équilibres naturels) et à y implanter de vastes monocultures. Or la monoculture engendre le désastre au plan écologique: elle épuise rapidement les sols, est propice aux infestations et exige des interventions de type chimique pour fertiliser, combattre la compétition ou détruire les ravageurs. Souvent, la monoculture est catastrophique sur le plan économique pour les pays producteurs qui deviennent très vulnérables aux aléas du marché. Il suffit de penser au café de la Colombie dont le cours fluctue sans cesse. Bref, il n'y a aucun idéal à ce que tous les œufs ou tout le lait viennent du Québec, tous les légumes de Californie, tout l'agneau de la Nouvelle-Zélande et ainsi de suite. L'attention à la dimension internationale du problème de l'alimentation devrait constituer un des aspects les plus troublants de la vertu de justice. Mais qui s'en soucie vraiment?

Naturellement, le consommateur réalise rarement les effets pervers de ses habitudes alimentaires: il cède à l'exotisme. Par exemple, la généralisation de la consommation des cuisses de grenouille importées de l'Inde peut accentuer la famine en ce pays, parce que la grenouille est un prédateur très efficace assurant le contrôle d'une population de petits crabes mangeurs de pousses de riz. S'il y a surexploitation des grenouilles, il s'ensuit un danger d'explosion de population du petit crabe et d'une chute de la récolte du riz.

Un autre aspect à considérer est celui de l'intoxication alimentaire. Presque tous les produits de l'industrie agro-alimentaire ont fait l'objet d'interventions chimiques. Fruits et légumes sont le résultat d'une agriculture agressive qui recourt de manière systématique aux engrais chimiques et aux fongicides, herbicides, insecticides disponibles sur le marché. Les contrôles ne sont jamais adéquats et l'argument selon lequel l'agriculteur n'a pas intérêt à forcer la dose, puisque c'est lui qui paie la note, n'est pas nécessairement convaincant, surtout quand l'agriculture tend à devenir une entreprise où des salariés n'ont pas toujours la compétence ni l'intérêt suffisants pour agir de façon responsable. En conséquence, il importe au consommateur de toujours laver méticuleusement tous les fruits et légumes ou même, en certains cas, de les blanchir avant ingestion. Hélas aussi, beaucoup de produits importés du tiers monde, en particulier les épices, sont fortement contaminés parce que nombre de produits interdits ici, comme le DDT, font l'objet de commerce officiel ou même de contrebande. L'élevage n'est guère plus rassurant, car les grandes concentrations animales (par exemple, un élevage de 10 000 porcs ou de 50 000 poulets) constituent des milieux très propices à l'explosion de maladies spécifiques (toujours la fragilité des monocultures), d'où l'intervention vétérinaire préventive et l'application de doses massives en cas d'alerte. Insensiblement, il en reste quelque chose dans la chair de l'animal ingérée ensuite par les humains. Ajoutons à tout cela les 2 000 additifs alimentaires pour améliorer la conservation, l'esthétique, empêcher la prolifération de substances nocives, et on a une idée de la complexité des démarches à entreprendre pour devenir un consommateur conscient et prudent, sans pour autant devenir maniaque. On comprend alors l'importance de l'arrivée sur nos marchés des produits de l'agriculture biologique qui permet d'envisager d'autres manières de faire plus écologiques et vraisemblablement plus viables, mais également la résistance sourde qu'une telle concurrence soulève.

Une quatrième dimension éthique de l'alimentation se rattache directement à la consommation de viande. Il faut en moyenne dix kilos de protéine végétale pour produire un kilo de viande (quinze pour le bœuf, huit pour le poulet). Or, dans nombre de cultures, surtout la nôtre, la consommation de viande représente une espèce d'idéal indiscutable. Comme la culture occidentale domine et envahit les réseaux de diffusion culturelle, il y a un risque que notre modèle se répande. Qu'on pense à la fascination de McDonald's et du Coca-Cola à Paris, au Japon, dans les pays de l'Est. La diffusion du modèle américain de consommation alimentaire mène à une impasse, peut-être à la famine sur plan planétaire. Comment apprendre à manger moins de viande et davantage de fruits, de légumes, de céréales? Objectifs ni simples, ni faciles à atteindre, qui exigeront une grande mobilisation de la conscience ainsi qu'une attention aux petits gestes de la vie quotidienne. Dire que l'Église catholique a laissé tomber les exigences du jeûne et de l'abstinence il y a une génération à peine!

Troisième défi: devenir responsable de ses déchets

En 1884, le préfet de Paris, Eugène René Poubelle, imposait aux citoyens de sa ville l'obligation de déposer leurs ordures dans un récipient. Geste responsable, puisque la situation devenait intolérable; geste prophétique également, qui inaugurait l'ère moderne de la gestion des déchets. Les déchets, c'est ce dont on cherche à se débarrasser. Dans les économies de survivance, il y a peu de déchets, puisqu'on essaie de tout récupérer pour réutiliser, faire du chauffage, de l'engrais, etc. Quand j'étais petit garçon, on ne jetait même pas un vieux clou. On le redressait pour un second usage. Les manteaux usés des adultes devenaient des manteaux d'enfants, puis des couvertures ou des tapis et finissaient comme guenilles pour les travaux ménagers. Sur la ferme, le recyclage des fumiers était la règle indiscutable. Qui aurait jeté son fumier à la rivière?

L'instauration déjà ancienne de vastes systèmes d'aqueduc pour l'eau potable et d'égoûts pour les eaux usées et surtout l'invention de la poubelle et de la gestion municipale des déchets ont, en un sens, déresponsabilisé le citoyen, tout en mettant de l'ordre dans un dossier où l'hygiène publique était directement concernée. Quand le citoyen a fait ce qu'on attend de lui, quand il a sorti sa poubelle ou son sac vert à heure dite, il a l'impression que son devoir civique est accompli. Il lui suffira finalement de payer ensuite ses taxes en râlant un peu contre les éboueurs ou l'administration municipale. Il ne réalise pas faire partie lui aussi du problème de la pollution et du gaspillage. Il perçoit difficilement que les habitudes qu'on lui a inculquées (le tout-à-la-poubelle, le tout-à-l'égoût) sont finalement de mauvaises habitudes, irresponsables et dommageables. «Plus on consomme, plus on jette. On épuise donc la ressource, tout en saturant le milieu — d'où nous tirons cette ressource — de déchets qui la rendent ensuite inutilisable.»[16] Le défi éthique réside en ce que le consommateur se sache responsable de ses déchets et apprenne à assumer les défis qui s'imposent.

La formule 4R-V

En termes techniques, la stratégie relative aux déchets domestiques peut s'exprimer dans la formule 4R-V (parfois on dit les 3R ou les 4R, mais le sens est le même): réduction, réemploi, récupération, recyclage et valorisation.

Le premier défi: réduire les déchets à la source en simplifiant les emballages, en évitant la manie du sac dans un sac et en favorisant les mesures de vrac. Il y aurait aussi beaucoup à dire sur le gaspillage inutile et éhonté de ressources premières comme l'eau.

Le réemploi suppose qu'un même objet est utilisé plus d'une fois en vue du même usage. C'est le cas des contenants réutilisables, la plupart du temps consignés, qui retournent chez le producteur et sont employés à nouveau. Au Québec, les systèmes de réemploi sont particulièrement bien implantés pour les bouteilles de bière et d'eaux gazeuses. Nous en avons traité longuement dans la première section du présent ouvrage. On se prend à rêver à l'extension de consignes pour les autres contenants avec une certaine normalisation des formats.

La récupération, presque toujours reliée au recyclage, postule soit la cueillette sélective de déchets, qui suppose que le citoyen a procédé chez lui à une séparation des diverses substances récupérables, soit des centres de tri qui procèdent, à même les déchets toutes catégories originant des citoyens ou des industries, à la sélection des différentes catégories de matériaux récupérables.

Le recyclage implique que la matière première soit extraite du déchet et réinsérée dans un nouveau cycle de production, identique ou différent. Par exemple, le papier fin est réutilisé pour entrer dans la composition de papier neuf. S'il s'agit de papier journal, le recyclage permet principalement la production d'isolants. Pour l'insertion d'une partie importante du vieux papier journal dans la production d'un nouveau, il faut une opération de désencrage préalable. Le verre, surtout le verre clair, est broyé pour donner du calcin, lequel entre ensuite comme matière première dans une nouvelle production de verre. De même la canette en aluminium est fondue et le métal à nouveau utilisé pour en produire une nouvelle. De même pour les plastiques, mais en ce cas les produits de seconde génération ne peuvent servir pour l'alimentation. Les circuits de réinsertion dans la chaîne industrielle varient considérablement selon la nature des produits récupérés, la nature des produits neufs et les filières technologiques utilisées.

Pour sa part, la valorisation désigne, la plupart du temps, la combustion par un incinérateur qui permet la production de chaleur pour chauffer des bâtiments ou même produire de l'énergie électrique. On peut aussi lui associer la production de compost.

Les modèles institutionnels de gestion des déchets varient énormément selon les habitudes culturelles, les systèmes économiques, les quantités de déchets disponibles, la volonté d'implication des citoyens. Le système le plus écologique cherche à réduire la production de déchets à l'origine et à intégrer la participation active des citoyens. Mais l'idéal en soi n'est pas toujours opportun. La mise en place de systèmes de réemploi efficaces exige presque toujours la consigne et demande une organisation très efficace du circuit des contenants consignés. Elle postule également des marchands et épiciers une collaboration active et donc une conscience sociale aiguë. L'installation de bacs de récupération où les citoyens vont porter leurs déchets préalablement sélectionnés (verre, papier, métal, etc.) ne permet pas d'atteindre des taux de récupération importants. Même la cueillette sélective exige une participation sociale relativement complexe qui n'est pas toujours possible dans certains milieux (résistances affectives, culturelles, délinquance, difficultés de compréhension). Une logique centrée sur le recyclage industriel d'abord a tendance à favoriser la production de déchets pour créer la masse critique qui rend le système rentable.

Actuellement, la mode est à la récupération-recyclage. Cette mode est opportune, puisqu'elle rend les consommateurs conscients de leurs habitudes de gaspillage et les éveille à leurs responsabilités. Elle est également périlleuse si le système ne fonctionne pas. Quand quelqu'un apprend que les journaux qu'il a ramassés et transportés vers un bac de récupération ont finalement été jetés au site d'enfouissement sanitaire ou brûlés à l'incinérateur municipal, sa motivation tombe d'un cran.

Le gaspillage est une honte

La valeur éthique sous-jacente à ce défi pourrait s'énoncer ainsi: dans un monde où les ressources deviennent rares, le gaspillage est une honte, un geste irresponsable à l'égard d'autrui comme à l'égard de la planète. Il est bien difficile de baisser sensiblement sa consommation, nous l'avons vu, alors que c'est un défi plus simple et plus facilement atteignable de récupérer tout ce qui est récupérable d'abord au niveau strictement domestique des ordures ménagères, mais aussi à un niveau plus large, par exemple les vieux pneus, les carcasses d'autos, les vieux frigos (avec des CFC). En réalité, avec une bonne organisation et une réelle volonté collective politiquement mise en œuvre, des résultats appréciables peuvent être atteints, de 20 à 80 % selon les secteurs.

Personne sur ce point ne peut abdiquer sa responsabilité. Nous sommes éthiquement responsables de nos déchets. Nous sommes responsables de leur «disposition», depuis le conducteur insouciant qui jette ses papiers par la fenêtre ou vide son cendrier dans un stationnement, jusqu'au campeur qui néglige d'enfouir ses déchets, en passant par le quasi criminel qui fait vidanger de nuit la fosse septique de son chalet dans le lac. Nous sommes responsables également du traitement de nos déchets, qu'il s'agisse de réemploi, de récupération-recyclage ou même de disposition des cendres produites par l'incinérateur. Cette responsabilité peut être organisée de mille manières, par délégation politique accompagnée d'un système de taxation ou par une organisation communautaire. Il s'agit d'une responsabilité collective, certes, mais aussi individuelle, même si le détail demeure difficile à préciser. S'en démettre sur le dos du fabricant n'est pas suffisant: quiconque consomme est responsable, à son niveau, de ses choix de consommation (les choix réels sont relativement nombreux) et doit en assumer les conséquences. Il y a dans nos maisons environ 200 produits domestiques dangereux ou nocifs pour l'environnement pour lesquels il existe souvent d'excellents substituts. Plus chers parfois, mais cela est une question de marché. Exigeant plus d'attention? Certainement. Lentement notre société, surtout par le moyen des groupes de militance écologique, dresse de véritables catéchismes et nous talonne sur le permis-défendu de notre statut de consommateurs. Au-delà du prêchi-prêcha inévitable, une conversion nous est demandée.

Et les industriels?

Si les propositions qui précèdent concernent l'individu consommateur, on comprend comment les exigences sont encore plus lourdes pour les industriels et les producteurs. Car ici le poids de la responsabilité se mesure aux effets sur le milieu écologique. Quels chemins à parcourir avant que la culture des entrepreneurs soit modifiée! Combien de projets inutiles, de gadgets fabriqués juste pour un profit rapide, «pour faire une piastre vite» dit-on, l'œil en coin. Combien de stratégies pour raccourcir la durée de vie des biens afin d'en vendre davantage! C'est ainsi que les progrès techniques nous permettent d'acheter des frigos et des cuisinières électriques qui durent nettement moins longtemps que leurs prédécesseurs!

Quant aux déchets, chacun se réfugie spontanément derrière la règle du plus petit commun dénominateur. Chacun estime que les déchets ne sont pas son problème, mais celui de la collectivité, de l'État. On cherche à encaisser les profits pour soi et à refiler les charges (de pollution ou de récupération) à l'État. Depuis 1972, le principe du pollueur-payeur fait partie de l'éthique officielle. Dans la réalité, il suffit de dire que l'on n'est pas capable de l'appliquer, et le tour semble joué: à l'impossible, nul n'est tenu.

Irresponsabilité des compagnies maritimes qui affrètent sous pavillon de complaisance. Politique de l'autruche des États et des entreprises des pays développés qui refilent leur pollution au tiers monde en soudoyant de façon plus ou moins ouverte les autorités en place. Du haut en bas de la pyramide, partout la même démission. Une commission d'enquête a procédé à l'étude de toute la gestion des déchets dangereux au Québec. Cette Commission évalue à environ 1 300 000 tonnes/année la quantité de déchets produits au Québec (à mon sens, le chiffre est bien timide). La Commission estime que la quantité de déchets à traiter annuellement par l'élimination se situe à 626 000 tonnes, mais que sur cette quantité on est sans nouvelles de 368 000 tonnes, soit plus de 50%[17]. Il faut donc comprendre que beaucoup d'industriels, peut-être la majorité, se débarrassent de leurs déchets. Quant à savoir comment ils le font et qu'est-ce qui en advient...

Cette irresponsabilité est à faire dresser les cheveux sur la tête, mais personne n'ose même s'indigner, tellement nous sommes résignés et convaincus qu'on n'y peut rien faire, que c'est la rançon du progrès et qu'on trouvera une solution plus tard. Vance Packard raconte qu'un ingénieur responsable de la production de couteaux pour peler les légumes, principalement les pommes de terre, s'aperçut qu'il se vendait plus de couteaux que nécessaire, compte tenu de la durabilité du couteau en question. Il découvrit que les gens perdaient leur couteau en le jetant avec les épluchures. Le manche du couteau était de couleur vive. Il a donc décidé de changer sa mise en marché: il offrit dans une boîte rouge des couteaux au manche brun, plus faciles encore à confondre avec les épluchures de pommes de terre. Les ventes ont encore progressé.

On ne peut certes pas généraliser cet exemple, par bonheur. Il n'en demeure pas moins que l'irresponsabilité trop fréquente de l'industrie origine de décisions prises par des personnes concrètes qui s'appuient sur l'état d'esprit général pour se défiler, autre manifestation du «tout le monde le fait, fais-le donc.» Certes, les dispositions juridiques sont trop molles, parfois mal conçues et encore plus mal appliquées, mais rien de cela ne serait en soi fatal s'il y avait quelque part une certaine fibre morale. Cette fibre existe en chacun et chacune, quand il s'agit de son propre destin, de celui de ses enfants et de sa famille. Mais elle ne joue plus quand il s'agit des intérêts de l'entreprise ou quand le cadre de référence permet de se défiler derrière l'anonymat puis de se justifier par les «lois» du marché. Le proverbe «les affaires sont les affaires» signifie alors que les affaires sont en dehors du champ de l'éthique, de la décision responsable.

Il y a ainsi fréquemment un hiatus profond entre la conscience personnelle, pour la conduite privée, et la conscience sociale ou politique. Il peut arriver à chacun de poser en groupe, par délinquance ou bravade, des gestes qui ne surgiraient pas si l'on était seul. L'instinct grégaire prévaut alors. J'ai l'impression que la classe des technocrates, des décideurs, des financiers, ne parvient pas à penser éthiquement dans le domaine de l'environnement quand il s'agit d'assumer ses responsabilités sociales. C'est là la plus grave défaillance de la formation éthique de l'après-Renaissance, probablement attribuable, si l'on en croit Weber, à l'éthique protestante, sévère dans le privé, absente dans le public. Nous retrouvons ici le malaise évoqué au début de la présente section: l'occultation de l'éthique et son évacuation hors du champ du savoir et de la technique. Des gens parfois raffinés, cultivés, scrupuleux sur le plan des valeurs personnelles, honnêtes et irréprochables dans leur façon privée de gérer leurs déchets, prennent des décisions d'entreprise parfaitement irresponsables. Dans le privé, on a du cœur. En affaires, on fait appel à son avocat.

On se prend à rêver qu'au lendemain d'un accident comme Bhopal, Torrey Canyon, Exxon-Valdez, Bâle, Seveso, la liste des administrateurs et membres des conseils d'administration soit publiée avec adresse personnelle et numéro de téléphone, non seulement sur le plan international, mais aussi au niveau local pour que les gens réalisent que les décisions d'organisation sont des décisions personnelles prises par leurs semblables. Certes, la logique d'une décision organisationnelle diffère d'une décision à caractère domestique, les intrants sont plus nombreux, les zones d'inconnu plus larges, les contraintes plus lourdes. Il y a des effets de système. Mais le fait demeure qu'on ne peut renvoyer tout le poids de l'éthique au consommateur privé, alors que les décisions d'entreprise précèdent, structurent et définissent le cadre de vie des citoyens et citoyennes dits ordinaires. Si la consommation est folle à certains égards, la production l'est encore davantage.

L'éveil éthique de la classe dirigeante dans ses décisions concernant le devenir de l'humanité nous paraît rudimentaire. Un universitaire peut obtenir son doctorat sans avoir véritablement réfléchi sur l'éthique pertinente à son savoir, alors que l'université se contente bien souvent de n'offrir qu'une brève introduction à la déontologie professionnelle, laquelle se résume parfois aux conflits d'intérêts et à la légalité de quelques gestes précis. Mais c'est tout le reste qu'il faudrait assumer pour devenir humain: s'assurer que les gens qui prennent les décisions de développement aient une éthique à la hauteur de leurs responsabilités et qu'ils soient capables d'aborder éthiquement, pas seulement techniquement, les questions de l'environnement.

Par bonheur, les choses commencent à changer. Les décideurs commencent à comprendre l'enjeu de leurs propres décisions. Il pourrait alors se faire une jonction entre l'intérêt égoïste, moteur de la plupart de nos efforts et de nos actions, et les contraintes et exigences de la situation commune, car le besoin de survie de l'espèce agit aussi en nous comme un moteur puissant. «Nous devons approfondir nos connaissances de comportements individuel et collectif et accepter leurs défauts comme leurs vertus dans la vie publique et privée. En particulier, le principe de l'intérêt personnel commun est une approche de base pour le monde incertain dans lequel nous entrons.»[18]

Pour fonder cet «intérêt personnel commun», plusieurs arguments pourraient être déployés. Les industriels, entre autres, sentent bien que le vent change et que les aspirations du public exercent une pression sur eux, pression morale, mais aussi économique à long terme. D'où le virage au vert à la mode de ces temps-ci, virage parfois simplement stratégique ou même pur prétexte à marketing, mais virage souvent plus important et plus significatif. Sans gestion écologique, une entreprise donnée risque d'engendrer une réaction de rejet, une image négative de pollueur ou d'irresponsable, très inconfortable dans une économie de marché. Sans gestion écologique, les chances de procéder à un bond en avant sont minces. Car il n'est pas rare qu'une telle gestion permette d'opter pour de nouveaux procédés de production, conférant ainsi une avance à la fois stratégique et technologique sur les concurrents. L'idée qu'un souci écologique retarde et coûte cher tient souvent du présupposé idéologique alors qu'une option écologique audacieuse engendre fréquemment économie à moyen terme et percée vers des voies nouvelles. Il est même légitime de penser que les industries qui ne prendront pas le virage seront demain déclassées. Enfin, sur le plan personnel, sans gestion écologique, l'industriel porte, comme une question refoulée, les attentes de ses contemporains pour des changements en ce sens. Souvent la pression vient de son propre milieu familial, des enfants, des voisins, des amis et engendre parfois une grave difficulté d'identification[19].

Peut-être est-ce la raison pour laquelle de plus en plus de compagnies produisent et rendent public leur code de pratique environnementale ou même de véritables codes d'éthique afin de s'obliger elles-mêmes à des conduites plus transparentes et plus responsables. L'espoir est permis.

Quatrième défi: revenir à la prudence

Nous assistons à une contraction du temps: tout va de plus en plus vite. La distance entre une découverte théorique et son application pratique raccourcit, tandis que l'effet cumulatif et synergique des découvertes accentue encore le mouvement. Portés par l'euphorie du mouvement scientifique issu du dix-neuvième siècle, nous avons tendance à applaudir à cette accélération. L'innovation a acquis valeur de vertu. Comme dans le cas de quelqu'un qui roule à bicyclette, le mouvement engendre l'équilibre. La confiance dans l'avenir permet de déployer audace et imagination. C'est elle qui a permis à nos lointains ancêtres de trouver des solutions neuves et audacieuses qui ont porté le devenir de l'humanité.

Il n'est pas sûr que cette hâte soit maintenant heureuse, du moins dans la forme étroitement technique qu'elle emprunte habituellement. La sagesse traditionnelle disait qu'en cas de doute il faut s'abstenir. La conviction moderne laisse entendre qu'en cas de doute il faut foncer. Mais cette évidence même commence à s'effriter à cause des effets pervers qui émergent notamment dans le domaine de la pollution et du risque technologique majeur. Lorsque nous roulons en voiture la nuit, nous sommes guidés par le faisceau de nos phares qui éclairent à bonne distance et nous permettent de lire la route. Mais il peut arriver que nous roulions si vite qu'il ne soit plus possible de freiner à l'intérieur de la distance éclairée par les phares. Dans cette situation, lorsque nous voyons l'obstacle, il est trop tard. En général, ce risque est très mince, puisque la géométrie et la sûreté de la route, ainsi que la mise en place de bornes phosphorescentes, nous permettent d'allonger la zone de sécurité. Mais s'il surgit un véritable obstacle, particulièrement un animal sauvage, l'accident est pratiquement inévitable et la mort quasi fatale. Il y manque le temps de réaction suffisant.

Nous nous comportons toujours avec la nature en supposant que son temps de réaction correspond au temps humain, lequel est actuellement en processus d'accélération. Or, il n'y a aucune équivalence entre le temps naturel et le temps culturel. Le temps culturel peut s'accélérer. Les cycles de la nature ne le font pas. Nous gageons sur une maldonne. Par exemple, il faut souvent vingt-cinq ou trente ans pour qu'un nouveau polluant émis dans la nature manifeste ses effets nocifs. Il en a été ainsi pour le DDT. Dans le cas de la couche d'ozone et des

CFC, le délai semble beaucoup plus long. Comme nous tolérons mal ou pas du tout le retard à mettre en place les découvertes scientifiques et leur application technique, nous avons tendance à utiliser ces découvertes rapidement, d'une manière de plus en plus intensive. Ce qui veut dire que, s'il y a quelque effet pervers comme une pollution importante ou une atteinte à des mécanismes biologiques fondamentaux, lorsque nous le constatons, nous voyons apparaître les effets du début de la mise en œuvre et non le résultat de la pratique actuelle. Notre image accuse ainsi un retard d'une génération au moins sur la réalité des mécanismes fondamentaux. Autrement dit, en beaucoup d'endroits, nous constatons maintenant le résultat de la technologie des années soixante-cinq; mais depuis ce temps, nous savons que la masse de la pollution globale a considérablement augmenté. Par ailleurs, rapides à implanter une technologie, nous résistons grandement à la retirer lorsque certains effets néfastes apparaissent. Par exemple, il a fallu dix ans pour faire admettre aux Américains le phénomène des pluies acides, mais il faudra encore un bon dix ou vingt ans avant que la masse des émissions toxiques dans l'atmosphère ait diminué de vingt ou trente pour cent. Bref, nous jouons à la roulette russe, même en admettant que la nature puisse par elle-même recréer ses propres équilibres (la fameuse hypothèse Gaïa).

Évaluation environnementale

Il y a eu tellement de ratés et de catastrophes que l'opinion mondiale s'est mobilisée et que des mesures de prévention ont été mises en place dans la plupart des pays industrialisés. Ces mesures sont généralement désignées par le terme d'évaluation environnementale. Le principe est simple: il s'agit d'estimer, avant de le réaliser, l'effet d'un projet (ou de l'implantation d'une technique) et de se demander s'il vaut la peine d'aller de l'avant et, si oui, de quelle manière et à quelles conditions.

La production scientifique de cette appréciation s'appelle une étude d'impact. Une bonne étude d'impact doit démontrer qu'un projet donné est opportun sociétalement; elle doit faire la liste des différentes hypothèses de solution et procéder à une analyse comparative (y compris l'hypothèse zéro), procéder à un choix en retenant normalement la solution de moindre impact, prédire les effets éventuels, élaborer des mesures pour les corriger (mitigations et mesures d'atténuation) et prévoir les formes de compensation pour les citoyens lésés.

Comme cette étude reste l'œuvre de spécialistes et de techniciens, qui posent des jugements d'opinion et de valeur, il est indispensable que le processus soit complété par un examen public qui permette à la population, concernée par la modification de l'écosystème, de s'impliquer directement dans la constitution du savoir et dans la mise en place d'un jugement de valeur. Par le moyen du débat public, l'éthique est ainsi socialement construite.

C'est donc par un effort de prédiction, de consultation et de prudence que nos sociétés cherchent à civiliser le «développement». Tellement d'erreurs ont accompagné l'explosion industrielle que les sociétés ont inversé le fardeau de la preuve. Aucun projet d'une certaine ampleur n'est maintenant jugé innocent a priori. Il ne suffit plus de le réaliser d'abord, de prendre une chance, puis de mettre en place des correctifs si des défauts surgissent. La société considère qu'un certain nombre de projets (privés ou d'État, avec d'énormes différences selon les législations locales) doivent faire l'objet d'une méfiance a priori. Cette mutation dans le droit et l'éthique embarrasse beaucoup les initiateurs de projets, qui crient au meurtre. On sait que dans le droit courant, du moins dans le droit britannique, toute personne est jugée innocente jusqu'à ce qu'on ait démontré sa culpabilité. C'est qu'il vaut mieux pour la vie sociale qu'un coupable demeure en liberté qu'un innocent soit condamné. Mais en environnement, si on suppose l'innocence d'un projet ou d'un nouveau produit, on expose des tiers à des risques et dommages éventuellement considérables. Il est donc préférable de bloquer un projet jusqu'à ce que ses promoteurs aient démontré son innocuité (dans des limites raisonnables, puisqu'on ne peut jamais démontrer le non-effet, sa constatation étant limitée par l'exactitude des instruments de détection employés) que de prendre une chance avec la vie des citoyens ou plus largement avec l'équilibre fragile de la planète. Il vaut mieux que certains bons projets ou produits tardent à voir le jour que de laisser aller sans examen des projets mal connus qui blesseraient des innocents. En ce sens, depuis vingt ans, nos sociétés ont beaucoup progressé sur le plan de la prudence. Encore faut-il, toutefois, que les règles du jeu soient respectées, ce qui est loin d'être le cas, on s'en doute bien. Ajoutons que cette prudence, parfaitement fondée dans le cas de l'introduction de nouveaux médicaments (qui ne se souvient de la thalidomide?), reste discutable en certains cas extrêmes. C'est le cas, par exemple, de médicaments nouveaux contre le sida où la situation des malades semble si désespérée qu'il faille prendre là des chances, même déraisonnables en d'autres circonstances.

Bref, nous l'intuitionnons maintenant, l'innovation peut aussi nous tuer, si nous n'y prenons pas garde. L'histoire des sciences et des techniques connaît ses héros et ses martyrs, ceux et celles qui ont laissé leur vie en expérimentant avec leur invention. Tant qu'il s'agit d'un drame personnel, on peut admirer ce courage et cette générosité. Mais lorsqu'il s'agit de technologies risquées pour autrui, voire pour l'humanité entière, la curiosité à tout prix devient une imprudence irresponsable. Les secteurs de pointe en physique nucléaire et en bio-technologie connaissent maintenant l'énormité des enjeux et il est émouvant de voir des bénéficiaires de prix Nobel s'interroger sur leur action. Le vieux mythe de la boîte de Pandore! Aussi est-ce une heureuse nouveauté que de voir apparaître des comités d'éthique, surtout dans le domaine médical pour l'instant, qui cherchent à ramener la science et la recherche au sein d'une démarche humaine responsable, éthiquement responsable, face à soi-même et à autrui. Plus prudente encore, sur ce point, la France a elle-même mis sur pied un tel comité sur le plan national. Il reste à savoir si tout cela n'engendrera que des rapports et du papier ou si les décisions deviendront meilleures. Il y a toujours un risque quand l'État cherche à définir l'éthique ou à encadrer sa production car, par nature, l'État cherche moins le bien que l'ordre.

La reprise de l'audace

Le thème de l'audace en faveur des changements n'est pourtant pas évacué. Il change de camp. Dans le milieu écologique, on parle moins de la nécessité d'innover technologiquement, puisque la prévention reste de mise, mais plutôt d'innover socialement. On constate un retard dans l'organisation sociale de l'humanité, sur le plan des structures politiques et des institutions. Il s'agit d'innover dans la façon de gouverner, de prendre des décisions, de gérer les sociétés. Le bond en avant doit se produire dans le champ de la conscience et de la culture profonde. L'axe du changement cesse d'être quantitatif (en rapport aux choses ou aux mécanismes de production): il devient qualitatif et concerne l'être humain lui-même dans sa culture et son organisation.

> Les prochaines décennies auront une importance cruciale. Le moment est venu où il faut rompre avec d'anciens systèmes. Chercher à maintenir la stabilité sociale et écologique en conservant les vieilles approches par rapport au développement et à la protection de l'environnement ne ferait qu'accentuer le déséquilibre. La sécurité ne sera trouvée que dans le changement. La Commission a pris note d'un bon nombre de mesures qui doivent être prises pour diminuer les risques qui menacent la survie et pour placer le développement à venir sur des bases soutenables. Elle n'en est pas moins consciente du fait qu'une telle réorientation n'est tout simplement pas à la portée des structures de prises de décision et des arrangements institutionnels sous leur forme actuelle, tant au plan national qu'international[20].

> Lorsque nous entrerons dans le 21e siècle et réussirons à survivre, nous aurons fait l'expérience d'un grand bouleversement de civilisation, dont nous ne pouvons prévoir à l'heure actuelle ni les modalités ni les conséquences. Si nous survivons, c'est que l'humanité aura réusi non seulement à ne pas s'autodétruire, mais à franchir, grâce à sa faculté d'adaptation créatrice, un échelon de plus de son évolution. Pour cette transition qui s'annonce, l'avenir est une catégorie morale, selon le mot du philosophe hollandais Van Peursen[21].

Selon cet esprit, la prudence devient la vertu de l'adaptation au futur, dans le sens d'une intégration dans la sagesse spirituelle des formes sociales que l'humanité doit se donner pour sa survie.

La conservation des espèces

C'est également dans cette éthique de la prudence qu'on peut situer le défi, constamment évoqué en écologie, de la conservation des espèces. Le mouvement écologique doit énormément aux mouvements conservationnistes: préservation de sites menacés, conservation d'espèces animales et végétales. L'importance attachée à ce défi varie beaucoup selon que l'on adhère ou non au principe anthropique (voir chapitre suivant). Si on n'y adhère pas, la conservation des espèces est sacrée, parce que les autres — animaux, plantes — ont autant droit de vivre que nous. Si on adhère au principe anthropique, on peut parfaitement comprendre la survie des espèces comme un devoir éthique rigoureux, souscrivant alors à une représentation communionnelle des choses, ou simplement la comprendre comme une stratégie indispensable sur le strict plan de la prudence. La nature ne fonctionne pas seulement par la compétition et l'agressivité, mais aussi beaucoup — et beaucoup plus — par la complémentarité. Une réduction des espèces vivantes amène un appauvrissement du stock génétique de la terre qui risque de nous affecter directement ou indirectement. Nous avons évoqué dans la section I l'importance d'un stock génétique diversifié pour la production alimentaire.

L'opinion mondiale s'éveille rapidement à la question de la conservation. Ainsi la Stratégie mondiale de conservation a réussi à fixer des objectifs pour la conservation, dont le maintien des processus écologiques essentiels et des sytèmes entretenant la vie et la préservation de la diversité génétique. Naturellement, il s'agit d'un texte déclaratoire assez général. Une grande majorité de gouvernements y ont adhéré, ce qui confère à la Stratégie une valeur morale indéniable. Il faudra certes encore beaucoup de temps avant que les conduites réelles ne soient à la hauteur de tels principes, pour que disparaissent les commerçants d'ivoire ou les vendeurs de peaux prêts à tenter fortune avec une denrée d'autant plus chère et recherchée par certains qu'elle est plus rare et plus difficile à obtenir. Au fond, les clients créent les braconniers! Le monde ne manque pas, non plus, de développeurs prêts à envoyer des bulldozers dans la forêt équatoriale pour n'importe quel projet. Chez les animaux, les individus sacrifient leur vie pour sauver l'espèce. Chez les humains, on sent que beaucoup sacrifieraient l'espèce pour leur propre bien-être: «Après moi, le déluge!»

Cinquième défi: tenir compte de la justice dans le temps et dans l'espace

Plus qu'une crise des ressources, la crise écologique est une crise de la justice. Mais cela, nous ne voulons pas le savoir. À la rigueur, nous pouvons reconnaître les dommages infligés au milieu naturel, mais nous refusons farouchement de voir une relation entre la destruction des écosystèmes et la manière dont les sociétés politiques sont organisées.

À première vue, cette corrélation entre les rapports écologiques et les rapports sociaux n'est pas évidente. Nous avons dit précédemment que le mouvement écologique prend son origine dans les groupes conservationnistes souvent formés d'observateurs détachés, de classe sociale aisée, animés d'un amour désintéressé et contemplatif de la nature. Des poètes, dirions-nous. Des amis exclusifs des plantes et des bêtes. Comment peut-il y avoir un lien entre cette revendication esthétique et conservationniste et les questions de justice? Le souci de l'environnement semble si souvent un souci de luxe.

Si on aborde la question de cette façon, il n'y a en effet, de prime abord, aucun lien entre la justice et l'écologie. Mais le pillage et la raréfaction des ressources sont d'abord les résultats de la mainmise d'un très petit nombre d'humains, d'une élite intellectuelle, technologique, économique, politique, qui a développé les sciences et les techniques les plus avancées, haussé la consommation au plus haut niveau pour elle-même et la société environnante, mis la main sur les ressources mondiales, en particulier sur les ressources énergétiques, et structuré le marché international à ses fins. Processus complexe et difficile à identifier. Les gens qui réussissent acquièrent souvent la conviction de ne devoir leur succès qu'à eux-mêmes. N'ont-ils pas été habiles et efficaces? Si les autres n'ont pas manifesté le même dynamisme, est-ce bien de leur faute? Mais une analyse plus poussée montre également qu'à côté des facteurs strictement personnels se cache un écheveau de causes sociales: les chances sociales ne sont pas les mêmes au départ et la dynamique des acteurs en favorise certains aux dépens d'autres.

Sur le plan international, il se trouve que l'écart entre les pays développés et les pays en voie de développement s'est creusé sans cesse depuis 1945. Le développement des nations les plus avancées a exercé sur les nations plus faibles un effet déstructurant, une pression si forte que les économies des pays pauvres ont volé en éclats sous la pression des autres, alors qu'elles n'étaient pas prêtes à assumer des rôles nouveaux. Résultat: l'inégalité s'est creusée davantage. La situation a cessé d'être un simple rapport d'inégalité pour devenir un rapport inéquitable. Les pays riches ont mis la main sur les richesses naturelles et les matières premières de la planète. Ils ont déstabilisé les cultures locales et désarticulé nombre de rapports sociaux au sein des sociétés rencontrées. Pensons à la destruction de l'agriculture vivrière et à l'urbanisation galopante.

Les termes de l'échange ne fonctionnent plus. La décolonisation a accentué les déséquilibres. En certains cas, même l'aide humanitaire de bienfaisance a produit des effets pervers: la lutte contre les maladies contagieuses, l'amélioration des conditions d'hygiène et des soins médicaux, la création de dispensaires ont permis la survie de milliers d'enfants qui seraient morts autrement et ont ainsi contribué, malgré elles, à l'explosion démographique sans que les conditions globales de l'économie permettent d'intégrer ces populations nouvelles. Pendant que les nations riches voyaient leurs biens augmenter et leur taux de natalité fléchir notablement, les nations pauvres se sont globalement appauvries tandis qu'elles connaissaient une explosion gigantesque de population.

La solution à ce problème n'est pas linéaire. Elle est paradoxale. Il faudrait instaurer une certaine aisance dans les pays pauvres et diminuer l'excès de consommation ainsi que le gaspillage dans les pays riches. Mais les deux mécanismes sont complémentaires. On ne peut à la fois continuer à favoriser l'enrichissement ici et permettre au tiers monde d'acquérir le minimum en deçà duquel la catastrophe s'annonce. La pauvreté et la misère sont des menaces extrêmes pour l'environnement. Le cycle de la faim pousse à surexploiter le sol, à abattre les dernières forêts pour obtenir du bois de chauffage, créer de nouveaux pâturages ou de nouveaux champs. L'érosion s'aggrave, l'eau se fait plus rare, les cultures rapportent moins, et le cycle recommence. Comme la désertification est un processus, la détérioration va s'aggravant de façon exponentielle jusqu'à la pauvreté absolue. Pour combattre cette désintégration accélérée, il faut donc amorcer le processus du développement soutenable, ou éco-développement, qui tient compte des besoins et des ressources. Le développement ne peut démarrer si les pays développés continuent à exploiter de façon systématique et généralisée les ressources des autres pays à leur propre fin, sous la forme d'un développement exogène. D'où la revendication d'un nouvel ordre économique en vue de rétablir les termes de l'échange.

> Deux conditions doivent être remplies avant que les échanges économiques internationaux puissent être avantageux pour tous les partenaires. Premièrement, le renouvellement des écosystèmes dont dépend l'économie mondiale doit être garanti et, deuxièmement, les partenaires économiques doivent avoir l'assurance que la base des échanges est équitable. Pour de nombreux pays en développement aucune de ces conditions n'est satisfaite[22].

La crise écologique ne peut pas être surmontée par une intervention au seul niveau écologique. La solution doit passer par la mise en œuvre de la justice, sous peine d'un plus grand désastre écologique encore: dégradation des ressources qui restent et troubles sociaux et politiques majeurs.

> Sur cette petite planète qui a rétréci à la suite de la révolution des communications et du développement global, la subsistance d'inégalités aussi flagrantes devient intolérable tant moralement que pratiquement. Le pire des scénarios serait le retrait des populations minoritaires des pays riches dans un ghetto fortifié, protégé par un armement perfectionné contre les hordes affamées, frustrées et furieuses de l'extérieur réclamant nourriture et justice. Impensable de nos jours, une telle situation pourrait aisément se produire. Elle ne persisterait pas, mais pourrait, d'une manière ou d'une autre, conduire à une calamité mondiale[23].

Comment faire?

La difficulté d'une éthique sensible à cette dimension vient de ce que nous ne savons pas comment la mettre en œuvre de manière pratique. Plusieurs fois par an, l'individu cède à la compassion devant des images de télévision et donne à une œuvre de bienfaisance internationale pour le Sahel, les *boat-people*, les réfugiés, les enfants de la rue de Rio, les mouroirs de mère Teresa. Il connaît mal les causes profondes, d'autant plus que l'information spectacle joue sur l'irrationnel ou sur l'émotion. Comment comprendre que nous payons trop peu notre kilo de café et qu'en plus les intermédiaires prennent presque tout? Comment comprendre que la mode McDonald's nuit à la forêt équatoriale? Comment comprendre que nos usines d'armement qui font tourner l'économie ici vendent leurs produits précisément là où la misère est la plus grande? Il faudrait pour articuler l'éthique revenir aux formules d'Action catholique: faire des enquêtes, prendre une filière et la suivre, établir des contacts avec une communauté locale dans un pays du tiers monde (le jumelage effectif) et comprendre comment ça se passe chez eux, chez nous, entre eux et nous, quand un bien de consommation prend la filière internationale.

> Il y a ceux — le petit nombre possédant beaucoup — qui n'arrivent pas vraiment à «être» parce que, par suite d'un renversement de la hiérarchie des valeurs, ils sont empêchés par le culte de l'«avoir», et il y a ceux — le plus grand nombre, possédant peu ou rien — qui n'arrivent pas à réaliser leur vocation humaine fondamentale parce qu'ils sont privés des biens élémentaires[24].

Le don humanitaire, la commisération ne suffisent pas. La «charité-business» à coups de téléthons et d'images saisissantes entretient le système en place plus qu'elle ne l'ébranle.

Les deux causes inverses du trop avoir sans être et du manque d'être par manque d'avoir produisent le même effet: la dégradation de l'espèce. «À mesure qu'un système s'approche de ses limites écologiques, les inégalités ne font que s'accroître.»[25] Pour l'opinion publique, les politiciens dépensent toujours trop pour le développement international. Tant que la requête pour l'environnement déjà largement diffusée n'aura pas rejoint la requête pour la justice, il y a bien peu de chances que des progrès soient faits. On dirait que l'on attend la guerre ou la révolution. Peut-être souhaite-t-on que l'ouverture à l'Est fasse oublier la fermeture au Sud.

Par un effet de retour, la question de la justice au plan international déroule son même scénario en notre sein: un quart monde y émerge, fait de marginaux sociaux, d'itinérants, de décrocheurs, de drogués, hommes et femmes de tous âges. Les classes riches s'approprient les bons sites, se construisent une qualité de vie, se mettent à l'abri. La société se désolidarise, suite logique de coupures: coupure entre l'être humain et le milieu écologique, coupure entre les humains, ceux qui sont trop loin comme ceux qui sont trop proches. Même violence, même pensée opératoire, même rapport d'exploitation?

Justice dans le temps

Justice dans l'espace, justice dans le temps. On cite volontiers la parole suivante attribuée tantôt à un Amérindien, tantôt à Saint-Exupéry: «L'héritage n'est pas ce que les ancêtres nous ont légué; c'est ce que nous empruntons à nos enfants.» Certaines ressources deviennent rares, particulièrement dans le secteur de l'énergie. Pour les ressources renouvelables, il ne faut pas que la cueillette dépasse les capacités de régénération. Autrement, nous vivons sur le capital nature. Au Québec, une expression anglaise dit: «We are mining our forests», nous exploitons la forêt comme une mine. Pour les ressources non renouvelables, l'éthique exige que l'on n'épuise pas les ressources existantes avant que des substituts convenables n'aient été mis au point[26]. Chaque génération doit faire face à ses propres problèmes. Il n'y a donc pas à s'en faire trop pour les problèmes culturels et sociaux que rencontreront nos descendants. Ce seront les leurs. Mais le devoir nous oblige à leur laisser les chances biologiques et écologiques de vivre. Nous ne pouvons leur voler leurs biens ni leur espérance.

Sixième défi: contrôler les naissances

> La multiplication inconsidérée de l'espèce humaine constitue, tout autant que son développement technologique, un facteur primordial de dégradation de la biosphère. Bien que le surpeuplement sévisse depuis plusieurs siècles en certaines régions du continent asiatique, l'accroissement accéléré d'une population mondiale déjà trop nombreuse constitue un fait essentiel, spécifique à notre époque, que l'on a dénommé fort à propos l'explosion démographique du XXᵉ siècle. Celle-ci dépasse peut-être, par ses conséquences prévisibles, l'importance de découvertes scientifiques telles que celles de l'énergie nucléaire ou de la cybernétique[27].

La gestion des naissances fait partie du champ éthique humain. Là encore, comme en d'autres domaines, on aurait pu penser que la loi du laisser-faire suffirait. Les forts taux de mortalité infantile contôlaient la population, bien que l'histoire du peuplement illustre qu'en général la population humaine soit allée en progressant au cours de l'histoire. Progression non pas strictement linéaire, bien sûr, mais progression constante. François Ramade donne les chiffres évaluatifs de 150 millions d'habitants au début de l'empire romain, 545 millions en 1650, 906 millions en 1800, 2,4 milliards en 1950, 4,8 milliards en 1985[28]. Nous avons actuellement dépassé le cap des cinq milliards. Malgré ses trois fléaux traditionnels, la guerre, la famine, les épidémies, l'humanité a continué de grossir le chiffre de sa population.

Comment décider a priori du chiffre optimal pour la population humaine, puisque la viabilité dépend de facteurs culturels et techniques fort nombreux? La thèse de Malthus prétend que la progression de la population va à un rythme géométrique, alors que les ressources alimentaires progressent selon une échelle linéaire. Dans l'abstrait, sa thèse est toujours formellement correcte. Un jour, fatalement, des limites seront atteintes. S'il y avait trop de gens et trop peu de nourriture, il pourrait y avoir famine, soit relative, soit absolue, plus probablement relative, car certains s'arrangeraient pour mettre la main sur les ressources disponibles. L'histoire des camps de concentration le montre bien. S'il y avait trop de gens pour un espace confiné, il y aurait tuerie, guerre ou suicide, ou bien des maladies surviendraient. Mais il y a en cela une grande part de fiction, car nous mesurons mal l'adaptabilité humaine. Sur une base de 6 000 calories par jour, la terre pourrait actuellement nourrir 11 milliards d'humains avec la production alimentaire réellement produite. Mais certains consomment 15 000 calories par jour de sorte que l'abondance voisine la famine. Les limites théoriques ne sont pas atteintes, bien que les taux de croissance considérables nous contraignent à l'inquiétude et à la réflexion sur les orientations à prendre.

Contrôle réussi en Occident

La thèse pessimiste de Malthus n'a pas prévalu en Occident. Le taux de natalité y a été contrôlé, si bien d'ailleurs que certains pays, comme l'Allemagne ou le Québec, sont en perte de population. Des facteurs économiques, sociaux, culturels ont incité les gens à gérer les naissances de manière parfaitement efficace. Il est d'ailleurs intéressant de signaler qu'au sein de l'Église catholique, si réfractaire à l'idée du contrôle des naissances, la légitimité éthique de la régulation des naissances a été vite acquise: c'est l'ordre des moyens qui fait question. Sur ce point, on peut dire que l'Occident a fait son devoir. Beaucoup d'observateurs venus de la sociologie estiment que le véritable facteur déclenchant de la régulation des naissances est celui de l'accès à l'aisance. Plus le niveau économique s'améliore, moins il y a de naissances. La relation symbolique et économique à l'enfant s'inverse. En économie rurale traditionnelle, l'enfant est gage de sécurité de la vieillesse. Dans une situation urbaine moderne, l'enfant coûte cher maintenant et ne rapportera rien plus tard, considération assez réductrice par ailleurs en ce qui concerne l'expérience humaine globale et irremplaçable de la parentalité.

Sur le plan éthique de la responsabilité environnementale, l'Occident contrôle bien ses naissances. Le défi a été bien relevé, même si les motivations semblent être davantage de type hédoniste et individualiste. Il n'est pas rare non plus que le refus de l'enfant soit lié à une désespérance à l'égard du monde que nous léguons: «Est-ce honnête de mettre au monde un enfant pour qu'il vive cela?» Mais à tout prendre, il se pourrait que la cause ultime de la chute de la natalité soit attribuable à la révolution féminine, aux rapports nouveaux de la femme à son propre corps, à l'homme ainsi qu'aux rôles qu'elle assume dans la société. Les efforts récents des gouvernements pour relancer la natalité dans les pays industrialisés se traduisent principalement par des subventions et des incitations fiscales en faveur du troisième enfant. Cette stratégie ponctuelle risque d'être superficielle, si elle en demeure là: «Nous sommes appelés, non pas à confirmer les femmes dans leur "rôle" de mères, mais à imaginer une économie de partage des tâches et des ressources qui préparent l'invention d'une nouvelle parentalité.»[29] La quantité considérable de littérature morale, souvent moralisante, écrite sur le sujet de la sexualité et de la fécondité, principalement dans le milieu catholique, est assez étonnante. On en garde l'impression d'une véritable obsession, comme si tout le champ de la conscience devait être occupé par cette question. Dans les faits, les populations concernées ont modifié leurs comportements et n'ont pas suivi les recommandations des moralistes natalistes. Malgré la pression exercée sur eux, les gens ont agi autrement, ce qui donne à penser que certaines représentations symboliques ont profondément évolué. Le défi de la gestion prudente des naissances étant relevé, on peut penser que le défi de l'Occident consiste maintenant à contrôler sa consommation. On pourrait dire en forme de boutade: que le 1,6 enfant (ou 1,9) que chaque femme engendrera ne consomme pas autant que les 6 ou 7 enfants qui seraient nés cinquante ans plus tôt. Il est devenu culturellement beaucoup plus difficile de ne pas gâter ses enfants que de ne pas les engendrer!

Difficultés dans le tiers monde

À l'inverse, un des défis du tiers monde est de contrôler ses naissances. L'explosion des populations semble principalement attribuable à la chute de la mortalité infantile sans que celle-ci s'accompagne d'une chute ou d'un ralentissement équivalent des naissances. Ce phénomène est relativement récent, en sorte que les pyramides d'âges, très étalées chez les pays développés, révèlent au contraire une proportion très élevée de jeunes dans les pays en voie de développement. En un sens, les progrès de l'Occident en hygiène et en médecine ont accentué la crise de population au sein du tiers monde.

La solution bête et méchante paraît simple: il suffirait d'exporter notre idéologie du contrôle des naissances au tiers monde, puisqu'elle a si bien fonctionné chez nous. Mais l'expérience montre qu'on n'exporte pas une pilule, un stérilet ou un condom si facilement. Les représentations culturelles sur la sexualité, la fécondité, l'enfant, la parentalité, l'institution familiale prennent racine dans des visions d'ensemble d'une extrême complexité. Il suffit de voir les différences culturelles très considérables en Asie, en Afrique, en Amérique du sud, la variété des codes sociaux, économiques et religieux, et des traditions profondes avec lesquelles il faut composer. Les problèmes de l'Afrique noire et du monde arabe, tous deux réfractaires au contrôle des naissances et à la libération de la femme, sont particulièrement aigus. En vérité, il ne nous appartient pas de dicter les façons de faire. C'est bien le défi qu'ont à relever ces pays eux-mêmes, leurs dirigeants, les hommes et les femmes aux prises avec le sens de leur propre vie et, comme nous, tantôt agis, tantôt agissant sur leur propre destin. Un pays comme la Chine a fait un effort considérable, mais il ne semble pas que le résultat soit à la hauteur des attentes: après une chute spectaculaire du taux de fécondité, on assiste à une remontée assez nette des naissances qui force à réviser à la hausse les prévisions démographiques[30]. Chose certaine, il est impérieux qu'il y ait un redressement rapide du niveau de vie, à cause du lien constant entre richesse (toute relative) et chute de la natalité:

> La misère est à l'origine des taux de croissance démographiques élevés (...). Des mesures visant à assurer de manière appropriée la subsistance des ménages pauvres, à édicter et à faire respecter des lois régissant l'âge minimum auquel les enfants peuvent travailler et, enfin, à fournir des systèmes de sécurité sociale financés par l'État auront toutes pour effet d'abaisser les taux de fécondité[31].

Il est légitime de penser, et la Commission Brundtland n'a pas osé aborder le problème de front, que la condition fondamentale d'un changement efficace en ce qui concerne la gestion des naissances passe ultimement par une modification de la place de la femme dans la société, par une autre perception de son «rôle». Si la maternité lui appartient en propre, la maternité ne la définit pas socialement. Mais admettre cela suppose une énorme révolution. «L'émancipation de la femme constitue la clé du succès des politiques d'arrêt de la croissance démographique et celle du progrès économique.»[32] L'avenir de l'espèce humaine passe probablement par cette transformation, par la révolution féministe, par un dépassement du rôle biologique considéré traditionnellement comme prioritaire en faveur d'un rôle culturel infiniment élargi.

Une approche à partir de l'écologie nous fait donc aborder le problème des naissances sous un angle totalement différent. Alors que la morale traditionnelle se posait souvent la question sous l'angle du respect de la nature, insistant sur la nécessité de faire ce qu'il faut pour ne pas empêcher ce qui peut arriver, la perspective écologique consiste à réintroduire dans le projet éthique lui-même la question de la fécondité: faire ce qu'il faut pour que cela arrive raisonnablement. Nous avons le devoir de gérer les naissances. Ce devoir s'adresse à l'espèce humaine, mais le niveau de perception varie beaucoup selon les cultures et l'évolution technique des sociétés humaines.

Septième défi: instaurer une éthique du savoir

Nous avons insisté souvent sur les effets pervers d'une conception étroitement figée de la science et du savoir.

> Pour les générations qui ont découvert le monde à travers les enseignements des instituteurs «à la Jules Ferry», la Science s'écrivait avec une majuscule. Repousser l'obscurantisme,

> s'affranchir des vieux mythes, éliminer les peurs ancestrales, renoncer aux soumissions lâches, observer enfin l'univers qui nous entoure avec un regard ouvert, lucide, le dominer en le connaissant mieux, agir sur lui, le transformer, l'asservir, prendre en main l'avenir de l'homme, tout cela allait être possible grâce au possible progrès scientifique. Au-delà du verbiage ronflant des inaugurations officielles ou des distributions de prix, une foi réelle s'était répandue, transformant en profondeur l'attitude de chacun face à son destin: l'avenir n'était plus craint, mais espéré. Un siècle a passé: les fruits sont plus nombreux encore qu'on ne prévoyait, mais ils sont amers[33].

Ces paroles un peu tristes sont d'Albert Jacquard. Leur sens obvie n'est pas de nier l'apport extraordinaire du virage scientifique du dernier siècle, mais d'en comprendre également les limites pour les dépasser. Une grande part de la crise écologique vient de l'approche idéologique et totalitaire qui considère la science comme seule façon légitime d'approcher la réalité. On peut comprendre pourquoi il en a été ainsi, quels blocages il a fallu surmonter, quelles résistances il a fallu vaincre. Heureusement, c'est du sein de la science que vient maintenant le cri d'alarme pour réintégrer la science dans l'ensemble du processus humain: science et conscience, science et éthique, éthique et esthétique. Le déterminisme strict qu'on croyait seul capable d'offrir une explication plausible semble vouloir s'ouvrir à une représentation plus large du déterminisme et de l'indétermination.

Une éthique de l'environnement doit inclure une éthique du savoir. Celle-ci nous semble devoir revêtir deux dimensions constitutives. C'est un savoir sur l'éthique, et donc une réintroduction de l'éthique dans la maquette académique elle-même, y compris et surtout à l'université. C'est également une éthique du savoir qui pourrait permettre de ramener à la conscience l'acte de la science comme acte humain responsable et d'en élucider les présupposés. Cette difficile intégration herméneutique permettrait de construire des savoirs moins cloisonnés et de rendre les acteurs scientifiques plus attentifs à leur propre position sociale et plus responsables au sein même de leur recherche.

La crise écologique ne nous renvoie pas, au plan de l'éthique, qu'à des choses à faire: consommer moins, recycler, prédire et prévenir, contrôler la natalité, etc. Elle nous oblige à prendre en mains la pensée. Le terme en soi est dangereux et ambigu. Il ne doit pas signifier une censure de la pensée, ni l'imposition de catégories qui se prétendraient d'un savoir intangible (platonicien, révélé, gnostique). J'oserais dire que nous devrions apprendre à être responsables de nos pensées. Il ne s'agit pas de substituer au «tout le monde le fait, fais-le donc» un putatif «tout le monde le pense, pense-le donc», mais plutôt: «tout le monde le pense, penses-y donc». Il s'agit de réintroduire la critique et l'inquiétude au sein du dogmatisme.

Cette ouverture éthique du savoir suppose la pratique généralisée de l'interdisciplinarité, une attitude plus ouverte des scientifiques les uns à l'égard des autres, une meilleure circulation de l'information scientifique et des débats fondamentaux sur les pratiques et les techniques utilisées. Elle postule également de faire surgir des débats ouverts où le public puisse être directement convié. Elle implique, enfin, une grande prudence, sinon de la méfiance à l'égard de l'État comme pouvoir et donc une critique sociale rigoureuse des politiques de subvention de la recherche.

Conclusion

Quand on disait les choses simplement, on affirmait que la morale nous dicte ce qui est bien et ce qui est mal. Les choses semblaient claires. Elles le sont moins maintenant. Les grands idéaux demeurent: tu aimeras ton prochain, tu ne voleras pas, tu ne tueras pas. La règle d'or vaut toujours: tu ne feras pas à autrui ce que tu ne veux pas qu'on te fasse. Mais j'aime mieux l'autre formulation beaucoup plus exigeante qu'en donne l'Évangile: «Tout ce que vous voulez que les hommes fassent pour vous, faites-le aussi pour eux» (Matthieu 7,12).

Cependant, il est plus malaisé de donner à ces aspirations un sens concret qui donne prise sur la réalité vraie. «Tu ne tueras pas» n'a pas empêché la «juste» guerre, ni la peine de mort. Même que ceux qui s'en réclament le plus sont souvent ceux qui exigent le maintien de la peine de mort avec le plus d'âpreté. C'est la tâche de la morale d'essayer de donner corps, dans la mouvance de l'histoire, aux exigences de la responsabilité humaine. La crise de l'environnement nous oblige à réviser nos conduites et à trouver d'autres façons de faire. C'est donc sous le signe de l'urgence et de la gravité que l'éthique de l'environnement prend forme. D'où son caractère grave, presque sévère. Nous avons essayé d'en esquisser quelques traits. Bien d'autres seraient possibles.

Baisser la consommation, développer la qualité de la vie, devenir responsable de ses déchets, revenir à la prudence, tenir compte de la justice dans le temps et dans l'espace, contrôler les naissances, instaurer une éthique du savoir sont autant de facettes d'une prise en mains responsable de notre existence sur une planète en danger. D'autres facettes auraient pu être développées avec profit et le seront sans doute.

L'éthique de l'environnement est à faire. Elle surgit devant nous quotidiennement à travers le jeu incroyablement complexe de la communication: cris d'alarme de savants et de techniciens, engagement des militants et militantes écologistes, inquiétudes sourdes des populations que les catastrophes émeuvent et ébranlent, discours rassurants des élites, slogans publicitaires, etc. J'aurais peur pour ma part d'une éthique en vase clos, de l'élaboration théorique par quelque savant, expert, écologue ou militant, d'un schéma abstrait idéal. Certains jours, je crains l'écofascisme, un catéchisme idéal que des gens fervents et bien intentionnés pourraient vouloir nous imposer. À cause de l'ampleur et de l'enjeu des questions qu'elle véhicule, l'éthique environnementale va vite prétendre à gérer tous les aspects de notre vie.

À mes yeux, l'antidote à une éthique close, rigoureuse, étouffante à la limite, c'est l'opinion publique. Non pas l'opinion publique des sondages et de la majorité silencieuse qui révèle simplement le niveau d'information et d'ignorance du public sur des sujets complexes, mais l'opinion qui surgit des consultations publiques longuement et patiemment élaborées où les informations ont pu être vérifiées et scrutées en public, où les valeurs proposées, explicites et implicites, ont été discutées au mérite. Aucune solution n'est idéale. Aucune n'a que des avantages sans inconvénient. Pour que les solutions portent fruit, il faut que les sociétés qui les mettent en œuvre les comprennent et les acceptent, ce qui suppose que le peuple puisse prendre part aux propositions éthiques qui détermineront les formes de son devenir. Et si le peuple y prend part — chacun de nous est le peuple dans les domaines non spécialisés de sa vie —, il y a des chances que l'éthique soit meilleure.

Tous les acteurs sont convoqués, la tâche éthique est ouverte. L'éthique ne doit jamais se fermer sur elle-même ni mener à un savoir clos. Si elle n'était que cela, l'éthique qui surgit, pourtant essentielle, ressemblerait à tant d'autres par son acharnement sur le devoir et un visage toujours tourné vers la contrainte. Éthique pour éviter la mort? Mais pourquoi pas aussi éthique pour sauvegarder la vie, pour l'affirmer, lui permettre de s'épanouir librement et entièrement? Éthique du bonheur comme la concevait Thomas d'Aquin. Éthique de l'esthétique du monde et de la nature. Éthique de l'achèvement. Pour être viable, durable, contagieuse, toute éthique doit trouver un souffle et s'ancrer dans une vision spirituelle. Ce sera l'objet de notre prochaine section.

Notes

1. Roger Berthouzoz, «Pour une éthique de l'environnement», *Le supplément*, n° 169 (juin 1989), p. 43-87.
2. *Notre avenir à tous*, p. 52.
3. *Ibid.*, p. 10.
4. *Ibid.*, p. 5.
5. Voir Mahmoud Hussein (nom collectif de deux écrivains égyptiens), «Nostalgie», *Le Courrier de l'UNESCO*, octobre 1990, p. 16-21. Le récit raconte la fascination de l'automobile chez de jeunes Égyptiens, durant les années 40.
6. *Notre avenir à tous*, p.34.
7. Cf. Jean Beaudrillart, *De la séduction. L'horizon sacré des apparences*, Denoël/Gonthier (Médiations 211).
8. Bernard Ronze, *L'homme de quantité*, Paris, Gallimard, 1977 (Voies ouvertes), p. 16.
9. Michel Falise, «Du plus-avoir au mieux-être», *Qualité de la vie, vie de qualité*, sous la direction de Charles Lefèvre, Lille, Privat, 1977, p. 102.
10. *Ibid.*, p. 103.
11. *Notre avenir à tous*, p. 203.
12. *Le tour du monde d'un écologiste*, p. 400.
13. Roger Cans, *Le monde poubelle*, Paris, First, 1990, p. 277-278.
14. La littérature abonde en ce sens. Signalons, parmi tant d'autres: Henri-Charles Geffroy, *L'alimentation saine*, St-Jean de Braye, Douglas, 1979.

15. Céline Morrow, «Les aliments et la santé», *Mieux vivre avec son environnement*, p. 71.

16. *Le monde poubelle*, p. 287.

17. Commission d'enquête sur les déchets dangereux, *Les déchets dangereux au Québec, une gestion environnementale*, Québec, Bureau d'audiences publiques sur l'Environnement, 1990, p. 50-51.

18. Alexander King, «Concilier la pluralité des intérêts avec la liberté sociale, les droits de la personne et les valeurs humaines», *La déclaration de Vancouver. Actes du colloque de l'UNESCO La science et la culture pour le 21e siècle: un programme de survie*, Commission canadienne pour l'UNESCO, 1989, p. 129.

19. Ces considérations s'inspirent de Georg Winter, *Entreprise et environnement. Une synergie nouvelle*, Paris, McGraw-Hill, 1989, p. 15. Tout le livre est à signaler et offre des grilles de travail très utiles pour une industrie désireuse d'effectuer un virage vert.

20. *Notre avenir à tous*, p. 28.

21. Sœdjamoko, «La science, les changements culturels et la survie de l'espèce humaine», *La déclaration de Vancouver*, p. 161.

22. *Notre avenir à tous*, p. 21.

23. Alexander King, «Concilier la pluralité des intérêts...», p. 116.

24. Jean-Paul II, Lettre encyclique *Sollicitudo Rei Socialis*, 1987, n° 28.

25. *Notre avenir à tous*, p. 58.

26. *Ibid.*, p. 53-54.

27. François Ramade, *Éléments d'écologie appliquée*, Paris, McGraw-Hill, 1989, p. 28-29.

28. *Ibid.*, p. 30.

29. Denise C. Couture, «Réinventer la parentalité. Un défi lancé par le phénomène de la sous-fécondité», *Des enjeux éthiques pour demain*, p. 76.

30. Michel Cartier, «La "troisième vague" de natalité en Chine», *L'état du monde 1989-1990*, Montréal/Paris, Boréal/ La Découverte, p. 534-535.

31. *Notre avenir à tous*, p. 126-127.

32. François Ramade, *Les catastrophes écologiques*, Paris, McGraw-Hill, 1987, p. 58.

33. Albert Jacquard, *Au péril de la science? Interrogations d'un généticien*, Paris, Seuil, 1982, p. 7.

LA SPIRITUALITÉ CHRÉTIENNE

Chapitre 7
Pour une vision du monde

L'interrogation éthique en environnement soulève fatalement une autre question: celle de la place de l'être humain dans l'univers. Les questions «Que dois-je faire?» et «Comment dois-je faire?» sont relayées par d'autres: «Quelle est ma place dans l'univers? Quel est mon rôle? Quelle est ma vision du monde?» Car si le pragmatisme peut s'en tenir au quoi et au comment, la conscience profonde, elle, demande de plus le pourquoi. Une éthique du devoir ne serait, à la longue, qu'un fardeau si elle ne s'appuyait sur autre chose, une source, un élan, un amour. Toute éthique repose ultimement sur une esthétique, plus encore sur une représentation globale des choses, qu'on peut appeler déjà une spiritualité, ce qu'on désigne en allemand par *Weltanschauung* ou en latin par *imago mundi* et qu'on peut rendre en français par une vision du monde et de l'être humain, de l'être humain dans le monde.

Cette question déborde l'individu; elle est d'ordre collectif. Je lisais récemment un titre dans une revue dont je tairai le nom par déférence: «Quel est mon ordre de valeurs?» L'hypothèse de fond laisse entendre que chaque personne définit et établit son ordre de valeurs comme si chacun inventait pour soi seul l'univers du discours dans lequel il se situe. Le propre des valeurs, au-delà de l'adhésion personnelle que chacun peut y donner avec toutes les nuances et variations de sens qu'il y apporte, consiste dans le fait qu'il s'agit là de représentations sociales collectives.

En ce sens, la représentation: «J'ai ma vision du monde, tu as ta vision du monde, il a sa vision du monde» me semble particulièrement étroite. Les valeurs sont d'abord celles du groupe social avant d'être des représentations personnelles. Le sens collectif déborde ici la somme des sens individuels et les précède. Il y a un territoire commun où chacun vient d'abord s'insérer pour une réception du sens. Assumant ce sens, il le module ensuite à sa manière, lui donne sens à nouveau, quitte à ce qu'un jeu massif d'acteurs particuliers vienne infléchir les représentations collectives et introduire les mutations et les révolutions. L'opinion actuelle, à mes yeux utopique, selon laquelle chacun, chacune, puisse inventer son ordre de valeurs me semble provenir de la publicité et des moyens de communications qui nous convainquent que nos choix sont l'ultime preuve du raffinement personnel. Nous entrons alors dans l'effet de mode avec la conviction de nous distinguer absolument de nos concitoyens. Et, par un jeu d'enchaînement, voulant nous distinguer et même cherchant à nier le modèle social transmis par la tradition de notre milieu, nous reproduisons un autre modèle, précisément celui qu'on veut nous voir adopter. Le monde des valeurs ressemble au phénomène de la langue. Dans une société donnée, nous parlons une même langue et nous parvenons à communiquer, même si le sens des mots peut varier d'une personne à l'autre, même si chacun s'enracine dans un terroir particulier, même si chacun peut «faire des fautes», ce qui signifie souvent qu'il utilise, dans certains espaces du langage, des formules dont l'usage est trop particulier pour avoir valeur de règle ou de norme.

Une vision du monde éclatée

Manifestement, notre société n'a pas de vision unifiée et harmonisée de la place de l'être humain dans le monde. On peut penser qu'il y avait au moyen âge, ou même pendant la Renaissance, une image du monde commune sans être monolithique (car il y a toujours un faisceau de représentations plus ou moins officielles, plus ou moins tolérées) mais suffisamment cohérente pour intégrer les savoirs et les savoir-faire de la société européenne. Ce temps est certainement révolu. Nous vivons dans une mosaïque de représentations. Pour certains, le monde se présente comme une réalité sacrée, comme un temple. Pour d'autres, il serait un fait brut qui s'impose du dehors et avec lequel il nous faut composer: comme un coffre d'outils ou un réservoir. Pour d'autres, le monde serait comme une maison, comme notre demeure. Pour d'autres encore, le monde est d'abord notre responsabilité: nous en serions les gardiens ou les architectes. J'utilise consciemment des mots à résonance symbolique.

Très souvent, pour dire notre rapport au monde, nous nous racontons des histoires: c'est la fonction des mythes ou récits fondateurs, dont le but est de donner des clés d'interprétation. Notre existence au monde n'est pas, n'a jamais été banale, dans le sens qu'elle échapperait à la question du sens. Même quand certains déclarent la présence au monde absurde, ils le font à partir d'une démarche d'interprétation qui essaie de situer l'expérience humaine au sein de l'expérience mondaine, la vie humaine à côté des autres vies, végétales et animales, le temps et l'espace humains à côté d'autres temps et d'autres espaces.

Quels récits, quels mythes emploierons-nous? Par exemple, il y a les discours scientifiques. Celui de l'astrophysique nous raconte, sous forme de récit primordial, le temps du Big Bang, celui où l'explosion première eut lieu, il y a quinze milliards d'années, et comment ensuite a pu se former l'univers. Ce discours n'est pas mythique en soi et ne veut pas l'être. Il se présente comme une hypothèse d'interprétation des phénomènes physiques observés. Son intention vise à reconstituer l'histoire réelle telle qu'elle se serait réellement passée dans la mesure où nos connaissances actuelles en physique et en mathématiques nous permettent de le faire. Les savants cherchent les traces et vestiges de l'explosion première à travers les faits qui témoigneraient aujourd'hui de cet événement originel. Si d'autres faits sont observés qui ne s'intègrent pas dans la théorie, il faudra réviser le cadre général d'interprétation et créer une nouvelle théorie. Dans d'autres disciplines, comme dans la théorie psychanalytique de Freud, le récit n'a pas de fonction historique: il se tient très proche de la fonction mythique, qui est de donner un sens à travers une histoire. Pensons au fameux complexe d'Œdipe pour expliquer le schéma de l'identification sexuelle chez l'enfant mâle, ou le récit du meurtre du père pour expliquer la religion. Ici, on le voit, la distance entre mythe et science est bien faible.

Quand il s'agit de rendre compte de l'existence de l'univers et du «rôle» qu'y joue l'être humain, il n'est donc pas surprenant de voir surgir des ensembles conceptuels qui amalgament des données scientifiques, des théories interprétatives, des explications philosophiques plus ou moins clairement élucidées et des valeurs spirituelles et religieuses plus ou moins bien définies. Nous sommes aujourd'hui témoins de la recherche intensive d'une nouvelle sagesse qui rende compte de l'esprit et des interrogations du temps. Combien de scientifiques venus de la biologie, de la génétique, de la physique deviennent de plus en plus humanistes et philosophes, interrogés qu'ils sont par le devenir humain? Science et conscience, science et éthique. Puis, derrière tout cela, science et devenir, avec en écho la question de la destinée. Où allons-nous, que devenons-nous? Que veulent dire ce passé indéfiniment allongé et ce devenir qui semble nous happer en accéléré avec des images d'apocalypse? Interrogations à la fois scientifiques et métaphysiques devant l'extrêmement grand, l'extrêmement petit, l'extrêmement complexe.

Chez beaucoup de nos contemporains, le platonisme est à la mode, avec sa représentation du monde des idées. On dirait que le vide de la philosophie a provoqué un reflux de pensée antique. On retourne à Platon plutôt qu'à Aristote. Au plan de la destinée personnelle, la croyance à la métempsychose (réincarnation) semble très répandue, de même qu'une vision de la communion avec le cosmos à travers le voyage astral. Il suffit de penser aux croyances dites du Nouvel Âge où un discours pluriforme intègre, avec plus ou moins de rigueur ou de cohérence, des éléments de science, de psychologie, d'ésotérisme, de taoïsme et d'un nouvel art de vivre[1]. Ces représentations ont l'avantage d'offrir une recherche spirituelle renouvelée à des gens venus des Églises et laissés pour compte dans la crise engendrée par l'hypermatérialisme de notre style de vie et par l'oubli de la spiritualité traditionnelle. Qui se souvient encore de Jean de la Croix?

> Je vis mais sans vivre en moi
> mon espérance est de telle sorte
> que je meurs de ne point mourir[2].

L'hypothèse Gaïa

Dans la mouvance des ouvrages philosophico-scientifiques, il convient de mentionner l'hypothèse Gaïa de J.E. Lovelock[3]. Le terme Gaïa (ou Gê, à la base du mot géographie) désigne, dans la mythologie grecque, la déesse Terre. J.E. Lovelock est un savant réputé, spécialiste entre autres de la cybernétique. Sa thèse de fond, diffusée en langue anglaise depuis 1974 mais disponible en français beaucoup plus tard, affirme que la Terre est elle-même un organisme vivant, intelligent et capable d'exercer une forme de contrôle pour retrouver ses équilibres. Cette forme de contrôle est appelée par Lovelock «homéostasie», mot qui désigne la constante qu'un organisme vivant maintient malgré les changements de son environnement. Lovelock démontre l'effet Gaïa à partir d'observations élémentaires. Les conditions de la vie ont énormément changé depuis trois milliards et demi d'années, moment de l'apparition des premières cellules vivantes. Par exemple, la chaleur du soleil était de 30 % plus faible que maintenant. Or le climat de la Terre n'a pas changé globalement d'une manière aussi nette. Comment se sont faits les équilibres? Lovelock imagine différentes stratégies complexes. De même, la vie a commencé en l'absence d'oxygène en système dit anaérobie. Or, «l'activité continue des photosynthétiseurs aérobies déboucha sur l'accumulation d'oxygène dans l'air»[4], ce qui représentait un risque énorme pour la vie alors existante. La réponse fut l'apparition de formes de vie utilisant l'oxygène. Lovelock donne plusieurs autres exemples sur l'oxydation, la constance du niveau de sel dans les mers, la présence du méthane, le maintien du niveau d'oxygène à 21%, etc. Il fait une démonstration relativement complexe de la présence d'un système intégrateur qui maintient l'équilibre. Le système cybernétique de contrôle qui permet constamment les adaptations pour que la vie engendre la vie et que les équilibres essentiels se perpétuent ou que, du moins, si des modifications importantes surviennent, un autre mécanisme se mette en marche, en sorte que la vie s'adapte à ces nouvelles conditions, Lovelock l'appelle Gaïa. Au début de son ouvrage, l'auteur insiste sur le fait qu'il s'agit d'une hypothèse: «Gaïa est demeurée une hypothèse mais, à l'instar de maintes autres hypothèses utiles, elle a déjà prouvé sa valeur théorique.»[5]

Selon cette hypothèse, Gaïa a trois propriétés fondamentales: elle tend à trouver les solutions optimum, elle a des organes vitaux en son centre, elle fonctionne comme un système cybernétique. Pour Lovelock, l'être humain semble faire partie du processus de Gaïa: «Nous serons toujours assumés, insconsciemment, dans le processus gaïen de régulation.»[6] Cette vision a été pratiquement retenue par la Déclaration de Vancouver: «L'être humain est un aspect du processus créateur qui donne forme à l'univers.»[7] Par ailleurs, si l'être humain se mettait à trop bouleverser les équilibres du système, il pourrait rendre Gaïa impuissante et se verrait donc acculé à gérer un vaisseau spatial détraqué. Lovelock affiche un optimisme assez étonnant puisque, selon lui, ce qui est d'abord menacé, c'est l'espèce humaine et non la vie comme telle ou Gaïa. Il n'a pas particulièrement peur du nucléaire et déplore que le mouvement écologiste ait peu d'objectifs précis et tire tous azimuts. Sa crainte la plus vive concerne l'évolution de l'agriculture et l'emploi des pesticides. Lovelock plaide finalement pour que l'être humain comprenne son appartenance à Gaïa et s'y intègre. L'avenir de l'humanité dépend de sa capacité à s'intégrer à Gaïa et de sa volonté de le faire au plan collectif, comme nous le faisons déjà sur le plan individuel.

> Si Gaïa existe, la relation entre elle et l'homme, une espèce animale dominante dans le système vivant complexe, et l'éventuel déplacement de pouvoir entre eux sont des questions d'importance capitale et évidente. (L'hypothèse Gaïa est) une alternative à cette vision pessimiste qui voit dans la nature une force primitive à dominer et à conquérir. Il s'agit également d'une alternative à la vision présentant notre planète sous les traits d'un vaisseau spatial fou, voyageant à jamais, privé de commandement de bord et d'objectifs, décrivant stupidement un cercle autour du Soleil[8].

Comme on le voit, l'hypothèse Gaïa recouvre à la fois une théorie scientifique et une forme de sagesse où l'information scientifique s'intègre à une compréhension des rapports fondamentaux de l'être humain et de la terre. Quand j'ai lu ce livre pour la première fois, j'ai été un peu agacé par une représentation de la Terre comme une espèce d'hypostase personnalisée. Le choix du terme Gaïa, l'allusion à la mythologie grecque, le niveau d'écriture qui en parle comme d'une personne, par exemple: Gaïa «a vu le reflet de son beau visage à travers les yeux des astronautes et des caméras de télévision des vaisseaux spatiaux en orbite. Il ne fait aucun doute qu'elle partage nos sensations d'émerveillement et de plaisir, notre capacité à penser et à spéculer de manière consciente et notre curiosité insatiable.»[9] Cela fait penser à l'horloge qui marcherait et n'aurait point d'horloger. On est alors très proche d'une théodicée naturelle avec des échos de pensée platonicienne, plus ou moins élucidés.

Je dois admettre que des lectures successives ont atténué mon sentiment premier. Je pense que l'hypothèse Gaïa demeure une véritable théorie scientifique à composante éthique qui peut s'assumer dans différents systèmes de pensée philosophiques ou religieux. La Terre fonctionne certainement comme un système cybernétique. On peut faire de Gaïa une lecture panthéiste, gnostique ou chrétienne. Par ailleurs, l'affirmation que Gaïa trouve toujours la solution optimum ou qu'elle fait toujours mieux que l'être humain peut faire l'objet d'un débat assez ardu. Le professeur Dansereau a longtemps enseigné la «loi de l'inoptimun» qui tendait à montrer les ratés de la nature en certains domaines.

Pour une relecture du récit biblique

Il n'est pas dans mon intention de tracer un portrait global des diverses croyances et courants intellectuels à l'œuvre actuellement dans la représentation des rapports entre l'être humain et la terre ou le cosmos. Il faudrait pour cela un autre ouvrage.

Le succès de l'hypothèse Gaïa montre que nous avons besoin de mythes fondateurs, de récits qui nous situent dans le monde. Nous avons besoin de représentations mystiques, chaleureuses, réconfortantes:

Si tu parles aux animaux,
ils te parleront à leur tour,
et vous ferez connaissance.
Si tu ne leur parles pas,
tu ne les connaîtras pas
et tu auras peur de ce que tu ignores[10].

On reconnaît là l'accent de la mystique amérindienne qui revient tant à l'honneur et qui évoque en nous des harmoniques oubliées:

Nous cheminons tous à travers la vie:
la création est le lien qui nous unit
et la gratitude fait de nous des frères[11].

La crise écologique nous renvoie à la nécessité de dire notre enracinement dans le cosmos, notre appartenance commune à la création. Beaucoup de nos contemporains ressentent le besoin de revenir à une mystique fusionnelle. Mais cette mystique risque de n'être qu'une fuite si elle ne peut également rendre compte de la technique et du travail humain. La dénonciation de la technique demeure insuffisante si nous vivons de la technique et en tirons profit et si notre «conversion écologique» postule toujours la production technique pour nous donner la marge de manœuvre nécessaire à la protestation. Le credo dominant de notre société est technicien, auquel s'oppose maintenant timidement un credo de type animiste ou fusionnel. Plus complexe et plus difficile est la vision qui intègre le fusionnel et le technique. Je pense que la vision chrétienne porte en elle cette synthèse, même si le mythe du progrès et l'instinct de puissance l'ont bien dégradée depuis quelques siècles.

Puisque je me situe personnellement et professionnellement dans la tradition chrétienne, je procéderai à une relecture de la pensée chrétienne dans le contexte de la crise écologique, en commençant par les textes de la tradition biblique. Comme ces textes sont anciens et viennent d'une culture et d'un contexte écologique très différents des nôtres, leur présentation pose un défi considérable. Une étude de caractère tant soit peu scientifique (les sciences reliées à l'exégèse) demanderait un ouvrage en soi. Je me contenterai donc d'une vulgarisation sommaire en utilisant un peu les sciences éxégétiques et théologiques courantes afin de brosser un portrait d'ensemble qui sera, je l'espère, à la fois fidèle au texte de la Bible et en dialogue avec la situation actuelle. Les sciences bibliques étudient un corpus d'une extrême complexité. D'où mon parti-pris d'aller au plus simple en sachant que les gens de métier resteront sur leur faim[12]. Nous assisterons probablement sous peu à de grands développements de l'exégèse et de la théologie en relation avec la question écologique.

Quand nous pensons à la vision du monde de la Bible, nous avons tendance à ne faire allusion qu'aux récits de création du livre de la Genèse. Malgré la grandeur et l'importance indéniables de ceux-ci, il importe de tenir compte d'un certain nombre d'autres textes qui abordent la question du rapport au monde d'une autre manière: par la prière, par la sagesse, par la prophétie. De plus, il n'y a pas, dans la Bible, une vision unique et monolithique de la place de l'être humain dans le monde, vision que l'on pourrait tirer sans plus de la Bible et de l'héritage chrétien. Il y a pluralité de points de vue, mosaïque de traits qui dressent un portrait plus riche qu'on ne croirait. La Bible n'est pas un écrit intemporel qui proclamerait une vérité essentielle hors du temps. C'est bien davantage le témoignage de la foi d'un peuple dans sa rencontre avec Dieu, dans ses errances et ses fidélités, dans ses mutations culturelles et historiques.

Par ailleurs, la tradition chrétienne est si importante dans la culture occidentale qu'un excursus assez substantiel sur ces questions s'impose. Mon point de vue sera celui d'un croyant qui pratique la théologie. Après un abord discursif et assez linéaire de quelques textes majeurs de la tradition biblique, je proposerai une première synthèse plus personnelle, puis esquisserai une coupe transversale en présentant trois témoins de l'histoire chrétienne: Benoît , François d'Assise et Teilhard de Chardin.

La représentation du monde dans la culture de l'Ancien Testament

Disons d'abord que le peuple juif n'invente pas ses représentations du monde. Il adopte la cosmologie des gens de son époque. La terre est perçue comme une grande plate-forme, dressée sur des piliers. Il y a pour eux un bout du monde, un peu comme dans le film *Les dieux sont tombés sur la tête,* où le héros veut aller jeter sa bouteille de Coca-Cola dans le vide, au bout de la terre. Sous le monde terrestre, il y a les eaux d'en bas. Au-dessus de la terre s'étend une grande coupole, le ciel, par dessus laquelle reposent les eaux d'en haut. Quand il pleut, c'est que des vannes sont ouvertes par Dieu, permettant aux eaux d'en haut de s'écouler. À la coupole sont suspendus des astres et des étoiles dont la circulation permet de fixer le calendrier, à base lunaire. La géographie du monde se limite au Moyen-Orient. Ces conceptions évolueront tout au long de la rédaction de l'Ancien Testament selon les découvertes de la science du temps qui obligent à des ajustements occasionnels. Sur ce point, Israël est fatalement tributaire de la science de son époque et des cultures avoisinantes avec lesquelles il a des contacts incessants. Il utilise d'ailleurs abondamment les traditions littéraires de ses contemporains.

Il est pourtant un point sur lequel Israël se distingue nettement de ses voisins: la représentation de Dieu. Pour les peuples avoisinants, le monde est peuplé de dieux multiples dont les mœurs, les querelles, les jalousies et les rapports à l'humanité sont proches des dieux de la mythologie grecque. Leur représentation du temps est cyclique: l'histoire est un perpétuel recommencement. Au contraire, Israël croit en un Dieu unique, Yahvé, transcendant par rapport au monde et qui établit une alliance avec son peuple. Par respect, l'Israélite ne prononce pas le nom de Dieu; il ne fait pas non plus d'images ni de statues pour le représenter. La révélation fondamentale de la Bible s'organise autour de l'idée d'Alliance, laquelle implique l'idée de salut, de rencontre entre Dieu et l'être humain, de contrat, de loi, de fidélité, de péché et de pardon. L'expérience de Dieu prend figure et consistance à travers une histoire, riche d'un passé et tendue vers l'avenir. Le temps n'est pas cyclique. En ce sens, la question de la création reste pour Israël comme secondaire et ne vient qu'assez tard dans la constitution de la Bible. C'est dans l'Alliance que la création du monde est comprise, un peu comme par un retour en arrière. Israël a fait l'expérience de Dieu dans sa propre histoire bien avant de se donner une représentation de l'origine du monde.

Notes

1. Voir sur ce point le livre classique de Marilyn Ferguson, *Les enfants du Verseau. Pour un nouveau paradigme*, Paris, Calmann-Lévy, 1981, 338 pages. On trouvera chez Placide Gaboury, *Mûrir ou comment traverser le Nouvel-Âge sans se perdre*, Montréal, Libre expression, 1990, un exposé simple des croyances usuelles du Nouvel Âge, ainsi que des risques de ce mouvement. Ancien jésuite, Gaboury est un fervent du Nouvel Âge.

2. Jean de la Croix, *Œuvres spirituelles*, Paris, Seuil, 1947, p. 1105. Il n'y a par ailleurs aucune vision de la création chez Jean de la Croix. La création est ce qu'il faut fuir.

3. J.E. Lovelock, *La terre est un être vivant. L'hypothèse Gaïa*, Paris, Éditions du Rocher, 1986, 183 pages. À noter que, pour parler de milliards d'années, le traducteur utilise le mot «éon» qui semble être utilisé dans l'original anglais (en anglais, on

écrit plutôt aeon, mais je n'ai pas trouvé le sens scientifique qu'on lui prête): «en langage scientifique, un éon représente mille millions d'années», p.31. Je n'ai trouvé nulle part ce sens en français. En français, éon revêt toujours un sens gnostique: «Puissances éternelles émanées de l'Être suprême et par lesquelles il exerce une action sur le monde» (Petit Robert). Le choix du traducteur oriente déjà vers une certaine lecture gnostique de l'ouvrage.

4. *Ibid.*, p. 51.
5. *Ibid.*, p. 32.
6. *Ibid.*, p. 150.
7. *La déclaration de Vancouver*, p. 14.
8. *La terre est un être vivant*, p. 32.
9. *Ibid.*, p. 171.
10. Chef Dan George, *De tout mon cœur*, Montréal, Bellarmin, p. 32.
11. *Ibid.*, p. 52.
12. Les citations sont tirées de la Traduction Œcuménique de la Bible (TOB), Paris, Cerf/Les Bergers et les Mages, 1975. Cette traduction m'a paru plus technique, plus minutieuse pour ces passages que celle de la Bible de Jérusalem. Dans les deux cas, toutefois, le système de notes et les introductions sont fort judicieux.

Chapitre 8
La vision du monde dans la Bible

Aucun livre n'a connu une aussi large diffusion que la Bible. Aucun n'a été aussi souvent traduit, si fréquemment édité. C'est le plus grand best-seller de l'humanité. Mais comme l'a dit un observateur, Paul-André Giguère, peut-être s'agit-il du plus grand best-seller à ne pas être lu, particulièrement dans les milieux catholiques où la lecture assidue de la Bible n'arrive pas à s'implanter.

Le présent chapitre se propose donc de présenter dans une synthèse rapide la vision biblique du monde et des relations à l'environnement. Nous le ferons en analysant quelques textes fondamentaux, surtout les récits de création où la représentation biblique trouve ses formules les plus connues. Suivront de brefs rappels sur Noé et sur un texte souvent ignoré sur le sort fait aux arbres en temps de guerre. Ensuite nous rappellerons les soucis des prophètes, le chemin de la prière et la littérature de sagesse. Pour les croyants de tradition chrétienne, il importe également de voir comment cet héritage est assumé au sein de la foi en Jésus Christ.

Si cette approche forcément morcelée rebute, le lecteur moins soucieux d'analyse pourra passer immédiatement au chapitre suivant qui propose des éléments de spiritualité chrétienne à partir de l'expérience concrète. Le chapitre 10 rappellera trois figures historiques de maîtres spirituels qui ont construit, chacun à sa manière et selon son époque, une synthèse de l'expérience chrétienne intégrant une vision du monde.

Quand nous ouvrons la Bible et «commençons par le commencement» (une bonne habitude dans la vie courante, mais pas nécessairement en ce qui concerne la lecture de la Bible!), nous trouvons d'abord le livre de la Genèse. Au tout début de la Genèse, deux récits de création. Formés (ou déformés?) par le petit catéchisme ou l'histoire sainte de notre enfance, quand ce n'est pas par le rappel ad nauseam du procès de Galilée ou par un certain cinéma à la Cecil B. De Mille, nous essayons de nous représenter ces textes comme un reportage historique devenu inadéquat. Décontenancés, nous nous étonnons qu'il y ait encore des gens intelligents qui puissent croire à cela et risquons donc de refermer le livre sans autre forme de procès. Pourtant, une lecture mieux située peut s'avérer très fructueuse.

Les deux récits de création que rapporte la Genèse ne viennent ni de la même époque ni des mêmes traditions littéraires. Nous aborderons le second récit, puis le premier.

Le second récit de la création, Genèse 2, 4b — 3,24 Comme en un jardin.

Sur le plan littéraire, le second récit de création (Genèse 2, 4b — 3, 24) est attribué à la tradition yahviste, selon la théorie documentaire qui identifie, dans les cinq premiers livres de la Bible, quatre traditions littéraires différentes: yahviste, élohiste, sacerdotale et deutéronomique. Malgré de très grandes disparités entre les écoles sur l'analyse détaillée de ces formes littéraires, il y a un assez large consensus sur leur existence et leur configuration d'ensemble. La tradition yahviste se reconnaît par un style simple et imagé et une représentation de Dieu particulièrement chaleureuse. À cette fin, l'auteur utilise fréquemment des anthropomorphismes pour décrire Dieu. Le document yahviste pourrait avoir été rédigé pendant le règne du roi Achab, vers 850 avant notre ère.

Le second récit ne raconte pas la création du monde, mais celle de l'humanité. La terre est présentée comme une masse indifférenciée qui n'a pas encore sa structure: «Le SEIGNEUR Dieu n'avait pas fait pleuvoir sur la terre et il n'y avait pas d'homme pour cultiver le sol» (v. 5). C'est du sol que l'être humain (homme) est pétri par Dieu qui agit comme un potier (image traditionnelle) et lui insuffle une haleine de vie. Cette très belle image exprime moins la dualité âme-corps, à peu près inconnue dans la Bible, ou même corps-esprit, que le mystère du souffle vital qui est don de Dieu. On est ici très proche d'une vision animiste. Le terme homme (l'adam qui deviendra sans article le nom propre Adam) signifie «tiré du sol»: *'adamah.*

Il est ensuite question du jardin d'Éden (v. 8). Le jardin est par définition un espace aménagé. Il n'est jamais nature sauvage (et menaçante), mais plutôt mise en ordre d'un lieu. Dans le Cantique des cantiques, le jardin symbolise également les corps de la fiancée et du fiancé. Le jardin de l'Éden apparaît ainsi comme le lieu de l'intimité avec Dieu, l'espace symbolique privilégié où Dieu et l'être humain se rencontrent[1]. Dieu fait pousser au jardin toutes sortes d'arbres et y établit l'être humain «pour cultiver le sol et le garder» (v. 15). À remarquer le contexte agricole du récit. Le terme «garder», ici, a le sens de prendre soin et non de surveiller. Vient ensuite la présentation de l'arbre de la connaissance du bien et du mal, que la TOB rend par «connaissance du bonheur et du malheur», et l'interdiction du fruit défendu. Cette interdiction-épreuve symbolise la prétention des humains à décréter seuls du bien et du mal, ou encore d'accéder au bonheur par eux-mêmes. Dans les deux cas, la référence est la même: celle d'un être humain qui se passerait de Dieu. La visée du texte est théologale: c'est le rapport à Dieu qui constitue le sens de l'existence humaine.

Le récit de création de la femme (versets 18 à 25) semble provenir d'une autre source. Yahvé Dieu veut donner à l'homme une aide qui lui soit assortie (v. 18). Dieu modèle donc les animaux, leur insuffle la vie et les amène à l'homme pour qu'il les nomme. «Tout ce que désigna l'homme avait pour nom "être vivant"» (v. 19). La traduction de la TOB retient cette périphrase absente de certains manuscrits: elle a l'avantage de situer la réalité animale dans la sphère du vivant. La portée de cette cosmologie est alors évidente. Il y a dans la vie animale quelque chose du souffle de Dieu. L'homme et les animaux ont la vie en commun, vie qui est l'écho de l'haleine de Dieu. Par ailleurs, l'acte de la nomination témoigne de la nette supériorité de l'être humain. Le nom désigne à la fois l'être et la fonction: en nommant, l'être humain manifeste une supériorité évidente. Mais l'homme (on est passé du terme générique à la désignation du mâle) ne trouve pas l'aide qui lui est assortie. D'où la création de la femme à partir de l'intimité de l'homme (la côte): «Voici cette fois l'os de mon os et la chair de ma chair» (v. 23). Une seconde création à partir du sol aurait insinué une distinction de nature entre l'homme et la femme. Au contraire, en faisant surgir la femme de l'adam , le texte insiste très nettement sur l'identité de l'homme et de la femme, ainsi que l'illustre la désignation *ish* pour homme et *isha* pour femme. L'adam ne devient humain que dans le regard de l'autre, comme en un miroir. L'interprétation inégalitaire (l'homme d'abord, la femme ensuite) pour insinuer l'idée de hiérarchie et de préséance, interprétation que Paul reprendra plus tard, ne fait certainement pas partie de la visée première du texte. Si on réalise qu'il s'agit d'un texte issu d'une société profondément patriarcale, le récit acquiert une signification nettement égalitaire. L'invitation à quitter son père et sa mère pour s'attacher à sa femme (v. 24) marque encore davantage l'identité et la complémentarité des partenaires du couple (c'est seulement entre eux qu'il y a véritable projet), ainsi que la nécessité d'essaimer hors du clan pour devenir ancêtre à son tour.

Le récit de chute (3,1-24) n'a pas directement d'intérêt pour nous, sauf précisément pour l'image du monde qu'il transmet. Avant la chute, l'harmonie du monde est totale. L'être humain est en intimité avec Dieu et vit dans un jardin, en paix avec le cosmos. Une fois la brisure avec Dieu accomplie, l'ensemble des relations intramondaines se disloque: brisure du couple («Tu seras avide de ton homme et lui te dominera» v. 16), douleur de l'enfantement, caractère pénible du travail, malédiction du sol, hostilité entre le serpent (symbole du mal et des forces démoniaques) et la femme ainsi que son lignage, et finalement mortalité. Les descriptions qui suivront dans le livre de la Genèse, surtout celles qui concernent Caïn et Abel, le premier meurtre (4, 1-16), et la généralisation de la corruption qui précède le déluge (6,5-8) montrent que la désintégration des relations s'accentue.

Regard d'ensemble et interprétation

Qu'est-ce que ce récit peut nous dire aujourd'hui? Il ne s'agit évidemment pas d'un récit historique. Ce n'est pas non plus d'abord un récit sur Dieu, bien qu'il dévoile une image très chaleureuse et familière de Dieu, même après la faute («Le SEIGNEUR Dieu fit pour Adam et sa femme des tuniques de peau dont il les revêtit» 3,21). Ce geste d'attention illustre la tendresse de Dieu envers les coupables. Sur le plan écologique, on remarquera que la tunique de peau va de soi, comme un geste usuel. La visée du texte consiste essentiellement à proposer une explication de la situation mondaine et de l'expérience du mal. Pourquoi le mal, pourquoi la souffrance? Quelle est la source du mal? L'auteur répond que le mal vient essentiellement de la liberté pécheresse. Le mal est brisure de relation avec Dieu d'abord, mais cette déchirure connaît un retentissement cosmique: la nature devient hostile. On est, à ce niveau, dans une conception profondément écologique du monde: dans l'écosystème Dieu, si l'être humain s'isole et se coupe, il perd l'univers des relations qui tissent sa vie. Il est mortellement atteint.

Ce que la théologie a ensuite élaboré sous l'appellation de péché originel — perçu comme une espèce de loi implacable et injuste imposée aux descendants par une quasi-vengeance — est le durcissement scolastique d'une réalité profonde: celle de la solidarité humaine. Nous vivons dans un monde meurtri presque depuis toujours. Chacun, chacune de nous porte en sa chair et dans son histoire personnelle, familiale et sociale les limites héréditaires, les mesquineries, les erreurs des ancêtres. Il ou elle en porte aussi, et heureusement, les acquis, les savoirs, la sagesse. Chacun pense qu'il vivra hors du temps et de l'espace et ne fera pas les bêtises des anciens. Et puis un jour, nous nous surprenons à faire ce que nous ne voulions pas faire, à ne pas faire ce que nous voulions faire, à relayer un peu plus loin le cycle des cassures et des heurts. Adam n'est pas le nom propre d'un individu. C'est plutôt le premier d'une lignée. C'est le nom collectif de l'humanité. Le texte propose une interprétation du mal attribuable à la liberté défaillante et non à la fatalité, ni même à l'état humain de créature (dans beaucoup de mythes fondateurs, de types platonicien ou gnostique, la création est déchéance), ni encore à une divinité perverse et jalouse. La dramatique est dans la liberté et non dans le *fatum*.

Quand nous lisons ce texte, nous le comprenons au passé, comme un événement (qu'il n'est pas) qui aurait eu lieu à l'origine. En ce sens, la perfection est au passé et le présent serait déchéance. Cette vision pessimiste serait bien conforme à l'idée de crise écologique. Mais pour quiconque est familier avec l'univers biblique centré sur la promesse, ce texte peut être lu dans une perspective eschatologique: le paradis perdu pourrait être le paradis à venir. Ce que le récit raconte serait moins ce que nous étions et ne sommes plus que ce que nous sommes appelés à devenir, pour peu que nous retrouvions la source qui conduit à Dieu. L'allusion à l'immortalité est assez évidente en ce sens.

Sur le plan de la vision spirituelle, on est autorisé à dire que ce second récit de la création présente d'abord et avant tout l'être humain comme un être de relations. Il lui reconnaît une responsabilité dans la nature (cultiver et garder), le place en situation à la fois commune et différente avec les animaux (la nomination), mais prend acte aussi de l'agressivité et de la violence existant dans le monde (après la faute). Il signale le rôle fondamental du rapport homme-femme comme rapport d'identité et laisse entendre que la relation avec Dieu est la clé de voûte de la vie heureuse. L'être humain perdrait son bonheur (l'arbre du bonheur) à le chercher dans la fermeture sur soi.

Le premier récit de création, Genèse 1,1 — 2,4a
À l'image de Dieu.

Le premier récit de création nous est familier avec sa séquence en sept jours et son souffle poétique. Mais il pose d'énormes problèmes d'interprétation que nous essaierons d'élucider un peu, si tant est que la chose soit possible.

Remarques préliminaires

Sur le plan littéraire, ce récit de création est en général identifié comme venant de la tradition sacerdotale (source P). Cette tradition littéraire serait proche du milieu cultuel, avec un goût marqué pour les dates et les généalogies, et un style un peu ampoulé. Sa conception de Dieu est très marquée par l'idée de transcendance. Il ne peut y avoir de confusion entre Dieu et le monde.

Règle générale, on estime que la date des écrits de la tradition sacerdotale se situe vers la fin de la déportation à Babylone (597-538 avant l'ère chrétienne), peut-être au début de la période de restauration après l'exil (538), mais nettement avant la période dite hellénistique débutant vers 325 avant notre ère. Il y a donc plusieurs siècles de distance entre le second récit, plus archaïque, et celui-ci, plus littéraire, mieux organisé.

Le contexte socio-politique est particulièrment important. La conquête de la Palestine par les Juifs après la sortie d'Égypte (Exode) se situe aux environs de 1200 avant l'ère chrétienne. Suivent la période des juges, puis la période royale avec l'apothéose de Salomon, vers 950, et une longue période de divisions et de tensions où les royaumes du Nord et du Sud s'affrontent. En 598 a lieu la première déportation à Babylone puis, en 587, la prise de Jérusalem et la destruction du temple. C'est une catastrophe nationale, l'écroulement de l'espérance et le début d'une recherche douloureuse de l'expérience et de la présence de Dieu. Pour les peuples de l'antiquité, chaque dieu est le protecteur de son peuple. Chaque peuple, voire chaque cité, a sa divinité protectrice, ce qui suppose implicitement un polythéisme courant. Que peut alors signifier l'échec historique d'Israël? Israël, qui affirme l'existence du Dieu unique et transcendant, du Dieu qui lui a révélé son nom (Yahvé), a-t-il finalement mis son espérance dans la mauvaise divinité? Commence donc une intense réflexion sur la présence-absence de Dieu, sur l'échec, sur la dimension missionnaire et, plus tardivement, sur la mort humaine face à la justice de Dieu.

C'est dans ce contexte de crise de l'espérance que le récit de la création voit le jour. La méditation s'approfondit. Si Dieu existe, il ne peut être que supérieur au monde, antérieur au temps et à l'espace. La création est l'œuvre de sa volonté, ou de sa Parole, et ne saurait se définir comme un combat contre un anti-dieu ni comme une génération plus ou moins physique du monde par une divinité. L'image de Dieu s'épure donc radicalement par rapport aux mythes et récits religieux des cultures environnantes. Quel est le Dieu en qui Israël a mis sa confiance? Une idole fragile mise en déroute par les troupes ennemies? Que non! Il est le maître de toutes choses. Et l'être humain à son image est invité à partager quelque chose de sa puissance, avec le sous-entendu qu'Israël, seul à savoir le vrai nom de Dieu, en sera aussi un jour l'héritier.

Nous serions donc ici en présence d'un texte profondément apologétique qui relance l'espérance en poussant beaucoup plus loin la réflexion. Sa genèse psycho-sociale est la déprime. Son moteur radical est l'espérance. Quant aux matériaux littéraires utilisés, on les retrouve dans le fonds commun de la littérature religieuse du Proche-Orient[2].

Analyse du récit

Le récit commence en présentant le chaos primordial: terre déserte, ténèbres, abîme. La création consistera en une mise en ordre au sein du chaos[3]. Le verbe créer *(bara')* désigne une action spécifique de Dieu qui marque un début absolu, sans revêtir le sens métaphysique de création ex nihilo. Le mot créer revient cinq fois, au début et à la fin du récit, puis trois fois associé à une bénédiction. Signalons que dans la Bible le mot créer attribué à Dieu n'est pas utilisé seulement pour l'origine du monde, mais aussi pour des interventions de Dieu dans l'histoire, pour le salut, la justice et le droit[4].

Dans ce premier récit, le mot Elohim désigne Dieu. La raison en est double. Le récit raconte une histoire antérieure à l'alliance avec Moïse: le nom du Dieu de l'Alliance (Yahvé) n'apparaît pas encore. La seconde raison est d'ordre religieux: la déférence pour le Nom est devenue telle qu'on ne l'utilise même plus. Elohim est, par ailleurs, un pluriel usuel.

L'acte de la création se réalise par la Parole que Dieu profère. La Parole *(dabar)* est la manifestation directe de Dieu, non seulement ce par quoi il se dévoile, mais aussi son moyen d'intervention. Il ne s'agit pas d'une idée, au sens du *logos* grec, mais plutôt d'une action, d'une initiative que Dieu prend. Tout le récit de la création est ainsi rythmé par la présence de la Parole (Dieu dit) et lui confère une dimension dialogale fondamentale. Dieu pose la créature comme son interlocuteur.

Les premiers éléments créés sont d'ordre cosmique. D'abord, la lumière (v. 3 à 5). La nomination du jour et de la nuit fait supposer la création du temps. Le temps est compté selon la méthode juive: la journée débute le soir. L'insertion du temps divin dans le cadre d'une semaine humaine articule le temps humain sur le temps de Dieu. Les eaux d'en haut sont ensuite séparées des eaux d'en bas.

Au troisième jour, la terre est séparée des eaux et le continent paraît (v. 9 et 10). Suit le premier jugement: «Dieu vit que cela était bon.» Dans la même journée apparaît la flore en trois catégories: la verdure, l'herbe qui rend féconde sa semence et les arbres fruitiers.

Le quatrième jour retourne au cosmos: les astres et les étoiles. Ces éléments étaient considérés comme des divinités. L'auteur insiste pour les ramener à un statut de créatures. À nouveau, «Dieu vit que cela était bon» (v. 18).

Le cinquième jour est consacré aux poissons et aux oiseaux. L'auteur use du mot créer (v. 21) et inclut formellement les monstres marins souvent associés à des divinités. Dieu constate la bonté de son œuvre, puis donne une bénédiction de fécondité, le mystère de la vie étant directement lié à Dieu.

Au sixième jour, Dieu fait les bestiaux, les bêtes qui rampent et les bêtes sauvages selon leur espèce. Puis vient la création de l'être humain à l'image et à la ressemblance de Dieu suivie de la bénédiction: «Soyez féconds et prolifiques, remplissez la terre et dominez-la. Soumettez les poissons de la mer, les oiseaux du ciel et toute bête qui remue sur la terre» (v. 28). Dieu donne l'herbe et les fruits comme nourriture à l'être humain et l'herbe mûrissante aux animaux. «Dieu vit tout ce qu'il avait fait. Voilà, c'était très bon» (v. 31).

C'est dans cette section que se situent les principales difficultés. D'abord, l'être humain est créé à l'image et à la ressemblance de Dieu. Ce sont deux termes très forts qui apparentent l'être humain à Dieu. La ressemblance fait penser à la génération. Il est d'autant plus surprenant de voir arriver le mot image, alors que l'image était prohibée chez les Juifs. Il est strictement interdit de représenter Dieu par une image, une statue. Ce qui, pour nous, est le soutien des sens pour favoriser la représentation mentale de Dieu était perçu par les Juifs, qui luttaient contre un polythéisme assez grossier partout affiché, comme une perversion de la représentation de Dieu. Il n'appartient pas à l'être humain de représenter Dieu. Mais voilà que Dieu lui-même fait l'être humain à son image. Irénée, évêque de Lyon, dira au deuxième siècle: «La gloire de Dieu, c'est l'homme vivant.» Le visage inconnu de Dieu que nul ne peut se représenter resplendit sur le visage des êtres humains, quand ils ne tarissent pas la source qui les fait exister.

Cette vocation d'être à l'image de Dieu est rendue manifeste par la souveraineté que l'être humain exerce à l'égard de la nature: «Remplissez la terre et dominez-la. Soumettez les poissons de la mer ...» (v. 28). Le verset 26 reliait l'intention créatrice à la royauté que l'être humain doit assumer à l'égard de la création («qu'il soumette les poissons»). Ici encore, les termes sont très fermes. Si soumettre a couramment le sens de se soumettre et d'obéir à Dieu, il signifie surtout imposer une autorité à autrui, souvent par la manière forte. Il a probablement ici le sens d'apprivoiser ou de domestiquer, d'autant plus que l'auteur insiste pour nommer des êtres a priori plus distants: les oiseaux, les poissons et les reptiles. Le terme dominer a le sens d'exercer une autorité, souvent en référence à la royauté. Le terme est ambigu si on le lit d'après le contexte moderne, où la violence et la tyrannie sont fréquentes chez les chefs politiques. Pourtant, quand il s'agit de l'autorité exercée à l'image de Dieu, le sens renvoie toujours à l'exercice de l'autorité comme un service. L'idéologie royale représente le roi comme la source de la vie de ses sujets. Le psaume 72 est assez éloquent en ce sens. À l'image agressive du consommateur contemporain, qui domine grossièrement sur la nature et les animaux, il faut plutôt substituer l'idée d'une intendance prudente où celui qui domine a charge de maintenir la vie.

On peut faire une lecture «dure» du verset 28 et y rattacher la crise écologique actuelle. Nous en parlerons plus loin. Au moment où le texte est rédigé, la crise écologique est inimaginable et la technique encore bien faible. C'est la faiblesse humaine qui est la règle et non la force. Mais le double renvoi, fait par le texte, à l'image et à la ressemblance de Dieu inscrit la tâche humaine dans un paramètre divin. Dominer et soumettre à la manière de Dieu, c'est faire naître, c'est conserver selon les espèces, c'est faire retentir la Parole et l'actualiser. À l'image grecque de Prométhée qui arrache le pouvoir aux dieux, le récit de la création substitue celle d'un Dieu généreux qui confie une intendance. La création n'est pas chute, mais jaillissement de bonté.

Enfin, il convient de noter qu'à cet endroit du récit biblique l'être humain est présenté comme un végétarien. Pour l'auteur, la manducation de la viande est reliée à la conséquence du péché.

Il est également intéressant de noter que, si le texte donne certainement à l'être humain un statut particulier par rapport aux animaux, la création de l'être humain advient le même jour que la création des animaux terrestres, montrant un lien étroit entre eux.

Le récit de création se termine par le septième jour. «Dieu acheva au septième jour l'œuvre qu'il avait faite, il arrêta au septième jour toute l'œuvre qu'il faisait. Dieu bénit le septième jour et le consacra, car il avait alors arrêté toute l'œuvre que lui-même avait créée par son action» (2, 2-3).

L'auteur parle de septième jour et non de sabbat parce que, pour lui, l'Alliance n'a pas encore eu lieu. Mais le sens est le même. L'œuvre de la création s'achève dans le repos de Dieu. Le septième jour (sept: chiffre parfait) est l'accomplissement des six premiers. Il n'y a plus d'œuvre à faire, sinon rendre grâce, c'est-à-dire achever en Dieu ce qui est sorti de Dieu. Il est intéressant de noter que la bénédiction reparaît. Appliquée la première fois aux animaux marins et volants, et ensuite à l'être humain comme une bénédiction de fécondité, on la voit ici accordée à une catégorie abstraite: le septième jour. Il est certain que l'auteur théologise la pratique du sabbat et lui donne un fondement dès l'origine. Mais la notation laisse entendre que l'achèvement de la création réside dans la gratuité du repos. La création ne prend pas fin dans l'œuvre humaine comme si Dieu, ayant créé les choses et les ayant confiées à un intendant, n'avait plus qu'à laisser faire. Elle ouvre un temps au-delà du temps, à proprement parler une eschatologie, un avenir indéfini (un en-haut et un en avant, pour utiliser les termes de Teilhard de Chardin) où Dieu est l'accomplissement. Le temps le plus fécond est le temps du repos.

Regard d'ensemble et interprétation

Il convient de rappeler que ce texte n'est pas un récit historique. Son intention est de parler de Dieu, de fournir une vision du monde et de ranimer l'espérance. Une volonté de lire ce texte dans une perspective historiciste a provoqué toutes sortes de querelles et de prouesses épistémologiques sur lesquelles nous n'avons plus à revenir, par exemple en associant les jours de la création aux âges géologiques. Ce genre de lecture mène à l'impasse.

Il est intéressant de remarquer d'abord que le texte semble faire référence à des niveaux trophiques qui étaient probablement ceux de la connaissance empirique des gens de l'époque: lumière (énergie?), eaux, sol, végétation, astres, poissons et oiseaux, animaux terrestres et être humain. À peu de choses près, nous utilisons encore les mêmes catégories.

L'intention du texte est de redonner l'espérance à des gens découragés en leur montrant la grandeur de Dieu et de ses œuvres. L'expérience de Dieu dans l'histoire permet de remonter à l'origine. Même si la situation historique vécue ressemble à un chaos, la foi reconnaît en Dieu le vainqueur du chaos.

Le regard sur la création est un regard de beauté et de bonté. Cinq fois le texte dit: «Dieu vit que cela était bon» et, la sixième fois, il vit que «c'était très bon». Il règne à ce niveau un climat de bénédiction originelle qui est un acte de foi fondamentale dans la bonté de l'existence. On est loin de la vision tragique et tourmentée de tant de courants philosophiques. C'est le bien qui explique le mal, c'est la grâce qui dévoile le péché. La bonté de l'origine fonde l'attente du salut.

Le texte est théocentrique bien avant d'être anthropocentrique. La création tire son origine de l'initiative divine et s'achève dans le repos de Dieu. Ce Dieu dévoilé est présenté comme la source de tout être et comme le seul Dieu. L'auteur insiste manifestement sur la transcendance et sur le fait que tout le reste est de l'ordre du créé.

La catégorie fondamentale de la création est la Parole qui fait exister tous les êtres. Cette Parole retentit dans tout le cosmos. Chez les animaux, donc dans l'ordre de la vie, elle devient déjà bénédiction et mission: soyez féconds et prolifiques. Cette densité de Parole s'accentue encore chez l'être humain qui est traité comme un interlocuteur.

L'être humain est entrevu comme l'accomplissement de la création. Sa place dans le récit le situe au faîte du processus créateur. En ce sens, le texte de Genèse propose une vision anthropocentrique de la nature et du monde puisque l'être humain, présenté comme l'achèvement de la création, est chargé de soumettre et de dominer. Le récit justifie et valorise certainement la connaissance et le travail. Cet ordre de dominer n'est pas vide: il est confié à l'intérieur de l'intention créatrice qui vise à instituer l'être humain à l'image et à la ressemblance de Dieu. Le texte ne place pas l'action humaine dans le cadre d'une loi ou d'une éthique constituée. Il s'agit d'un texte mystique et non éthique. Aucune allusion n'est faite à une société pénétrée par la technique, même si la société dont le texte est issu fait déjà abondamment usage de techniques évoluées. Plus encore, le contexte est nettement agricole.

La référence au mystère de Dieu est assez évidente pour que l'on comprenne qu'en agissant de façon violente et destructrice, l'être humain déchoit de sa mission et cesse d'exercer son intendance royale à l'image et à la ressemblance de Dieu. La création n'est pas à proprement parler le passé du monde. Elle en est l'actualité. Recevoir l'intendance sur le monde postule aussi la tâche de protéger, de conserver les êtres selon leur espèce. L'achèvement de l'œuvre des six jours dans l'action de grâce et le repos au septième jour viennent confirmer cette compréhension de la vocation humaine de vivre à l'image de Dieu. L'archétype du septième jour décentre le temps de la durée humaine vers le temps de Dieu. On pourrait dire, en paraphrasant un texte de Paul (1 Corinthiens 3, 22-23): tout est à l'être humain, mais l'être humain est à Dieu. Le texte révèle un Dieu tourné vers les humains et des humains aspirés par Dieu. Il recèle également une visée universelle, puisqu'il confie cette mission à toute l'humanité et non pas à Israël seulement. Ouverture étonnante pour une tradition fortement marquée par son caractère nationaliste.

Un récit à la source de la crise écologique?

En 1967, L. White accusait la tradition biblique d'être à la racine de la crise écologique[5], puisque le devoir de dominer aurait justifié le pire du saccage de la nature. Sur le plan théorique, le reproche ne tient pas, car le texte biblique n'a pas le sens qu'on lui prête. Mais c'est un fait que le pire de la pensée technologique est issu de l'Occident chrétien et a probablement pris appui sur le texte biblique en le détournant de son sens profond. En ramenant le monde à un statut de créature, en insistant sur la transcendance de Dieu et donc en faisant du monde une réalité non sacrale, le texte biblique fonde et justifie une approche mondaine et séculière de la réalité. Sur ce point, ce n'est pas un hasard si l'essor des sciences a trouvé son giron dans le christianisme occidental, malgré tous les reproches d'obscurantisme qu'on lui a faits au long des siècles. Mais la gérance du monde a dérivé en saccage. C'est l'exemple typique d'une idée devenue folle. Tant que ce texte fondateur a été assumé dans l'*imago mundi* traditionnelle, où l'agir humain était dirigé par la loi éternelle ou que la destinée humaine demeurait centrée sur Dieu, la crise n'apparaissait pas. C'est la perversion de la représentation de Dieu comme puissance et l'explosion du subjectivisme issu de la Renaissance qui auraient finalement défait le codage ancestral.

> On rend souvent la tradition judéo-chrétienne responsable de la prise de pouvoir de l'homme sur la nature et de la démesure de sa volonté de puissance: elle aurait destiné l'homme à la domination sur la terre. Elle aurait pour cela désacralisé et «dé-démonisé» la nature pour en faire le monde profane de l'homme. Pourtant, cette prétendue «conception anthropocentrique du monde» qu'on trouve dans la Bible est vieille de trois mille ans. Or le développement de la civilisation technique moderne n'a commencé en Europe qu'il y a quatre cents ans. Ce sont d'autres facteurs qui ont dû jouer un rôle décisif. Indépendamment des facteurs économiques, sociaux et politiques, ce qui a été le plus déterminant pour la compréhension que l'homme avait de lui-même, il y a quatre cents ans, c'est la nouvelle conception de Dieu de la Renaissance et du nominalisme: Dieu est le Tout-Puissant, et la *potentia absoluta* est l'attribut caractéristique de sa divinité. C'est pour cette raison que son image sur terre, l'homme — ce qui voulait dire pratiquement l'homme de sexe masculin — doit tendre à la puissance et à la sur-puissance pour acquérir sa divinité. Ce n'est pas la bonté ni la vérité, mais la puissance qui devient le prédicat le plus noble de la divinité. Mais comment l'homme peut-il acquérir la puissance pour devenir semblable à Dieu? Par la science et la technique, car «la connaissance est puissance» célébrait Francis Bacon: le but de la connaissance scientifique des lois de la nature est la puissance sur la nature et par là la restauration de la similitude avec Dieu et de la souveraineté de l'homme. De même, René Descartes déclarait dans sa théorie épistémologique, *Le Discours de la Méthode,* que le but des sciences de la nature était de faire de l'homme le «maître et possesseur de la nature»[6].

Voltaire disait que si Dieu a fait l'être humain à son image, celui-ci le lui a bien rendu! La représentation judéo-chrétienne de la place de l'être humain dans le monde demeure un haut-lieu spirituel, mais elle a besoin d'être exorcisée de l'instinct de puissance qui la pervertit. Coupée de la foi vivante et de l'expérience spirituelle, la représentation se dégrade en discours idéologique.

La figure de Noé
Genèse 6,5 — 9,17

Nous n'entreprendrons pas l'examen détaillé de ce récit à la fois savoureux et complexe. Pour la Genèse, il existe un rapport étroit entre la situation spirituelle de l'être humain et le destin de la nature. L'être humain entraîne la nature dans la faute et lui fait subir la déchéance. C'est ainsi que, devant la multiplication des signes de la méchanceté humaine, Dieu se repent de la création : «J'effacerai de la surface du sol l'homme que j'ai créé, homme, bestiaux, petites bêtes et même les oiseaux du ciel, car je me repens de les avoir faits» (Genèse 6,7). La communauté de destin va de soi: si l'homme disparaît, toute chair disparaîtra aussi. Mais comme il y a un homme juste, Noé, cet homme sera épargné et toutes les espèces vivantes avec lui. «Serait-ce aller trop loin de dire que Noé, seul parmi les humains de sa génération, s'est ainsi acquitté correctement de sa mission royale de soumettre les animaux?»[7] Notre grand-père Noé dont la chanson célèbre l'ivresse était un conservationniste avant l'heure.

Cette nouvelle alliance établie avec Noé fait apparaître deux données nouvelles. D'une part, en s'exprimant d'une manière contemporaine, Dieu rétablit les règles de la nature en les rendant indépendantes des conduites de l'humanité: «Certes le cœur de l'homme est porté au mal, dès sa jeunesse, mais plus jamais je ne frapperai tous les vivants comme je l'ai fait.

Tant que la terre durera,
semailles et moissons,
froid et chaleur,
été et hiver,
jour et nuit
jamais ne cesseront.» (Genèse 8, 21-22)

On a l'impression d'une correction de la pensée antérieure pour rendre compte de la réalité. C'est comme si on quittait le niveau de la représentation utopique pour mieux rendre compte du quotidien. Dans le même esprit, Dieu donne à Noé une bénédiction, mais le végétarisme est abandonné, alors que le rapport à la nature apparaît nettement durci:

> Soyez féconds et prolifiques, remplissez la terre. Vous serez craints et redoutés de toutes les bêtes de la terre et de tous les oiseaux du ciel. Tout ce qui remue sur le sol et tous les poissons de la mer sont livrés entre vos mains. Tout ce qui remue et qui vit vous servira de nourriture comme déjà l'herbe mûrissante, je vous donne tout. Toutefois, vous ne mangerez pas la chair avec sa vie, c'est-à-dire son sang. Et de même, de votre sang, qui est votre propre vie, je demanderai compte à l'homme: à chacun je demanderai compte de la vie de son frère. Qui verse le sang de l'homme, par l'homme verra son sang versé; car à l'image de Dieu, Dieu a fait l'homme. (Genèse 9,1-6)

Ce texte — de tradition sacerdotale — «corrige» ainsi les textes antérieurs en reconnaissant l'autonomie des règles du monde et en durcissant le rapport au monde, particulièrement en autorisant la manducation de viande. Au désert, les Israélites protesteront contre le régime végétarien: «Qui nous donnera de la viande à manger?» (Nombres 11, 4), tandis que les grands textes prophétiques diront le salut eschatologique sous les traits d'un banquet, «festin de viandes grasses et de vins vieux» (Isaïe 25,6). Les récits idylliques de création décrivaient un monde sans prédateur, où toute la chaîne animale était végétarienne. Sur le plan écologique, et ce malgré les âmes sensibles, le prédateur joue un role primordial de régulation. La bénédiction à Noé corrige la vision paradisiaque, autorise la manducation de viande qui était devenue pratique courante, mais pose l'interdit du sang et l'associe à l'interdit du meurtre. On voit ainsi poindre le thème de la justice comme vrai rapport à autrui.

Le sort des arbres
Deutéronome 20, 19-20

La Bible, on le sait, est également tissée de violences. L'implantation du peuple juif sur la terre d'Israël se fait à travers des guerres et des tensions politiques extrêmement dures. C'est ainsi que surgit une idéologie de l'extermination des populations concurrentes du peuple juif pour l'occupation du territoire dans une véritable guerre sacrée où l'élimination des opposants devient un devoir religieux: «Tu voueras totalement à l'interdit le Hittite, l'Amorite, le Cananéen» (Deutéronome 20,17). En ce cas, que fait-on des arbres?

> Quand tu soumettras une ville à un long siège en la combattant pour t'en emparer, tu ne brandiras pas la hache pour détruire ses arbres, car c'est de leurs fruits que tu te nourriras; tu ne les abattras pas. L'arbre des champs est-il un être humain pour se faire assiéger par toi? Seul l'arbre que tu reconnaîtras comme n'étant pas un arbre fruitier, tu le détruiras et tu l'abattras, et tu en feras des ouvrages de siège contre la ville qui te combat jusqu'à ce qu'elle tombe. (Deutéronome 20, 19-20)

Texte surprenant qui développe une approche utilitaire des choses: selon qu'un arbre porte des fruits et nourrit, il mérite d'être protégé ou non. En même temps, ce texte pose la reconnaissance d'un statut ou d'un droit de l'arbre: «Est-il un être humain pour se faire assiéger par toi?»

Ce texte à saveur casuistique fait bien apparaître le défi concret de devoir vivre avec la mystique. Il propose des accommodements qui essaient de sauvegarder l'essentiel. Utilisateur des choses, l'être humain n'est jamais leur unique mesure.

La ligne prophétique

> Se peut-il: Qu'un bandit des pires crimes
> aime la musique classique?
> Que le directeur d'une grosse industrie
> Soit un peintre de la nature?
>
> Isabelle, 17 ans[8]

> Avec tous ces déchets toxiques
> et les pluies acides
> qui contaminent nos cours d'eau,
> le pays est devenu une vaste poubelle.
> La moitié des étudiants et étudiantes de ma classe
> sont de famille monoparentale
> et les deux tiers ont déjà pensé au suicide.

On tue les bébés avant qu'ils naissent
et on «parque» les vieillards avant qu'ils meurent.

Éric, 16 ans[9]

Ces deux textes d'adolescents montrent comment les jeunes font un lien étroit entre la façon dont nous traitons le milieu écologique et celle dont nous traitons nos semblables. Leur «vision du monde» englobe étroitement les deux dimensions. Nous avons vu que la Bible posait ce rapport d'une manière tout à fait primordiale. L'anthropologie biblique insère l'être humain dans un univers créationnel très serré. Elle ne connaît toutefois pas le problème écologique, parce qu'alors la crise écologique n'existe pas comme telle. Il y a, bien sûr, des accidents naturels, des famines, des sécheresses, des épidémies, des infestations. En général, ces fléaux sont perçus comme causés par Dieu et deviennent signes de condamnation pour les fautes commises. Le schéma d'interprétation est toujours providentialiste, comme cela arrive encore aujourd'hui quand certaines personnes voient le sida comme une malédiction divine. Pour les anciens, les «causes secondes» n'existent pas. C'est la préoccupation sociale qui est le vrai révélateur de la bonne manière de se conduire. Si le rapport social est faussé, si l'être humain ternit l'image divine qui est en lui en traitant l'autre d'une manière indigne, l'univers de relations est brisé. En conséquence, l'ordre du monde sera aussi perturbé. Pour la Bible, le rapport écologique est soumis au rapport social.

Il n'y a pas de représentation formelle de la nature. On rencontre une tendresse usuelle pour les animaux: «Tu ne musellera pas le bœuf quand il foule le blé» (Deutéronome 25,4). Plus surprenante encore est l'indication de ne prendre que les petits lorsque, d'une manière fortuite, quelqu'un rencontre un nid où la mère repose avec ses petits (Deutéronome 22, 6-7). D'une manière générale, pourtant, la nature est vue dans le sillage de l'être humain, comme son prolongement. Lorsque Jonas convainc le roi de Ninive de faire pénitence, «par décret du roi et de son gouvernement, interdiction est faite aux hommes et aux bêtes, au gros et au petit bétail de goûter à quoi que ce soit» (Jonas 3,7). Lorsque Dieu fera venir sur l'humanité des temps nouveaux, «le loup habitera avec l'agneau, le léopard se couchera près du chevreau, le veau et le lionceau seront nourris ensemble, un petit garçon les conduira. La vache et l'ourse auront même pâture, leurs petits, même gîte. Le lion, comme le bœuf, mangera du fourrage» (Isaïe 11,6-7).

On pourrait multiplier les exemples. La relation à la nature n'est pas problématique en elle-même. C'est à travers le miroir de l'être humain dans sa relation à Dieu qu'elle est perçue, pour utiliser des mots d'aujourd'hui, comme une extension de son corps. Le juste rapport à Dieu ne peut être enfermé dans le culte ni dans l'univers de l'intériorité pure. C'est probablement sur ce point que la vision biblique se démarque le plus clairement d'avec l'idéologie du Nouvel Âge où l'autre n'a pas vraiment d'importance. La vraie relation à Dieu se mesure à l'aune de la relation avec autrui à cause de l'implication étroite des deux commandements: aimer Dieu et aimer son prochain.

Les témoignages de la protestation prophétique contre le mépris de Dieu par le mépris du pauvre, contre l'abandon du droit, le trafic des balances, l'exploitation du faible et le formalisme du culte sont fréquents et radicaux:

> Je déteste, je méprise vos pèlerinages,
> je ne puis sentir vos rassemblements (...)
> mais que le droit jaillisse comme les eaux
> et la justice comme un torrent intarissable. (Amos 5, 21-24)

> Écoutez cette parole, vaches du Bashân,
> qui paissez sur la montagne de Samarie,
> opprimant les indigents,
> broyant les pauvres,
> disant à vos maîtres: Apporte à boire! (Amos 4, 1)

On pourrait lire cette dernière diatribe comme un portrait de la société de consommation, où la pression des attentes domestiques pousse à la dureté sociale. Paradoxalement, les témoins de la ligne prophétique annonceront la réconciliation et le salut: c'est par la lignée des pauvres que Dieu se manifestera, révélant ainsi un visage imprévisible de lui-même. On aurait attendu la force et la richesse, alors que sera plutôt annoncée la figure du serviteur souffrant. Le salut n'advient pas par la richesse et Dieu fait appel au renoncement à la puissance. Le salut n'adviendra pas non plus par un sauveur riche et puissant, un politicien habile, un général victorieux, mais sous les traits du Fils de l'Homme, par le chemin de la pauvreté et de la mort offerte. Jésus est l'anti-héros de la société productiviste.

Le chemin de la prière

La prière dévoile beaucoup notre vision du monde. Entrer dans la prière, c'est entrer dans un autre type de relation au monde et à l'être. Pour beaucoup, la prière ressemble à un effort pour mettre la main sur Dieu, pour s'approprier un surcroît de puissance. Elle prolonge alors inconsciemment l'acte de production /consommation, comme si on se disait: «Peut-être que je pourrais obtenir cela par la prière, puisque je n'y parviens pas autrement.» Mais même quand elle n'est que cela, utilitaire et intéressée (saint Augustin, pourtant grand mystique, disait qu'il est légitime de demander les choses usuelles: nous sommes aussi des êtres de besoin), la prière demeure un effort pour accéder à un autre niveau de conscience. Elle exige une ascèse et demande des techniques. Sa démarche dépasse la rationalité usuelle, fait appel à un autre champ de la réalité, renvoie à une symbolisation radicale de l'existence. Pour Israël, la prière n'est pas un solipsisme, elle est interpellation de Dieu, découverte de sa présence, affirmation de sa grandeur et de sa puissance. Tout le registre des sentiments humains y trouve place: la colère, la vengeance, la détresse, la culpabilité, la supplique, la joie, l'action de grâce. Pour se dire, surtout pour se dire publiquement et collectivement, la prière se fait poésie et explore tout le registre du symbole. On comprend que la nature y soit intimement associée: «Seigneur, notre Seigneur, que ton nom est magnifique par toute la terre» (Psaume 8, 2). Ce même psaume s'émeut à la fois de la petitesse de l'être humain perdu dans le cosmos («quand je vois tes cieux.., qu'est donc l'homme pour que tu penses à lui?») et pourtant responsable de la gérance humaine («tu en as fait presque un dieu... tu as tout mis sous ses pieds»).

La prière des Psaumes exploite la nature pour en admirer la beauté et l'ordre, pour en extraire un motif d'admiration ou pour y affirmer la présence de Dieu et son autorité, reprenant ainsi le thème de la création: «Les cieux racontent la gloire de Dieu, le firmament proclame l'œuvre de ses mains» (Psaume 19,1). Le psaume 104 détaille de la sorte ce que nous pourrions appeler la bonne providence de Dieu:

«Tous comptent sur toi pour leur donner en temps voulu la nourriture: tu donnes, ils ramassent, tu ouvres ta main, ils se rassasient. Tu caches ta face, ils sont épouvantés; tu leur reprends le souffle, ils expirent et retournent à la poussière» (Psaume 104, 27-29).

Un psaume tient toutefois dans cet ensemble une place unique: c'est le psaume 148:

> Louez le Seigneur depuis les cieux:
> louez-le dans les hauteurs:
> louez-le, vous tous ses anges;
> louez-le, vous toute son armée;
> louez-le, soleil et lune;
> louez-le, vous toutes les étoiles brillantes... (Psaume 148, 1-2)

Le psaume énumère ainsi les dragons, les abîmes, le feu, la grêle, le brouillard, le vent, les montagnes, les arbres, les bêtes sauvages, les reptiles, les oiseaux. L'accumulation d'ordres intimés à des réalités que nous dirions inanimées laisse entrevoir un fond d'animisme[10]. Non seulement les créatures témoignent-elles par leur beauté et leur agencement de la puissance et de la sagesse de Dieu, mais elles sont invitées à rendre grâce elles-mêmes. Cette image laisse entendre qu'il y aurait au sein des réalités les plus fermées une conscience cosmique prérationnelle qui pourrait rendre grâce à Dieu, un genre d'âme du monde. En général, la représentation courante fait passer cette louange par l'intermédiaire de l'être humain qui devient ainsi le porte-parole (le prêtre?) de la création. Le psaume 148 fait surgir la prière de la réalité cosmique elle-même, à l'invitation du poète-orant. Il en va de même pour la longue prière dite cantique des trois enfants dans le livre de Daniel (Daniel 3, 51-90). Simple archaïsme, ou richesse d'une pensée plus large, plus audacieuse qui reconnaît la validité intrinsèque de la création, déjà par elle-même porteuse de la Parole fondatrice? Nous avons ici la trace d'une conception unifiée du monde où le cosmos fait partie de la même catégorie profonde que l'être humain.

Un culte sans immolation

On peut trouver la trace du même courant de pensée dans un certain nombre de textes à incidence cultuelle. On sait que dans la religion, la fonction du sacrifice est importante. Pour apaiser la divinité à la suite d'une faute, pour signifier le pardon de Dieu, pour s'unir à Dieu, on recourt à des sacrifices dont les rituels et la signification varient considérablement. Les religions avoisinantes pratiquaient même le sacrifice humain, ce que la tradition biblique dénonce avec horreur. L'épisode d'Abraham voulant immoler son fils Isaac, mais retenu par Dieu (Genèse 23), contient une condamnation implicite des sacrifices d'enfants. Mais dans l'univers culturel d'Israël, les rites sacrificiels sont nombreux et complexes, au point que pour beaucoup le souci cultuel du sacrifice l'emporte sur l'accomplissement de la justice. D'où la nécessité d'une critique du ritualisme qui reprend le thème de la protestation prophétique esquissé plus haut: le vrai culte n'est pas le sacrifice rituel, c'est la conduite droite à l'égard d'autrui. Bien plus, Dieu n'a pas besoin de sacrifice, puisque tout lui appartient. Le psaume met dans la bouche de Dieu ces paroles: «Si j'avais faim, je ne te le dirais pas, car le monde et ce qui le remplit est à moi. Vais-je manger la viande des taureaux et boire le sang des boucs?» (Psaume 50, 12-13)

En réalité, la terre témoigne devant le tribunal de Dieu de la fidélité ou de l'infidélité à l'Alliance. «Il convoque les cieux d'en haut et la terre pour le jugement de son peuple. Rassemblez mes fidèles qui ont fait une alliance avec moi par un sacrifice et les cieux proclameront ta justice. Le juge, c'est Dieu!» (Psaume 50, 4-6) Dans le procès de l'injustice à l'égard d'autrui, la terre est convoquée et agit presque comme témoin à charge, protestant contre la violence humaine. L'être humain n'a pas à immoler les animaux pour plaire à Dieu par un renversement de la violence. Il suffit de présenter un sacrifice spirituel, celui d'un cœur contrit et d'une vie honnête et juste. Le culte peut être accompli sans violence, ni immolation. Tuer l'animal, détruire des choses en sacrifice sont des actes qui doivent céder la place à la vérité du cœur.

La littérature de sagesse

On ne trouve pas dans la Bible l'idée de s'acharner à développer la technique et d'assumer le devenir avec opiniâtreté. Les prophètes dénoncent trop souvent la sagesse exclusivement humaine du roi qui place sa confiance dans le nombre de ses chevaux, plutôt que dans sa foi et sa fidélité à Yahvé, pour qu'une eschatologie purement humaine, un accomplissement du progrès infini puissent s'épanouir librement.

Mais on trouve volontiers, comme dans l'éthique protestante décrite par Weber, l'idée que la réussite sur terre est le signe de la prédilection de Dieu. D'où une certaine exaltation de la richesse. Il a fallu un long mûrissement pour constater que le juste est souvent malheureux et que la justice de Dieu s'accomplit autrement que par le succès terrestre. Il suffit de rappeler le livre de Job. Israël semble avoir difficilement géré le paradoxe de la foi en la justice de Dieu et la constatation du malheur humain. À l'occasion de l'approfondissement de ce paradoxe s'élabore une pensée de modération, à l'occasion un peu triste, sinon amère, qu'on appelle la littérature sapientielle. Parfois, il s'agit d'une simple sagesse paysanne sur la nécessité de travailler, d'économiser, de fuir l'ivrognerie ou la débauche, de retenir sa langue. Les tirades machistes ne manquent pas non plus! Parfois, il s'agit d'une prise de distance à l'égard des ambitions éphémères de la vie. On a parlé avec raison d'une forme d'existentialisme.

À une société attirée par le luxe et la jouissance, la littérature de sagesse propose plutôt la modération et le rappel de la primauté de la droiture et de la justice, même si on ne sait pas trop comment s'exercera la rétribution divine. Il faut relire en ce sens le portrait de la femme de caractère (TOB), ou de la parfaite maîtresse de maison (BJ), qu'on appelait autrefois la femme forte, en Proverbes 31, 10-31. Cette femme est le symbole de la sagesse divine elle-même. La grâce trompe, la beauté ne dure pas (v. 30). La vérité de la femme de caractère, c'est précisément sa sagesse, son détachement à l'égard des choses futiles, son attachement à l'amour, au travail, à la discipline, son sens avisé des affaires, sa piété. Il y a là comme un antidote à la société de consommation: une société laborieuse, mais sobre et pacifiée, profondément préoccupée de l'autre génération!

Qohélet, pour qui il existe «un temps pour enfanter et un temps pour mourir» (3,2), «un temps pour pleurer et un temps pour rire» (3,4), ajoute avec une distance un peu froide:

> Je vois, moi, que tout le travail,
> tout le succès d'une œuvre,
> c'est la jalousie des uns envers les autres:
> cela aussi est vanité et poursuite de vent.
> L'insensé se croise les bras

et dévore sa propre chair:
mieux vaut le creux de la main plein de repos
que deux poignées de travail, de poursuite de vent. (4, 4-6)

Voilà bien le contraire de la société activiste et productiviste: «Qui aime l'argent ne se rassasiera pas d'argent, ni du revenu celui qui aime le luxe» (Qohélet 5,9). Voilà une pensée qui aime la mesure et l'équilibre. «Qui mange modérément jouit d'un sommeil salutaire; il se lève de bonne heure et se sent dispos» (Siracide 31, 20). «Pour les hommes, le vin est comme la vie, si on le boit avec modération. Quelle vie pour celui qui manque de vin!» (Siracide 31, 27) «La grâce et la beauté, tel est le désir de l'œil, mais plus que ces deux choses la verdure des champs» (Siracide 40, 22).

La littérature sapientielle ne procède pas à une révision en profondeur de la «vision du monde» de l'univers biblique. Elle ne met pas en cause la représentation traditionnelle, comme en témoigne l'hymne à la gloire de Dieu qui surgit de la nature (Siracide 42, 15 ; 45,33). Mais elle opte pour une éthique de l'insertion et du respect. Elle désamorce la frénésie de l'avoir et du pouvoir au profit d'une sagesse à première vue «pépère», mais toujours actuelle, faite de la vérité des rapports avec Dieu et avec l'entourage. On est alors en présence d'un genre de stoïcisme confiant, profondément religieux, assumant la finitude:

> Souviens-toi de ton Créateur aux jours de ton adolescence, avant que ne viennent les mauvais jours et que n'arrivent les années dont tu diras: «Je n'y ai aucun plaisir» (...) avant que ne se détache le fil argenté et que la coupe d'or ne se brise, que la jarre ne se casse à la fontaine et qu'à la citerne la poulie ne se brise, avant que la poussière ne retourne à la terre, selon ce qu'elle était, et que le souffle ne retourne à Dieu qui l'avait donné. (Qohélet 12, 1. 6-7)

Comme on peut le voir, on ne trouve dans ce courant aucune théorie triomphante et exaltée, mais plutôt une pensée humble et discrète, plus proche de la soumission que de l'orgueil.

Au terme de ce long parcours de l'héritage hébreu, le lecteur constatera combien cette vision du monde définit l'être humain comme un être de relations au sein du cosmos et avec Dieu. Les récits de création sont pétris d'un sentiment de grandeur et de beauté, où

Dieu fait de l'être humain l'interlocuteur de sa Parole, une Parole fondatrice qui pénètre et habite le monde. La protestation prophétique rappelle que la vraie mesure du rapport au monde est le rapport à autrui, insiste sur la primauté du social sur le cultuel et dénonce l'ambition de puissance et d'enrichissement personnel. La prière s'associe intimement à la création et laisse soupçonner l'existence d'une respiration spirituelle au sein du monde. La littérature de sagesse invite à la modération et conteste ce qu'on pourrait appeler une productivité fébrile. Jamais les humains ne sont invités à s'épuiser dans les choses. Associés intimement à la création, leur vie n'a de sens que sous le soleil de Dieu. L'histoire humaine pointe au-delà d'elle-même vers l'avenir de Dieu.

La révélation chrétienne

Par rapport à la tradition hébraïque de l'Écriture, la tradition relative à Jésus agit à la fois comme une continuité et une rupture. Comme une continuité, puisque l'Écriture ne cesse d'être accueillie comme telle. Comme une rupture, puisque Jésus entend accomplir l'espérance traditionnelle et la réaliser à un niveau supérieur. Cette réception fait de l'Écriture judaïque un Ancien Testament auquel s'adjoint un Nouveau Testament. Le Nouveau accomplit l'Ancien sans le détruire.

Du point de vue de la «vision du monde», le Nouveau Testament assume la symbolique de l'Ancien: l'unité spirituelle de l'être humain et son lien au monde extérieur, la solidarité de destin entre l'humanité et la création. Les grandes figures de la création et de l'Alliance sont assumées dans une vision du mystère du Christ. Le Christ est le nouvel Adam qui reconstruit l'humanité non plus dans la chair, mais dans la grâce. La filiation charnelle en Adam est désormais relayée par la filiation dans l'Esprit Saint. Le terme d'Esprit renvoie au temps de la création où l'Esprit planait sur les eaux, ainsi qu'au temps de l'espérance nouvelle où l'Esprit rend Jésus à la vie et inaugure des temps nouveaux. Jésus, le Christ, est mort et ressuscité. Les textes du Nouveau Testament ne parlent pas de simple renaissance, ni de réincarnation, mais formellement de résurrection comme d'une entrée dans un état nouveau où la mort est transcendée, où les limites de la biologie sont dépassées. Si le Christ est ainsi ressuscité des morts, si le Christ est le

«Premier-né de toute créature» (Colossiens 1,15), sa résurrection acquiert un sens cosmique. Le corps du Christ ressuscité porte l'espérance du monde, il traîne toute la création vers son accomplissement, tout comme il promet à chaque personne l'accomplissement du destin personnel unique (dans la résurrection et non dans la migration à travers des incarnations successives) et à l'humanité sa pleine stature. La gloire de Dieu qui resplendit sur le visage du Christ ressuscité illumine toute la création et la transfigure dès maintenant. La Résurrection inaugure le temps eschatologique où l'avenir est la vraie forme de l'histoire et accomplit le passé en l'inscrivant dans la forme de Dieu. Les nombreux miracles de guérison témoignent de la priorité accordée au rétablissement du lien spirituel entre Dieu et l'être humain, rétablissement dont la guérison physique est à la fois le résultat et le signe[11].

Bien sûr, tout cela est accueilli dans la foi et est donc, à ce niveau, indémontrable. Mais la vision du monde qui en découle est cohérente. Il s'ensuit une perception pneumatologique du cosmos associé au destin spirituel de l'être humain, ce qu'exprime à merveille le texte de Paul:

> J'estime en effet que les souffrances du temps présent sont sans proportion avec la gloire qui doit être révélée en nous. Car la création attend avec impatience la révélation des fils de Dieu: livrée au pouvoir du néant — non de son propre gré, mais par l'autorité de celui qui l'a livrée —, elle garde l'espérance, car elle aussi sera libérée de l'esclavage de la corruption, pour avoir part à la liberté et à la gloire des enfants de Dieu. Nous le savons en effet: la création tout entière gémit maintenant encore dans les douleurs de l'enfantement. Elle n'est pas la seule: nous aussi qui possédons les prémices de l'Esprit, nous gémissons intérieurement, attendant l'adoption, la délivrance pour notre corps. (...) J'en ai l'assurance: ni la mort ni la vie, ni les anges ni les dominations, ni le présent ni l'avenir, ni les puissances, ni les forces des hauteurs ni celles des profondeurs, ni aucune autre créature, rien ne pourra nous séparer de l'amour de Dieu manifesté en Jésus Christ, notre Seigneur. (Romains 8, 18-23. 39-39)

L'anthropocentrisme biblique est donc ici à la fois maintenu et dépassé. C'est le mystère du Christ qui éclaire la destinée spirituelle de la création et de l'être humain. Les deux destins sont liés, puisqu'en l'incarnation Dieu se fait homme et que les humains entrent dans le monde de Dieu. L'anthropocentrisme est théologal. C'est Dieu qui détient, en Jésus, le secret du mystère. À remarquer l'insistance de Paul pour traiter la création comme un sujet quasi personnel: la création «attend avec impatience», «garde l'espérance», «gémit». Simple métaphore? La résurrection du Christ rétablit la cohérence disparue; elle refait les liens brisés. Dans la grâce qui sauve l'humanité, la création est également comprise et impliquée.

Cette cohérence de l'écosystème total (création, être humain individuel et humanité globale, Dieu, dans le Christ) est, pour saint Paul, si vive et si proche de sa pleine apparition qu'il ne prend pas la peine de décrire longuement une éthique spécifiquement chrétienne de la gestion du monde. Il se contente de renvoyer à l'éthique courante du milieu, éthique faite de modération, de travail, de piété filiale, d'amour et de partage dans l'action de grâce. «Ne vous conformez pas au monde présent, mais soyez transformés par le renouvellement de votre intelligence, pour discerner quelle est la volonté de Dieu: ce qui est bien, ce qui lui est agréable, ce qui est parfait» (Romains 12, 1-2).

Il faudrait encore étayer longuement ce point de vue, mais il apparaît déjà avec clarté que la vision du Nouveau Testament est théologale, centrée sur le mystère de Dieu dont l'être humain est l'image et la ressemblance. Sa dérive en autre chose, en violence écologique, en système de pouvoir et en société de consommation, est principalement attribuable à des perversions profondes qui se sont infiltrées tout au long de l'histoire chrétienne, précisément parce que la foi chrétienne est portée dans l'histoire, quand ce n'est pas tout simplement un athéisme à symbolique chrétienne qui a remplacé la foi par son simulacre. La crise écologique a ceci de bon qu'elle renvoie les croyants et croyantes à leurs leçons, au premier équilibre du message.

Notes

1. Sur la symbolique du jardin, voir Georges TAVARD, *Les jardins de saint Augustin. Lecture des Confessions,* Montréal/Paris, Bellarmin/Cerf, 1988, 134 pages. Chez Augustin, le jardin est le lieu privilégié de la rencontre de Dieu.
2. Voir, par exemple, *La création et le déluge d'après les textes du Proche-Orient ancien*, Paris, Cerf, 1988 (Supplément aux Cahiers Évangile 64), 100 pages.

3. Voir Paul Beauchamp, *Création et séparation. Étude exégétique du chapitre premier de la Genèse*, Paris, Aubier Montaigne/Cerf/Delachaux & Niestlé/Desclée de Brouwer (Bibliothèque des sciences religieuses), 1969, 422 pages.

4. Cf. Robert David, «L'utilisation du verbe *bara* dans l'Ancien Testament», *Scriptura*, n° 2 (novembre 1989), p. 11-20.

5. L. White, «The Historical Roots of our Ecological Crisis», *Science* 155 (1967), p. 1203-1207. Sur ce sujet, voir entre autres J.-L. Duhaime, «Remplissez la terre et dominez-la. Gn 1,28, et l'éthique de l'environnement», *Écologie et environnement*, Montréal, Fides,1983 (Cahiers de recherche éthique 9); J.-J. Lavoie, «Gn 1,1-2,24a. Étude éxégétique et écologique», *Scriptura*, n° 2 (novembre 1989), p. 21-32. La référence fondamentale pour l'ensemble de la question de la création est Jürgen Moltmann, *Dieu dans la création. Traité écologique de la création*, Paris, Cerf, 1988 (Cogitatio Fidei 146), 419 pages. Voir également Maurice Boutin, «La lecture écologique de la Bible et ses apories», *Environnement et développement, questions éthiques et problèmes socio-politiques*, Montréal, Fides, 1991, p. 209-229.

6. *Dieu dans la création*, p. 43-44.

7. J.-L. Duhaime, *Remplissez la terre*, p. 125.

8. *Nos cris et nos rêves. 150 jeunes parlent au monde*, Ottawa, Novalis, 1989, p. 29. Il s'agit d'un recueil de poèmes écrits par des jeunes de 12 à 20 ans sur la façon d'entrevoir l'an 2000.

9. *Ibid.*, p. 125.

10. Cf. Marc Girard, *Louange cosmique. Bible et animisme*, Tournai/Montréal, Desclée/Bellarmin, 1975 (Recherches 12), 226 pages.

11. Pour une perspective à la fois psychanalytique et holistique, voir Eugen Drewermann, *La parole qui guérit*, Paris, Cerf, 1991, 333 pages.

Chapitre 9
Pour une spiritualité chrétienne de l'environnement

Après avoir analysé les sources, nous essaierons maintenant de construire une vision chrétienne d'ensemble. Comment peut se formuler une spiritualité chrétienne de l'environnement, dans le concret? Quelles expériences faisons-nous, comment les nommons-nous? Pouvons-nous les recevoir à l'intérieur de l'héritage chrétien? Aucune éthique ne suffit s'il n'y a quelque grand souffle derrière. Tant mieux si ce souffle peut s'insérer dans un héritage, tout en étant capable de rendre compte des savoirs scientifiques et techniques d'aujourd'hui.

«Observez les lis des champs, comme ils croissent: ils ne peinent ni ne filent, et je vous le dis, Salomon lui-même, dans toute sa gloire, n'a jamais été vêtu comme l'un d'eux!» (Matthieu 6, 29-29) La nature est une source intarissable d'observations, de leçons, d'admiration, «une ample comédie aux cent actes divers». Les urbains que nous sommes en train de devenir perdent la mémoire ancestrale (des savoirs techniques irremplaçables sont en voie de disparition) et méprisent surtout la sagesse antique qui sait lire les «signes des temps» et reconnaître les travaux et les jours, à la couleur du ciel, le temps qu'il fera le lendemain. Sagesse de savoir naître, vieillir, mourir; capacité d'intuitionner l'énigme de l'univers. Spontanément le paysan s'écrie:

L'immensité, les cieux, les monts, la plaine,
L'astre du jour qui répand sa chaleur,
Les sapins verts dont la montagne est pleine
Sont ton ouvrage, ô divin Créateur!
(F. et S. Borel, *Le Crédo du paysan*)

Peut-être faut-il tout d'abord une expérience réelle de la nature, c'est-à-dire à la fois un voisinage et une capacité d'observer et donc d'intégrer ce qu'elle pourrait dire. À cet égard, l'implantation généralisée d'une culture urbaine comme forme dominante, sinon exclusive, de la culture représente un défi considérable.

L'expérience de la nature

Tous nous faisons, à des degrés divers, l'expérience de la nature. Au moment où j'écris ces lignes, il tombe sur Montréal une neige tranquille, un peu fine. Ce n'est ni la neige légère et bonne enfant des temps doux, ni la rafale tenace qui laisse une «bordée», mais un entre-deux qui va laisser sur la ville peut-être dix centimètres de neige. Il n'y a rien de beau à mes yeux comme la neige. Elle est pour moi associée à l'idée de silence, de paix, de douceur, d'innocence. Je ne comprends jamais que l'eau puisse prendre cette forme. Je me rappelle un texte de l'Anabase de Xénophon, où des soldats venus de régions chaudes découvrent, un matin, le camp sous la neige. Ce fut un ébahissement. La pluie me paraît lourde, agressive, bruyante. La neige tombe comme à notre insu. Sauf chez les enfants qui, comme on dit, sentent venir la neige et sont agités la veille d'une tempête. Leur baromètre n'a pas encore été discipliné. J'aime la neige. Quand arrive la seconde partie de l'automne, quand les feuilles sont tombées et que novembre nous apporte des jours si courts et la grisaille, j'ai l'impression de déprimer. Puis un matin tout est blanc, étincelant avec parfois, et c'est un poème, un soleil éclatant qui brille dans le froid et fait scintiller les cristaux. Je connais les embarras de la neige, le besoin de pelleter, les ennuis de la circulation, les précautions à prendre, cette incertitude qui plane chez nous tout l'hiver, car on ne sait jamais si les rendez-vous et les réunions auront lieu. À la radio, commentateurs et commentatrices supputent s'il vaut mieux sortir ou rester chez soi. Moi, durant la tempête ou juste après, mon plaisir est d'aller marcher, même s'il fait froid, même si le visage se glace ou que les lunettes s'embuent. J'ai l'impression de participer à une fête de la nature. La neige est un manteau, un manteau d'innocence et de pureté qui recouvre de sa clarté la grisaille des jours. La neige est un pardon sur toute souillure.

J'en connais qui, au contraire, détestent la neige, probablement parce que leur biologie ou leur psychisme sont plus sensibles à d'autres dimensions. Ils se sentent étouffés, menacés; leur arthrite fait mal; ils sont isolés des autres. «Amenez-moi au bout de la terre (...), il me semble que la misère serait moins pénible au soleil» chante Aznavour. Quand l'automne vient, ils sont des milliers que la publicité convainc que vivre ici l'hiver est une malédiction et les voilà qui partent vers le sud, en Floride ou vers les îles.

Que veut dire pour moi cette expérience de la neige? Cela veut dire que mon corps, et par lui toute ma personnalité, est en profonde complicité avec les réalités extérieures, avec l'air, l'eau, le sol, avec les étoiles et les astres, avec le vent, la chaleur et le froid, avec l'arbre, la fleur, le poisson, l'oiseau, l'animal qui rôde alentour. Toute la gamme des sentiments, des peurs, des haines, des sympathies, des confiances joue à l'infini.

La nature en ce sens est notre langage primordial. C'est un répertoire jamais épuisé de symboles qui disent le monde et nous disent dans le monde, la matrice première de toute expérience et de tout langage, de tout symbolisme. Le feu est passion et ardeur; il est destruction, ravage, incendie; il est amour, union dévorante. Il est, sous la cendre, la fidélité même, renaissance et sécurité. Il est la vie contre le froid et la nuit; il est lumière et purification. Mais il est aussi mort et ruine. «Il y a de la flamme aux yeux des jeunes gens, mais dans l'œil du vieillard, il y a de la lumière.» Bachelard parlait avec raison de la psychanalyse du feu.

La nuit est symbole de mort; le jour, symbole de vie. Quand on est jeune, on ressent une frénésie à défier la nuit. La nuit pourtant pleine de sons et de mystère, pleine de vie, une vie que nous noyons maintenant de lumière électrique pour chasser la peur, et de musique pour ne pas entendre les bruits inquiétants qui montent de l'ombre. Mais qu'y a-t-il de plus beau que regarder au ciel les étoiles et les «luminaires» sous la coupole? Que dire de la luminosité des nuits de pleine lune, alors qu'on a l'impression que cette forme de lumière dévoile des aspects et des nuances que la lumière crue du jour écrase de sa force?

L'eau, l'air, le sol, les trois catégories usuelles de l'écologie, ou l'air, le feu, la terre et l'eau, les quatre éléments des anciens philosophes, tous disent des aspects du monde. Leur plasticité symbolique leur permet constamment de dire des choses et leur contraire, l'amour et la haine, la vie et la mort. L'eau qui coule est toujours eau de noyade et eau nourricière, création et déluge, grandes eaux de la mère où notre vie personnelle a commencé, grandes eaux de la mer d'où la vie animale a sans doute surgi. La flamme qui se consume, ainsi que l'eau de la source et de la cascade, sont toujours différentes et semblables, leur spectacle indéfiniment renouvelé, ce qui leur donne un effet hypnotique fascinant.

> Avant les souvenirs, j'exerce ma mémoire
> À retenir de vous le moindre mouvement
> De la lèvre ou de l'œil et j'ai de longs moments
> Comme auprès d'une source on a le goût de boire.
> (Gilles Vigneault)

L'arbre est un symbole de vie et de stabilité, à la fois arbre généalogique, enracinement dans un lieu et un temps, solidité et permanence, signe de transcendance qui prend racine dans la terre et lance les branches vers le ciel; la fleur est promesse, gratuité et beauté, amour offert, brièveté, fragilité. Théodore Botrel a une expression prodigieuse à propos du bûcheron qui plante sa hache dans le tronc d'un chêne:

> Aujourd'hui, la sève t'éclabousse
> comme du sang:
> Entends-tu quand s'abat ta cognée,
> entends-tu cette voix désolée,
> mon gâs?
> C'est la clameur immense et presque humaine
> du vieux chêne qui meurt! (T. Botrel, *Le bûcheron*)

Plus proche de nous encore, plus familier et plus troublant, le monde des animaux dévoile un bestiaire étonnant où chaque culture dit ses peurs et ses espoirs. Emblèmes totémiques ou mythiques, constellations stellaires où la figure animale évoque la vie dans l'inanimé et annonce le bonheur ou le malheur, animaux purs et impurs, animaux maléfiques (serpents, crapauds, chauves-souris, corbeaux), animaux bienfaisants, protecteurs, nourriciers ou exemplaires par leur courage ou leur finesse: «Soyez rusés comme les serpents et candides comme les colombes» (Matthieu 10, 16). L'animal est notre double dont la figure multiforme traduit quelque chose des multiples visages de notre moi profond.

Cette expérience de la nature qui habite notre inconscient est une expérience primordiale. Elle n'est pas facultative, mais essentielle. Qu'on ait la chance d'un contact prolongé, ou que les formes et les rythmes de notre vie sociale n'autorisent que des expériences limitées, voire parcellaires, une certaine expérience doit être faite. La culture du désert, ou la culture de la montagne, ou de la mer, ou du froid, ou des parcs de villes, tout cela définit une perception du monde spécifique et très différente des autres formes d'expérience. Mais, à un niveau ou l'autre, il doit y avoir expérience.

Qu'est-ce que nous rencontrons dans la nature? Il me semble que nous retrouvons notre mémoire cosmique. Chaque être humain ressemble à un microcosme. Chacun de nous est comme une reprise de l'histoire du monde. C'est un thème courant que l'ontogenèse reproduirait dans les quelques mois qui vont de l'œuf fécondé au bébé naissant toute l'évolution de la vie. Depuis ses débuts que l'on croit retracer, dans l'histoire, il y a environ trois milliards et demi d'années, la vie ne cesse de recommencer son cheminement pour pousser toujours un peu plus avant. La vie transmet sa structure, ses codes d'information, son adaptation. Quand je m'assieds sur la pierre, quand je joue dans le sable, je reproduis sans le savoir les éternels recommencements de la nature. Chaque cellule de mon corps avec son souffle vivant, son organisation, son code génétique inscrit dans l'ADN, sa structure, a comme gardé la mémoire des milliards d'années qui ont précédé. Il faut que cette mémoire opère pour que l'être que je suis existe. Quand j'expérimente la nature, non pas d'une manière strictement utilitaire mais gratuite et communionnelle, je retrouve la profondeur de mon passé biologique et cosmique. Ce n'est pas un passé personnel. Il n'est pas nécessaire de chercher un moi antérieur à moi-même, des vies préalables. Mais je retrouve l'épaisseur du temps passé, alors que le cosmos et les processus de l'évolution (Teilhard de Chardin dirait la complexité/conscience) ont permis à la vie d'arriver où elle est et, éventuellement, d'aller plus loin. La nature est, en ce sens, la matrice primitive. En faisant son expérience, à quelque niveau que ce soit, je communie à l'expérience totale de la vie, je retrouve quelque chose de la plénitude des choses, de ce battement primordial du cœur de la vie qui a mené l'évolution aux mammifères, aux primates, à cette vie humaine devenue consciente d'elle-même et qui cherche son sens. Ceci me permet de me découvrir moi-même. Littéralement, cette expérience vivifie et guérit en retournant aux sources premières de la vie. Elle me permet de me situer et de dire le lieu où je suis, le lieu d'où je parle.

Cette expérience est certainement une expérience religieuse au sens de ce qui relie à une transcendance, à une profondeur de l'être. Si je crois en Dieu, je puis dire que je fais là une expérience de Dieu. Il s'agit évidemment d'une expérience confuse. Le Dieu que pointe la nature n'est pas désigné. On peut exprimer cette expérience en terme areligieux comme une expérience de plénitude cosmique; on peut la situer dans le cadre d'un panthéisme (tout est Dieu); on peut la situer dans l'expérience d'une force cosmique plus ou moins personnalisée.

Dans la vision chrétienne, cette expérience peut être nommée chrétiennement. En faisant l'expérience de la nature, je communie à la plénitude de la création, je m'insère dans la communauté créationnelle. Nous sommes fruits de la même Parole, enfants de la même gratuité: Dieu dit... et cela fut. Nous baignons dans la même bénédiction originelle où «Dieu vit que cela était bon». Si je suis du sixième jour, nous sommes de la même semaine. En retrouvant les jours antérieurs, je sais mieux qui je suis, où je vais. Le monde est une demeure et si je me coupe de toute l'épaisseur de la vie depuis l'origine, je sais que j'atrophie la vie elle-même et mon avenir à moi.

Il m'appartient de cultiver ainsi de manière consciente cette vision élargie de ma présence au monde et de percevoir mon corps comme le tambour où retentissent les échos lointains de cette histoire de chair et de sang, d'espérance et de ténacité qui s'appelle la terre, d'intelligence et d'information à travers tout le genre humain. Je puis rendre grâce au Dieu qui crée ce monde. Le processus peut bien durer des milliards d'années. Mais l'action divine de création est actuelle. C'est aujourd'hui que Dieu tient le monde («il tient le monde dans ses mains»), c'est aujourd'hui qu'il le crée. Sa création, malgré les drames et les limites de la vie, contient déjà une promesse de vie et de salut.

Alors ma prière peut s'élever: «Ô Seigneur, notre Dieu, qu'il est grand ton nom dans tout l'univers.» Je puis chercher à rendre conscient l'hymne qui monte de la terre et qui chante la louange du Seigneur. Je puis bien redire la prière du psaume 148 et demander que la terre et la lune rendent grâce au Seigneur ou demander aux étoiles de danser pour lui. Alors aussi, je puis recevoir comme une grâce et une tâche la mission de «dominer», de prendre soin du jardin ancestral pour lui permettre d'atteindre sa fin qui est la louange, la vie et non la mort, la diversité et non la monotonie. Il s'agit en ce cas de relayer la seigneurie de Dieu sur le monde: tâche de service et d'intendance, tâche d'intelligence, de Parole et de connaissance, tâche d'épiphanie plus que de violence.

Le visage de Dieu en autrui

À propos de la nature et des choses créées, saint Thomas dit qu'on y trouve un vestige de Dieu. Il parle même d'un vestige de la Trinité: la nature comme créature renvoyant au Père, principe sans principe; la nature comme œuvre ayant une forme qui renvoie au Fils, Parole; la nature comme finalité renvoyant à l'Esprit qui est Amour. Mais ce n'est qu'en l'être humain que l'on trouve une image de Dieu, parce que seul le niveau de l'existence personnelle, impliquant intelligence et volonté et donc pensée et amour, permet d'avoir l'intuition du mystère de Dieu (*Somme théologique*, Prima Pars, question 45, article 7). Cette anthropologie, un peu déroutante pour nous dans sa technicité, place certainement l'être humain dans une catégorie à part dans la création. Quel que soit le continuum historique et biologique entre l'animal et nous, on y trouve la reconnaissance d'un statut ontologique supérieur pour l'être humain. Les anciens utilisaient la notion d'âme, ou de principe spirituel immuable, un peu comme aujourd'hui en certains milieux gnostiques on parle de l'esprit. Nous n'avons pas ici à entrer dans un long débat philosophique.

L'être humain est-il seulement un animal qui a mieux réussi que les autres et qui se conduit simplement comme un super-prédateur? Ou est-il appelé à un autre destin? La vision chrétienne affirme que le destin de l'être humain est d'être quelqu'un pour Dieu, d'être traité par Dieu comme un interlocuteur, d'être comme son image et sa ressemblance, et par conséquent d'être invité à partager son intimité. Le retentissement de la Parole qui le crée ne fait pas de lui un simple maillon supérieur de l'intelligence animale (toute vie repose sur la transmission d'information et tout traitement de l'information, c'est de l'intelligence): il le fait aussi sujet de la Parole. L'être humain accède à la parole, devient parole et peut entrer dans l'espace du dialogue: dialogue avec autrui, dialogue avec Dieu.

C'est ainsi que, dans la vision chrétienne, l'expérience d'autrui devient le lieu primordial de l'expérience de Dieu. L'expérience de la nature comme expérience spirituelle n'est ni banale ni secondaire. Là, Dieu se révèle et est expérimenté à travers la beauté de la création. Qu'on se rappelle l'hymne à la création qui surgit tout à coup dans *Les fraises sauvages* d'Ingmar Bergman. Mais c'est dans la rencontre d'autrui que l'expérience de Dieu se raffine et arrive à se dire, qu'elle trouve son langage et sa forme. Bien sûr, cette démarche suppose la rentrée en soi comme lieu primordial de l'identité, rentrée en soi qui semble occuper tout l'espace dans la mystique orientale, comme si Dieu n'avait plus d'altérité.

En spiritualité chrétienne, la rencontre avec autrui est à la fois le chemin de la rencontre de Dieu et la garantie de la vérité de notre démarche.

Elle en est le chemin, car Dieu, en un sens, est inaccessible. On ne peut voir Dieu que si lui-même se dévoile et se manifeste: «Nul n'a jamais vu Dieu; le Fils unique qui est tourné vers le sein du Père, lui, l'a fait connaître» (Jean 1, 18; traduction de la Bible de Jérusalem). C'est en Jésus Christ que nous avons accès au Père, de sorte que c'est à travers l'humanité que l'expérience de Dieu nous est donnée. En Jésus, Dieu a pris chair pour que nous soyons introduits dans l'espace divin. C'est par la foi en Jésus que nous avons accès à Dieu. Or, par sa résurrection, Jésus récapitule en son corps la création tout entière, ainsi que l'humanité elle-même dans sa recherche de Dieu. Le texte du jugement dernier est clair sur ce point: «J'ai eu faim et vous m'avez donné à manger, j'ai eu soif et vous m'avez donné à boire» (Matthieu 25,35).

Le Dieu que nous cherchons et ne trouvons pas, dont nous entrevoyons les vestiges à travers la création, se donne à découvrir dans la rencontre d'autrui, dans le service de ceux et celles qui souffrent de la faim et de la violence. Cette découverte n'est ni facile, ni automatique. Mais c'est la seule façon de ne pas s'enfermer dans l'illusion. On peut faire à l'intérieur de soi tous les voyages possibles, en tirer une expérience extraordinaire et se dire que cela est vrai, puisque notre «feeling» est si grand. L'autojustification de soi est alors sans faille. Nous nous enfermons dans un solipsisme intégral s'il n'y a, quelque part, une sortie de soi pour s'affronter à autrui: «Dieu, nul ne l'a jamais contemplé. Si nous nous aimons les uns les autres, Dieu demeure en nous, et son amour, en nous, est accompli» (1 Jean 4,12).

En spiritualité chrétienne, Dieu est un tiers impliqué et convoqué dans la rencontre avec autrui. La maturation de la foi consistera à découvrir cette présence mystique du Christ au sein de l'humanité, à comprendre comment le corps du Christ ressuscité est coextensif à la création et à l'humanité. Le terme corps du Christ désigne ainsi tout à la fois son corps glorieux transfiguré par l'Esprit, son corps eucharistique (pain et vin, nourriture et boisson, repas de fête célébré au huitième jour), la communauté des frères et des sœurs qui partagent sa foi et finalement l'humanité entière dans sa situation de besoin.

La médiation du corps

Nous voilà apparemment très loin d'une spiritualité de l'environnement. Je pense au contraire que nous arrivons au cœur du sujet. La spiritualité de l'environnement est souvent perçue comme une idéalisation de la nature seule, au mépris de l'être humain qui serait perversion de la nature. Elle risque ainsi d'inciter à détester l'humanité de manière plus ou moins larvée. Ou encore, elle se risque à l'esthétisme, à créer un mouvement pour ceux et celles seuls qui ont la fortune et la culture permettant de s'intéresser à ces choses-là. Nous avons longuement expliqué, dans les chapitres précédents, que la crise était indissociablement écologique et sociale. C'est par le corps du Christ que nous pouvons faire le lien entre les deux dimensions. Dans sa résurrection, le Christ incorpore à son corps glorieux la nature dans toute l'épaisseur de sa matérialité et de son statut de créature. Il assume également la réalité humaine qu'il transfigure et insère dans le monde divin. Il introduit dans le monde, et d'une façon personnelle, Dieu lui-même. Il rétablit les liens brisés par le péché et fait surgir, dans l'ensemble de la réalité, la force de la résurrection.

Il y a dans la tradition chrétienne un long contentieux à l'égard de la relation au corps, surtout dans le domaine de la sexualité. Un certain héritage platonicien paraît toujours mal liquidé. Historiquement pourtant, à l'origine du christianisme, la principale requête des chrétiens à l'égard du corps n'a pas été axée sur les interdits sexuels, mais sur le corps des malades auxquels on apportait le pain eucharistique, et sur le vêtement à donner aux esclaves. Il s'agissait là non pas de pudibonderie, mais d'un geste de tendresse pour conférer un statut social aux gens qui n'en avaient pas et que l'on tenait volontairement dénudés pour les maintenir en état de dépendance[1].

La foi au Christ assume la dimension charnelle de l'être humain. Elle intègre sa mémoire cosmique en osant parler de résurrection de la chair. Croire au Christ ressuscité pourrait se traduire par un regain de zèle pour réparer un milieu écologique gravement perturbé et œuvrer à la paix dans un monde où le jeu de la guerre a atteint des dimensions colossales.

Dieu en ville?

Nous avons souligné précédemment combien la culture dominante est devenue urbaine, imposant son mode de penser et de faire même aux régions les plus reculées du monde rural. La ville n'est pas un système naturel. C'est un écosystème artificiel entièrement construit qui n'est pas autosuffisant et qui dépend pour sa survie de ses échanges avec l'extérieur, particulièrement dans le domaine de l'énergie et de l'alimentation.

Dans la ville, l'expérience du milieu écologique se rétrécit gravement, s'appauvrit, risque de disparaître entièrement. Un enfant citadin peut en venir à ne pas savoir ce que sont la source et la rivière, à penser que le robinet est la source de l'eau. Maldonne élémentaire qui trahit toutefois une terrible distance à l'égard de la nature et de l'expérience des symboles premiers de la vie. Un arbre de plastique n'est pas un arbre. Le symbole ne joue plus. Nous sommes alors en présence d'un symbole du symbole, mais le symbole dérivé perd sa profondeur de sens. Même un aquarium, si captivant soit-il, ne transmet qu'une expérience bien modeste par rapport au contact réel avec les éléments. Un enfant longtemps élevé dans un édifice à étages et privé de contacts avec le sol aura fréquemment des difficultés à marcher. L'expérience de la nuit, la capacité de contempler un ciel rempli d'étoiles font souvent cruellement défaut. Dans les villes les mieux aménagées, nous avons par bonheur des arbres, des parcs, une rivière, des aires de jeux et de repos, une forêt urbaine. L'habitant des villes pauvres, des favellas, des bidonvilles connaîtra l'errance ou les abris provisoires, le manque d'eau, l'air insalubre, la pollution industrielle excessive, le bruit et la jungle humaine.

La ville pourtant fascine. C'est toujours la ville qui définit l'option pour le futur, amorce le bond en avant, inaugure les formes et les expériences nouvelles qui se diffusent ensuite dans l'ensemble du corps social. Ambivalence de la ville, toujours à la fois perdition et salut. «Ils quittent un à un le pays pour s'en aller gagner leur vie loin de la terre où ils sont nés. Depuis longtemps ils en rêvaient, de la ville et de ses secrets, du formica et du ciné» (Ferrat).

«À la fin du siècle, presque la moitié de la population mondiale vivra dans les agglomérations urbaines, petites villes ou mégapoles immenses.»[2] Problèmes effarants des villes du tiers monde où la pauvreté extrême risque d'être le lot de neuf familles sur dix: approvisionnement en eau potable, évacuation des eaux usées, logements, services divers...

La ville vide littéralement l'arrière-pays, parce que la misère sévit partout alors que la ville fait briller la promesse souvent illusoire d'un emploi, du ravitaillement, d'une chance pour l'autre génération. Meilleures chances d'instruction, meilleur réseau de communications, meilleurs services de santé? C'est à la ville que s'élabore la culture: cité... civilisation. Les médias diffusent depuis la ville vers le monde rural les formes symboliques qui annoncent la modernité et accentuent la fuite en avant. Les nouvelles de l'arrière-pays n'intéressent personne, sauf pour la promotion touristique. Une seule culture, électronique et médiatique, les mêmes chansons, les mêmes vedettes, la même technique, la même forme de pensée, la même science, presque les mêmes congrès qui ont lieu dans des Hilton qui se ressemblent. Un seul marché, d'autant plus solidement implanté que le bloc de l'Est s'écroule.

Victoire de la culture sur la nature, la ville risque de modifier profondément les voies de l'expérience spirituelle. Nous avons tendance à renvoyer de façon privilégiée l'expérience spirituelle à la rencontre avec la nature, à la communion cosmique. Or, la ville est d'abord et essentiellement un phénomène humain, une concentration d'hommes et de femmes qui constitue le terreau premier de la vie. Entassement et promiscuité, interaction des corps, des espaces, des ethnies, brassage des idées, des styles, des mouvements culturels, éclatement et diversification des conduites, etc. Depuis toujours, la vie humaine allie indissociablement une dimension proprement biologique à une dimension sociale et culturelle. La vie humaine est un fait de nature assumé dans une culture. Mais le pôle de la civilisation urbaine me semble accentuer à l'extrême la culture aux dépens de la nature, le social humain aux dépens du biologique. À l'extrême, à l'absurde, ce serait la fin biologique de l'être humain, sa désintégration par absence de contact avec l'air, l'eau, le sol et l'espace, l'artificialisation complète de tous les rapports, la prévalence absolue du bâti humain. Utopie, bien sûr, à moins d'une mutation biologique subite. Mais à l'intérieur de limites raisonnables, qu'on ne peut décrire a priori, la ville pousse uniquement du côté de la culture.

Une nouvelle relation au corps

Cette situation, nouvelle par son ampleur et son accélération, change notre relation au corps[3]. Dans l'Occident chrétien, nous avons développé une conception très forte de la personne, de sa liberté, de son autonomie, de ce que l'on pourrait appeler son espace vital. Le paroxysme pourrait en être le puritanisme victorien, où le corps personnel est absolument isolé de celui d'autrui. Les peintures de l'époque nous montrent les corps figés dans une accumulation de linges et de vêtements, véritable technique vestimentaire de mise à distance. Symboliquement, je crains parfois qu'une insistance unilatérale sur les droits de la personne et la liberté individuelle ne risque de faire de chacun de nous une monade.

La culture rurale nous tenait dans des contraintes sociales très étroites. Son espace social se voulait très confiné, alors que l'espace physique abondait. Les gens y vivaient, comme dit l'expression, «tricotés serré». René Dubos rappelle ainsi fréquemment et avec nostalgie que les citoyens de l'Europe de sa jeunesse vivaient dans des groupes à taille humaine d'environ huit cents personnes. Ils se voyaient plutôt rarement dans la vie quotidienne, mais la solidarité était grande, les ralliements communs fréquents et riches de sens, alors que chacun se savait reconnu.

L'urbain moyen qui sort de chez lui, prend les transports en commun, travaille dans une compagnie de taille moyenne, va faire ses emplettes et participe à la vie culturelle de son milieu peut croiser chaque jour plus de huit cents personnes dont il ne connaît ni le nom, ni les goûts, dont il ne veut connaître ni le nom, ni les goûts. De plus, s'il ouvre la télévision, il verra d'autres milliers de visages, tous pareils dans leurs dissemblances, visages anonymes et parfois menaçants.

La conséquence logique de la vie urbaine qui nous jette les uns contre les autres nous incite à nous isoler, à nous réfugier en nous-mêmes (ou dans l'auto) en cultivant à l'extrême l'identité personnelle dans l'anonymat et dans la création d'un espace privé. Dans ma famille, nous vivions à dix dans un logement de six pièces: la cuisine, véritable salle commune, le salon, espace sacré réservé aux grandes occasions, la chambre de mes parents. Quatre de mes sœurs occupaient une chambre, deux autres une chambre qui tenait lieu de salle à manger lors de réceptions, tandis que mon frère et moi occupions la sixième pièce de la maison. Aujourd'hui, chaque enfant doit avoir sa chambre, tandis que les maisons que l'on construit maintenant sont souvent immenses pour un couple avec un ou deux enfants, et souvent deux autos, sinon davantage.

Il y a probablement là un phénomène de compensation, un réflexe de protection. Livrés les uns aux autres au sein de l'espace urbain anonyme et peuplé, nous réagissons en nous isolant des autres, en nous réfugiant plus loin au fond de notre corps, en élargissant dans le privé notre espace vital à mesure que l'espace public se rétrécit. Paradoxalement, la libération sexuelle a rapproché les corps, mais il n'est pas sûr que nous communiquions mieux. On a souvent l'impression que, par réflexe de défense, le corps se livre, mais que la personne elle-même se rend inaccessible, hors d'atteinte, et se protège. Les partenaires abondent, les conduites se libèrent, chacun se réfugie au plus creux de soi pour ne pas souffrir, ne pas aimer. Le message pourrait être: «Tu auras accès à mon corps, mais pas à mon cœur.»

Si le processus indiqué est réel et que la culture urbaine modifie de la sorte notre rapport aux autres et à la nature, il nous faudra suivre à la trace le chemin de l'expérience spirituelle. La nature cède la place au facteur humain. Et si c'était par l'être humain que s'effectuait maintenant de manière privilégiée et presque exclusive la rencontre avec Dieu?

La découverte de soi

La route qui mène à l'humain dans le contexte de la culture urbaine passe souvent d'abord par soi-même. Aujourd'hui s'élaborent avec frénésie techniques et discours pour aller à la découverte du soi, du corps propre et de la conscience profonde. Tout naturellement nous pensons au yoga, aux innombrables tendances psy, à toutes les recherches qui vont de l'alimentation à l'astrologie et aux techniques corporelles les plus diverses. En vérité, si l'être humain est un microcosme, la rentrée en soi peut devenir un des lieux de la découverte de la symbolique du monde. Le chemin alors irait du dedans au dehors, de l'immanence à la transcendance. Découverte des rythmes de la respiration, des postures physiques adéquates, du discours mental intérieur, intégration des dimensions physiques et psychiques du moi, du soi, du cœur, de l'esprit, etc. Chaque école a son vocabulaire et ses catégories psychologiques, sa description de l'«âme». Ignace de Loyola avait la sienne, l'école française de spiritualité également et nous assistons à une prolifération de tendances et de mouvements à l'égard desquels le discernement s'impose. Dans cette route qui mène à l'espace intérieur, une nécessité radicale de trouver le silence, ce silence qui paraît si intolérable à la culture marchande.

La découverte du mal

La ville n'est pas un désert spirituel! Il se peut même, c'est le pari qu'il faut prendre, que l'expérience urbaine recèle des possibilités immenses d'expérience spirituelle d'une nouvelle intériorité. Elle favorise aussi une nouvelle saisie du rapport à autrui. Sur ce point, la ville reste profondément ambivalente. Le rapport urbain s'établit dans la violence, l'inégalité, la rivalité, les tensions entre personnes, groupes, classes, ethnies. Nous faisons quotidiennement l'expérience du mal et du péché en ville. Mots tabous s'il en est! Mais réalités terribles. «La dame du cinquième étage, celle qui boit autant de whisky que tu bois de Coca-Cola, s'est tiré, la vie c'est curieux, une balle entre les deux yeux.» Le journal du matin livre sa récolte de faits divers: un vol, un viol, une femme battue, un drame passionnel, deux ivrognes endormis dans la rue par une nuit trop froide, une bataille de gangs, trois maisons ancestrales qu'on démolira pour construire une banque, une manifestation politique qui a mal tourné. Expériences de la souffrance, de la défaillance personnelle, mais surtout résultats amers de ce que Jean-Paul II appelle des structures de péché: le retentissement social de la faute personnelle. La violence qui appelle violence et vengeance dans une spirale inflationniste. La violence qui crie pour un pardon. Comment prier la ville sans prendre conscience du poids de mort qui l'habite? À moins de ne toujours chercher désespérément que soi-même: «On est trop heureux pour avoir du cœur!»

Fuir la ville?

Ainsi la découverte du mal social peut mener à la fuite du social: fuite au désert, migrations intérieures, nouvelles formes d'érémitisme. «Chaque fois que je vais chez les hommes, j'en reviens moins homme» disait l'auteur de l'*Imitation de Jésus Christ.* Refuge dans l'ascèse ou la contre-culture, distance critique et prophétique en se mettant volontairement en marge d'une société possédée par son avoir et sa productivité, redécouverte de la vie contemplative intégrale, chemins qui ne peuvent être la voie d'un grand nombre, mais sont indispensables pourtant.

La culture, le travail et la fête

Pour les autres hommes et femmes qui font la ville, qui sont la ville, l'expérience spirituelle passera par la saisie du social lui-même, par l'interprétation spirituelle de la culture comme espace constamment renouvelé du langage et de la symbolique (un nouveau retentissement de la Parole créatrice au sein de la parole humaine), par la mise en route de la fête urbaine bien au-delà de la consommation des loisirs et des spectacles (un écho du septième jour?), par la construction d'une image du travail et de la technique comme service des autres et instrument d'une société solidaire. Prier la culture, prier le travail, prier la fête? Tout au moins devenir capables de saisir l'écho de la transcendance spirituelle au sein de l'expérience urbaine qui constitue actuellement le sommet de l'évolution de l'espèce humaine. Nous sommes ici non à la frange de la question écologique, mais en son centre éthique et mystique. Il ne s'agit pas simplement de «feeling», mais d'une capacité de rendre compte de l'espérance qui nous habite. En régime chrétien, l'expérience de Dieu passe d'abord par l'expérience de l'autre. La ville pourrait alors être son lieu privilégié[4].

Notes

1. Cf. Michel Despland, *Christianisme, Dosssier corps*, Paris, Cerf, 1987, 139 pages.
2. *Notre avenir à tous*, p. 281.
3. On trouvera plus de développements dans E.T. Hall, *La dimension cachée*, Paris, Seuil, 1981 (Points 89), 254 pages. Ce livre porte sur la relation de l'être humain à l'espace. Les chapitres 10, 11 et 12 sur la façon dont certaines cultures perçoivent leur territorialité sont fascinants. Le chapitre 13 porte sur la ville.
4. Cf. André Beauchamp, «Dieu se laisse-t-il découvrir en ville?», *Kérygma* 24 (1990), p. 209-223.

Chapitre 10
Trois témoins d'une insertion spirituelle

Il n'y a pas encore de spiritualité de l'environnement constituée. Une représentation mythique et sacrale de la nature comme Déméter semble largement insuffisante. Elle ne rend pas compte de la culture comme phénomène humain et condition de possibilité, ni non plus de la technique elle-même. Saisir à la fois la nature et la culture, le milieu biophysique et le milieu social, la cassure du mal et la promesse/menace du devenir, l'intériorité radicale et l'altérité, l'insertion dans la nature et la pression du travail. Si je regarde dans ma tradition spirituelle, trois figures pourraient émerger: Benoît, François et Teilhard.

Benoît

L'émergence de la foi chrétienne au sein de l'empire romain a provoqué un choc spirituel considérable et des tensions sociales et politiques graves dont les diverses persécutions témoignent abondamment. En 325, l'empereur Constantin se convertit et convertit l'empire avec lui, la religion chrétienne jusque-là minoritaire et bannie devenant religion d'État. Tous les observateurs conviennent qu'il s'ensuit une baisse qualitative importante de la vie chrétienne. Il est donc normal que des personnes soucieuses de vivre leur foi d'une manière plus parfaite optent pour la vie religieuse, à l'abri du «monde». Cette tendance déjà présente au premier siècle, surtout sous la forme érémitique, s'accentue donc et s'institutionnalise dans le cénobitisme. Sous la poussée des barbares, l'empire romain se disloque. Rome est mise à sac par Alaric en 410 et tombe plusieurs fois aux mains d'autres envahisseurs. On détermine la fin de l'empire romain d'Occident en l'an 457. L'Occident entre alors dans la féodalité: le grand ensemble a implosé en une multitude de petits ensembles relativement clos et autonomes qui essaient de survivre tant bien que mal.

Issu d'une famille de la noblesse rurale romaine, Benoît (480-537) étudie les arts libéraux, puis mène pendant trois ans une vie d'ermite. Il fonde vers 529 le monastère du Mont-Cassin et rédige une règle de vie qui marquera jusqu'à aujourd'hui la vie monastique en Occident.

La règle de saint Benoît se caractérise par la mesure. Elle évite les excès de rigorisme et d'ascèse, insiste sur la résidence stable au même couvent et sur la vie communautaire, et rythme la journée en trois périodes: huit heures de sommeil et de repos, huit heures de prière, huit heures de travail. Le but de la vie monastique est la gloire de Dieu: d'où l'importance de la prière liturgique et personnelle. Le travail est compris à la fois comme travail manuel, domestique et agricole, et comme travail intellectuel, les deux étant inséparables. Perçu à l'origine comme principalement théologique, le travail intellectuel s'élargit vite à l'ensemble de l'activité culturelle, ce qui permettra aux monastères bénédictins de devenir des hauts lieux de savoir, de culture, de techniques et d'éducation.

Évidemment, il s'agit d'une règle monastique qui exige le retrait hors de la société et le célibat; elle n'est donc pas applicable, comme telle, à un grand ensemble social. Pourtant, la règle définit un cadre de vie qui, à cause de sa centration sur la louange, échappe à l'obsession du travail et de l'efficacité (au dix-huitième siècle, Alphonse de Liguori fera le vœu de ne jamais perdre un instant!). L'alternance constante du travail intellectuel et du travail manuel favorise également l'équilibre (ce sera une requête de la révolution socialiste). Le cadre monastique et l'ascèse imposée par une vie de prière contiennent la consommation dans les limites du raisonnable, même si des réformes nombreuses témoignent du fait que la juste mesure est un idéal fragile. Dans son ensemble, le monastère bénédictin diffuse une conception pacifiante de l'expérience humaine, une vie qui n'a peur ni du savoir, ni du travail, ni de la technique et de l'innovation, ni de la consommation, mais qui les contient tous dans un équilibre dynamique où la vie communautaire procure à chaque personne le silence et l'espace psychique nécessaires à la réalisation de soi. Idéal certes, idéal impossible à transposer dans une cité qui ne pourrait devenir un monastère sans passer par la dictature, mais idéal toujours à considérer dans ses intuitions fondamentales.

François d'Assise

Né à Assise vers 1182, fils d'un riche marchand appartenant à la bourgeoisie d'une ville de moyenne importance tiraillée par les rivalités économiques et politiques du temps, Francesco di Bernardone a des traits d'une étonnante modernité. Rempli d'idéal chevaleresque, il tâte du système, pourrait-on dire, en s'essayant à la guerre. Fait prisonnier et déjà souffrant, il entre dans une longue méditation et se convertit radicalement à Jésus. Il renonce à l'héritage familial, rompt avec sa famille et contracte un mariage mystique avec dame Pauvreté afin d'être au service des plus démunis. Au temps de François, la société médiévale amorce d'importants changements. La structure cesse d'être purement rurale et devient urbaine; le milieu s'émancipe de l'autorité ecclésiatique et une nouvelle bourgeoisie surgit, avec en contrepartie l'apparition de «poches» de pauvreté et de mouvements d'agitation sociale importants; un essor intellectuel considérable s'amorce avec la découverte progressive de l'antiquité et le surgissement de nouvelles questions. François, bourgeois converti, opte pour la pauvreté et la modestie et reste plutôt réfractaire au prestige intellectuel. Il choisit les moyens pauvres. Dès 1212, il commence à recruter des compagnons et amorce un mouvement de renouvellement intérieur de l'Église dans une tension difficile entre l'idéal de pauvreté et les contraintes de l'institutionnalisation.

Même si l'histoire de François est entachée de légendes, notamment dans le cadre des fameux *Fioretti*, on reconnaît à François une âme mystique de très haut vol, une charité constante, une proximité touchante de l'Écriture et une grande douceur. Il manifestait respect et admiration pour la nature et il semble que sa pratique quotidienne intégrait des préoccupations particulières à cet égard. Il ne s'agit pas de souci écologique au sens moderne, mais certainement d'un sentiment d'appartenance à une communauté d'existence. Il avait, semble-t-il, apprivoisé un loup[1].

L'œuvre écrite de François d'Assise est intellectuellement assez décevante. François n'a pas voulu être écrivain, peut-être à cause du choix de dame Pauvreté et de sa volonté d'humilité. Son œuvre contient surtout des écrits de circonstance, notamment des règles, testament, lettres. François se montre soucieux de coller de très près à l'Écriture[2]. À la fin de sa vie, probablement en 1224, François, déjà gravement malade et souffrant, presque aveugle et marqué des blessures du Christ, désire laisser à sa communauté une prière qui ressemble à un hymne de louange: c'est le *Cantique des créatures*, universellement connu. Le cantique originel comprenait huit strophes. Peu avant sa mort, François y a ajouté, entre les deux dernières, la strophe 8 sur le pardon et la strophe 9 sur la mort: «Loué sois-tu, mon Seigneur, pour notre sœur la mort corporelle.»

Sur ce *Cantique des créatures*, nous ferons quatre observations. Même si le poème s'inspire manifestement du psaume 148 et du poème de Daniel (3, 51-90), la perspective diffère grandement. Dans le psaume 148, les éléments du cosmos (soleil, lune, étoiles, etc.) sont invités à louer directement le Seigneur, dans une perspective proche de l'animisme. Dans le poème de François, la louange est adressée par l'orant au Seigneur lui-même et les éléments du cosmos sont ensuite associés à la louange. La perspective de François est plus mystique, mais beaucoup moins audacieuse, son recours aux créatures beaucoup plus humble que chez ses modèles: «Servez-le avec grande humilité» (stophe 10).

Dans son énumération des éléments du monde, François accole fréquemment des qualificatifs qui montrent bien que les éléments sont d'abord reçus de Dieu plutôt qu'observés et jugés pour eux-mêmes. Frère soleil, «de toi, Très Haut, il est le symbole» (strophe 2). L'eau est «précieuse et chaste» (strophe 5), frère feu «robuste et fort» (strophe 6). Le champ du symbole est déjà dépassé dans une forme de moralisation ou d'allégorie.

Par son ton humble et sa centration sur Dieu, le poème insiste moins sur la grandeur de Dieu que sur sa paternité et sa tendresse. Il faut remarquer la simplicité des attributions aux éléments: beau et rayonnant, claires, précieuses et belles, pur, utile, humble, chaste, joyeux, robuste, fort. Aucun triomphalisme. L'insistance porte plutôt sur la proximité et la paternité de Dieu et par conséquent sur la fraternité qui existe entre l'orant et les créatures. On a vraiment l'impression d'une participation admirative à la même communauté créationnelle.

Par ce biais, il semble aussi que le poème insiste sur la bonté de la créature et le fait que cette dernière est l'œuvre de Dieu et de sa bonté et non une production du Mal, une déchéance. Émerge alors une certaine préoccupation apologétique contre un courant gnostique déjà à l'œuvre qui réapparaîtra dans les courants millénaristes et apocalyptiques.

On sait que Jean-Paul II a fait de François d'Assise le saint patron de l'écologie. Cette décision est contestable par certains aspects et opportune par d'autres. Le milieu que François a connu ne subissait pas une crise écologique au sens moderne du terme. Sa défense de la nature traduit un parti pris pour les pauvres et les humbles. Mais la douceur de François, son respect de toutes les créatures, son chemin d'humilité sont des guides sûrs pour aujourd'hui, au moment où la dignité des pauvres subit un tel affront.

Le *Cantique des créatures* appartient désormais à ses lecteurs et chacun le lira toujours depuis son point de vue. Il me semble important de signaler qu'il ne s'agit pas d'un poème d'adolescent naïf et sentimental, mais de l'œuvre d'un homme courageux qui a épousé dame Pauvreté, donné sa vie aux pauvres et instauré des ruptures profondes à l'égard de son milieu. Cet homme est un priant et un mystique si intimément relié à Jésus qu'il en porte les marques jusque dans son corps. Cet homme est souffrant et presque aveugle. Son admiration pour la nature ne jaillit pas d'un élan candide et naïf, mais traduit la réception de la créature dans le cadre d'une expérience mystique. Enfin, l'insertion par François des strophes 8 et 9 sur le pardon des offenses et notre sœur la mort corporelle, loin d'être une perversion du poème, en livre le sens ultime: la rencontre avec Dieu.

Pierre Teilhard de Chardin

Né en 1881 à Sarcenot, France, Pierre Teilhard de Chardin entre chez les jésuites en 1899, est ordonné prêtre en 1911, sert comme brancardier pendant la guerre de 1914-18, obtient un doctorat en sciences naturelles, enseigne la paléontologie et la géologie à l'Institut catholique de Paris, puis part pour la Chine où il dirige des recherches sur le terrain en tant que paléontologue. Il mène de front une carrière scientifique internationale importante et une recherche spirituelle très poussée dans un effort de conciliation entre sa vision évolutionniste de l'apparition de l'être humain sur la terre et la conception chrétienne du salut en Jésus Christ. Pierre Teilhard de Chardin meurt à New York le jour de Pâques 1955. À cause de l'audace de certaines de ses positions, il n'avait pu publier que dans le domaine scientifique. À sa mort, son œuvre est publiée à titre posthume; mentionnons notamment *Le phénomène humain*, rédigé entre juin 1938 et juin 1940[3].

Pour comprendre l'apport de Teilhard de Chardin, il faut le situer dans son époque. Teilhard fait œuvre d'archéologue et de paléontologue et se lance dans une immense recherche sur les origines de l'être humain, à une époque où l'Église catholique n'aborde qu'avec une extrême prudence la théorie de l'évolution des espèces. Teilhard cherche donc d'abord à réconcilier une vision historique et scientifique du monde avec une représentation chrétienne du devenir. C'est dans ce domaine qu'il contribue grandement à la «Weltanschauung» chrétienne. En termes strictement écologiques, je pense que Teilhard n'a pas vu venir la crise écologique dans le sens que nous donnons à ce terme. Là n'est pas son propos. Teilhard témoigne surtout de l'évolution technique et des forces de changement. Il fait l'expérience du drame humain lors des deux grandes guerres mondiales qu'il a connues, et il sent vivement l'inadéquation entre les problèmes que vit l'espèce humaine et la conscience du monde que celle-ci élabore. La préoccupation de Teilhard se centre donc sur le devenir de l'espèce humaine. Même s'il s'aventure à l'occasion dans des dossiers concrets, Teilhard n'est ni commentateur ni analyste de l'actualité: c'est un penseur inscrit dans le temps très long de l'espèce. Teilhard voit dans la technique une réalité essentiellement positive et annonciatrice du devenir humain. Sa hantise serait plutôt le marxisme avec sa conception strictement mécaniciste de l'histoire, alors que Teilhard perçoit partout des seuils et des passages qualitatifs.

Teilhard n'est pas écologue. C'est un mystique, un visionnaire qui interprète le passé géologique à l'intérieur de sa conception chrétienne du monde, conception qu'il renouvelle singulièrement. Pour Teilhard, il ne fait pas de doute que l'être humain soit le résultat de l'évolution. Teilhard distingue, dès le début de l'organisation du monde, un dedans et un dehors, une organisation interne des choses perceptible déjà dans l'atome: l'extrêmement petit, l'extrêmement grand, l'extrêmement complexe s'articulent dans une loi de complexité/conscience. La naissance de la vie illustre l'apparition claire de cette organisation interne, de la conscience qui émerge peu à peu. Dans la cosmogenèse, ou genèse du cosmos, s'élabore une biogenèse, genèse de la vie. Pour Teilhard, l'être humain constitue certainement le point le plus parfait de cette biogenèse. La vie biologique aboutit à l'être humain. Également, l'évolution de l'être humain est biologiquement terminée. Est-ce donc la fin de la vie et de l'évolution? Teilhard estime au contraire que l'espèce humaine s'en va vers une nouvelle étape. Il observe la complexification croissante de l'étoffe humaine et pense qu'elle annonce l'émergence d'un état nouveau de la conscience. Il nomme cette émergence noogenèse ou genèse de l'esprit. L'humanité est en passe de changer d'état, d'aller plus loin dans l'évolution, non plus par le chemin de la biologie mais par celui de la conscience.

Ce que l'homme de science chez Teilhard entrevoit ou pressent, le croyant et mystique le nomme depuis sa foi chrétienne. Si l'histoire du monde est ainsi traversée par une sorte de finalité qui la fait aller vers plus de conscience et de complexité; s'il y a depuis toujours un dedans des choses qui occupe de plus en plus d'espace, c'est que dès l'origine il y a un Dieu personnel et créateur. Tout est aspiré vers l'avant, vers un point Oméga qui est le Christ total. Chez Teilhard, foi en la création et foi en la rédemption se rejoignent et constituent pour lui la seule synthèse cohérente permettant d'assumer le progrès et l'histoire et d'en rendre compte.

> Pour la presque totalité des religions anciennes, le renouvellement des vues cosmiques caractérisant l'«esprit moderne» a été une crise dont, si elles ne sont pas encore mortes, on peut

> prévoir qu'elles ne s'en remettront pas. Étroitement liées à des mythes intenables, ou engagées dans une mystique de pessimisme et de passivité, il leur est impossible de s'ajuster aux immensités précises, ni aux exigences contructives, de l'Espace-Temps. Elles ne répondent plus aux conditions ni de notre Science, ni de notre Action. Or, sous le choc qui fait rapidement disparaître ses rivaux, le Christianisme, qu'on aurait pu croire d'abord, lui aussi, ébranlé, donne au contraire tous les signes d'un bond en avant. Car, du fait même des nouvelles dimensions prises à nos yeux par l'univers, il se découvre à la fois comme plus vigoureux en soi, et comme plus nécessaire au Monde, qu'il ne l'a jamais été[4].

Sans qu'il y ait de références concrètes, la pensée de Teilhard de Chardin a manifestement influencé le concile Vatican II, surtout dans certaines perspectives sur les rapports entre l'histoire humaine, le devenir de l'être humain et le salut eschatologique entrevu en Jésus Christ:

> L'attente de la nouvelle terre, loin d'affaiblir en nous le souci de cultiver cette terre, doit plutôt le réveiller: le corps de la nouvelle famille humaine y grandit, qui offre déjà quelque ébauche du siècle à venir. C'est pourquoi, s'il faut soigneusement distinguer le progrès terrestre de la croissance du Règne du Christ, ce progrès a cependant beaucoup d'importance pour le Royaume de Dieu, dans la mesure où il peut contribuer à une meilleure organisation de la société humaine. Car les valeurs de dignité, de communion fraternelle et de liberté, tous ces fruits excellents de notre nature et de notre industrie, que nous aurons propagés sur terre selon le commandement du Seigneur et dans son Esprit, nous les retrouverons plus tard, mais purifiés de toute souillure, illuminés, transfigurés (...). Mystérieusement, le Royaume est déjà présent sur cette terre, il atteindra sa perfection quand le Seigneur reviendra[5].

Paradoxalement, la prévision de Teilhard ne s'est pas réalisée. L'aspiration religieuse n'a pas délaissé les religions anciennes: elle semble plutôt abandonner la perspective historique chrétienne en faveur de représentations gnostiques intemporelles de l'existence. Teilhard n'a pas vu venir la crise écologique alors que sa vision extrêmement optimiste du devenir humain n'a pas résisté à la perception pessimiste véhiculée par le milieu écologique, perception qui finit par promouvoir une sortie hors du monde, un désengagement vis-à-vis de l'histoire. Le balancier semble reparti dans le sens contraire à celui prévu par Teilhard. Pendant que Vatican II accueillait le progrès, la conscience moderne s'en éloignait. Les mystiques de type gnostique sont de retour.

Pourtant, la synthèse teilhardienne demeure un effort très fructueux pour concilier la science et la foi, le progrès et le salut, l'évolution et l'eschatologie. C'est une vision à très long terme qui doit être pondérée par une critique intrinsèque du «progrès» et de la technique dans leurs risques historiques à court terme. La *Weltanschauung* proposée par Pierre Teilhard de Chardin demeure valable et opportune dans son mouvement général, mais doit se conjuguer avec une prise en compte plus rigoureuse de la crise écologique et de la solidarité de l'être humain avec les autres formes de vie au sein de la biosphère. La fuite vers la noosphère n'est pas pour demain, même si sa présence peut éclairer le devenir et soutenir l'espérance.

Notes

1. Cf. Mario PAVAN, *Francesco d'Assisi e l'ecologia nell'attuale dissesto ecologico mondiale*, Publicationi dell'Istituto di entomologia dell'Università di Pavia (25), 1983, 23 pages. Malheureusement, ce texte n'est pas disponible en français.
2. Cf. François D'ASSISE, *Œuvres*, Traduction, introduction et notes par Alexandre Masseron, Paris, Albin Michel, 258 pages.
3. Paris, Seuil, 1955, 347 pages. Les principales œuvres de Teilhard de Chardin sont rassemblées au Seuil en 13 volumes sous le titre *Œuvres de Teilhard de Chardin*, le premier étant *Le phénomène humain*, paru en 1955, et le dernier, tome 13, *Le cœur de la matière*, paru en 1976. Il importe aussi de signaler *Hymne à l'univers*, une série de huit cahiers publiés au Seuil, et une correspondance considérable publiée chez divers éditeurs. Les études sur Teilhard abondent. Signalons entre autres Henri DE LUBAC, *Teilhard et notre temps*, Paris, Aubier, 1971 (Foi vivante), 126 pages; Georges CRESPY, *La pensée théologique de Pierre Teilhard de Chardin*, Paris, Éditions Universitaires, 1961, 231 pages; Nicole BONNET, *Immanence et transcendance chez Teilhard de Chardin*, Paris/Montréal, Cerf/Bellarmin, 1987 (Recherches, nouvelle série 11), 324 pages.
4. *Le phénomène humain*, p. 330. Les nombreuses majuscules sont dans le texte.
5. Vatican II, *L'Église dans le monde de ce temps*, n° 39, alinéas 2 et 3. Le texte a été promulgué le 7 décembre 1965.

CONCLUSION

Chapitre 11
Pour une recherche spirituelle ouverte

J'ai longuement présenté quelques axes de la vision du monde et de l'être humain que véhiculent l'héritage judéo-chrétien et la pensée catholique. Devant les problèmes qui se posent, beaucoup ont l'impression que l'héritage reçu ne convient pas et qu'il faut chercher ailleurs. J'ai pour ma part l'impression que cet héritage demeure largement adéquat dans sa vision d'ensemble. Héritage extrêmement riche, complexe, d'une grande diversité d'inspirations et apte à des modulations très variables selon les situations. Mais il est certain que la question et la crise écologiques, elles, n'ont pas été accueillies avec suffisamment d'ampleur et de sérieux au sein de l'héritage chrétien contemporain[1]. On dirait que la communauté chrétienne a été préoccupée par autre chose et accuse du retard dans sa prise de conscience de la crise qui frappe à nos portes.

Au premier titre, le dialogue œcuménique (des Églises chrétiennes entre elles) et interreligieux s'impose d'urgence dans le domaine de l'environnement. Par bonheur, la rencontre de prière à Assise (que les intégristes ont vivement reprochée à Jean-Paul II) a ouvert des pistes intéressantes. Le dialogue interreligieux n'est ni simple ni facile, puisque les représentations symboliques que véhiculent les religions en ce qui concerne la vision du monde, la place de l'être humain et les tâches éthiques à relever varient à l'extrême. Le dialogue implique le dépassement du prosélytisme et l'accueil inconditionnel d'autrui dans la reconnaissance de sa spécificité et de son originalité. L'élaboration d'une certaine éthique commune, le renouvellement d'une vision spirituelle de la création et de la place de l'être humain ainsi qu'une prière commune, tant au niveau des responsables des grandes religions qu'au niveau local, constituent une urgence criante. Il faudrait une mobilisation de la conscience. La dramatisation médiatique ne saurait suffire et finira à la longue par desservir la cause en engendrant un ras-le-bol désabusé. L'éthique ne suffit pas, l'amour romantique non plus. Il faudrait débusquer la source vive qui permette à l'arbre de reverdir.

> Il nous faut reconnaître la réalité d'un monde multireligieux et la nécessité d'une tolérance qui permette aux religions, quelles que soient leurs différences, de coopérer les unes avec les autres. Cela contribuerait à satisfaire aux exigences de la survie de l'humanité et du maintien des valeurs fondamentales partagées de solidarité humaine, de droits de l'homme et de dignité humaine. C'est là le patrimoine commun de l'humanité, né de notre perception de la signification transcendentale de l'existence humaine et d'une conscience planétaire nouvelle[2].

Nous ne pouvons qu'applaudir à cet appel et souhaiter qu'un effort concerté de prière et de mise en commun soit entrepris, car il y va de la respiration spirituelle de l'humanité et de sa survie.

> L'insistance des spectateurs des conférences astronomiques à ramener sur le tapis l'interrogation religieuse me paraît hautement significative. Si je devais résumer en peu de mots l'impression qui m'en reste, je dirais que, loin d'être mort, Dieu est encore bien vivant chez nos concitoyens. Mais il n'est plus ce qu'il était. (...) C'est tout ailleurs que Dieu maintenant se situe. On le rencontre au niveau des interrogations, et non plus au niveau des certitudes. Il prend sa place dans le voyage intérieur de chacun d'entre nous. Il est la trame secrète de ce parcours qui se poursuit tout au long de l'existence. On le retrouve mêlé à nos angoisses et à nos questions sur le sens profond des choses[3].

Ce déplacement de la question de Dieu va de pair avec le déplacement de la question de l'être humain. Pendant longtemps, notre culture s'est construite sur des visions relativement closes de l'univers: fixiste et définie a priori dans le cas de l'image religieuse héritée de la basse scolastique, mécaniste et insensible à la transcendance dans le cas d'une certaine culture scientifique. Mais dans les deux cas, trop de questions non résolues demeurent. Ça ne colle pas. Il faut réouvrir les questions et se mettre en route.

Au sein de la foi chrétienne, nous croyons que Dieu interpelle les êtres humains pour les traiter à la fois comme des interlocuteurs — des gens de parole et d'amour tant à l'égard de Dieu lui-même qu'à l'égard d'autrui — et comme des locuteurs, c'est-à dire comme initiateurs de savoir et de parole. La perspective englobe à la fois les savoirs scientifiques et techniques ainsi que tout le champ symbolique qui couvre l'éthique, la spiritualité, la poésie. L'évangile de Jean parle de «faire la vérité» (*poiein* en grec, d'où nous est venu le mot poésie). L'exacte manière de vivre dans le monde n'existe pas en théorie. Elle n'est ni révélée, ni fixée une fois pour toutes. Nous la faisons surgir dans l'histoire avec la fragilité de nos savoirs et de nos ignorances, de nos fidélités et de nos défaillances. Il n'y a pas de place en cela pour un orgueil prométhéen ni pour un excès de timidité. Mais il y a place à la fois pour la prière, la recherche et l'audace.

Notes

1. La tradition catholique me semble tarder à s'éveiller. Aucune allusion dans les documents du concile Vatican II (1962-1965), ni dans l'encyclique *Populorum Progressio* (1967). La première allusion survient en 1971, dans la lettre au cardinal Roy, *Octogesima adveniens.* Il faut ensuite attendre le document de Jean-Paul II, *Sollicitudo rei socialis,* pour de courtes allusions, pas très étoffées, et une allocution datée du 8 décembre 1989 pour la fête du 1er janvier 1990: *La paix avec le Créateur et toute la création.* Certains épiscopats ont heureusement commencé à prendre la parole. Signalons la Déclaration du Comité des affaires sociales de l'Assemblée des évêques du Québec, *Les chrétiens et l'environnement,* 28 mai 1981, texte toujours d'une grande actualité. Sur le plan œcuménique, il importe d'attirer l'attention sur le dossier préparatoire à l'Assemblée mondiale des chrétiens pour la justice, la paix et la préservation de la création, *Le temps presse,* par Carl Friedrich von Weizsacker (Paris, Cerf, 1987, 102 pages).
2. *La Déclaration de Vancouver,* p. 15.
3. Hubert Reeves, *Malicorne. Réflexions d'un observateur de la nature,* Paris, Seuil, 1990, p. 184.

Postface

La naissance d'Enviro-Sage, Inc.

Il y a une certaine prétention, et même une prétention certaine, à fonder une compagnie qui se nomme Enviro-Sage avec comme slogan: «Pour une sagesse de l'environnement». Les lecteurs et lectrices du présent billet doivent donc tenir compte du fait que l'auteur est réputé pour sa folie, sa bonne dose de non-conformisme et son esprit d'aventure qui le mène là où il n'aurait pas pensé aller. La sagesse que j'évoque est davantage du domaine du projet que de la réalité. Il est certes prétentieux de se dire sage, mais je ne vois pas pourquoi on s'interdirait de chercher à le devenir et d'aider de ses faibles moyens d'autres personnes qui voudraient suivre le même chemin, faire la même recherche.

Traditionnellement, l'intérêt écologique s'enracine dans les sciences biologiques. Disons d'abord que, sur ce point, je n'ai guère d'habiletés spontanées, ni en biologie, ni en botanique, ni en zoologie. En dehors de contacts personnels prolongés avec la nature, je demeure un éternel débutant. Mon intérêt pour l'environnement est né de mon intérêt pour la réalité sociale. J'ai été, plusieurs années, directeur du secteur des adultes à l'Office de catéchèse du Québec et, à ce titre, responsable d'un projet centré sur la pertinence sociale de la foi que nous avions dénommé *Chantier*. L'intuition de départ était de prolonger la Commission Dumont en mettant en branle un projet d'éducation des adultes de type multi-média axé sur les défis que représentent pour la foi les mutations dans le domaine social, culturel et politique. Ce qui était tout à fait dans la problématique du début des années soixante-dix.

C'est ainsi qu'au gré des années, j'ai étudié les diverses questions abordées par *Chantier*: la libération (en 1972, il fallait le faire!), les conflits, la consommation, le travail, la famille, etc. C'est pour «Chantier 74 la consommation» que j'ai pris conscience des questions écologiques en lisant le volume de René Dubos et Barbara Ward: *Nous n'avons qu'une terre*. J'ai subitement vu les questions d'une autre manière, non seulement dans le rapport de justice qui demeure ma préoccupation de base mais aussi dans le rapport écologique. Une question nouvelle surgissait: se peut-il que la terre ne soit pas capable de suivre le rythme? J'ai longtemps été un fan du père Léon-J. Lebret, fondateur du centre Économie et Humanisme et le rédacteur privilégié de *Popularum Progressio*. Or chez Lebret, de même que dans tout Vatican II, la crise écologique n'est jamais soupçonnée. L'idéologie maîtresse laisse entendre que le travail et la technique parviendront à nourrir aisément l'humanité si la justice peut s'instaurer. On ne soupçonne pas que le progrès technique lui-même puisse véhiculer un effet pervers qui s'appelle pollution, risque technologique majeur, perturbation des grandes fonctions de l'écosystème.

Ces idées, à peine entrevues en 1974, j'ai pu les approfondir quand j'ai fait presque par hasard, au début de l'année 1978, une recherche pour le ministère de l'Environnement sur l'éducation à l'environnement, concept qui prenait alors son essor. J'ai pu prendre connaissance des concepts fondamentaux de l'environnement et commencer à instituer une interrogation de type théologique et spirituel sur l'environnement. Je me souviens des premières références à Aldo Léopold qui, le premier, a parlé d'une éthique nouvelle liée à l'environnement (Léopold était essentiellement un conservationniste soucieux de parcs et de protection d'espaces verts) et de la requête formulée par les milieux de l'éducation en environnement pour une éthique nouvelle.

Une conviction courait déjà en ce temps-là: *business as usual* mène à l'impasse, sinon à la mort. Même si le contenu de l'éthique réclamée est rarement, sinon jamais clairement indiqué, une conviction subsiste: il faudra agir autrement à l'égard de la terre elle-même. Éthique et mystique. Vision du monde, action responsable.

Depuis 1978-1979, je pense que je n'ai jamais dérogé de cette intuition de base que la question écologique constitue un point de référence incontournable pour notre époque. Ce n'est pas seulement une question technique: trouver des solutions techniques moins polluantes, plus performantes. Ce n'est pas seulement une question politique même si la dimension politique crève l'écran. C'est une question de civilisation, une question éthique et une question spirituelle. Toute notre représentation de la place de l'être humain dans le cosmos est ébranlée, ce qu'au moyen âge on appelait l'*imago mundi* et que les Allemands dénomment la *Weltanschauung*.

J'ai pu, par bonheur, poursuivre ma réflexion sur plusieurs registres, sur un plan d'abord technique et administratif comme fonctionnaire proche de l'opération, sur un plan politique ensuite, ayant été directeur de cabinet du ministre Marcel Léger (81-82), puis au niveau de la consultation publique au Conseil consultatif et au Bureau d'audiences publiques sur l'environnement (83-87). Ayant présidé à certaines grandes enquêtes et audiences publiques, j'ai pu suivre le retentissement de questions techniques (un projet concret) au niveau social et politique.

Voici maintenant que je suis consultant en environnement, tant dans le domaine de la consultation publique et de la communication que dans le cadre de recherches théoriques plus générales, ou même dans des projets concrets. Je puis conseiller un groupe ou une compagnie, diriger une consultation, rédiger une étude, critiquer un document. C'est une profession séculière, profane. Je ne suis pas un écologue de métier, mais un environnementaliste proche de la dimension sociale.

Mais le théologien et le croyant qui est en moi continue de réfléchir sur le retentissement des questions écologiques sur la conscience de foi qui nous anime. Les théoriciens parlent de paradigme, d'un horizon de pensée qui se déplace et force d'entrevoir toutes les questions sous un nouvel angle. Je ne suis pas du tout «granola» même si je ne fume pas, achète une petite cylindrée et m'en sers aussi peu que possible, économise l'énergie, essaie d'éviter le gaspillage et d'être accueillant aux «alternatives» douces. Je suis davantage un environnementaliste qu'un écologiste et, selon moi, la clé première de l'environnement réside dans la participation publique (la démocratie en acte), la victoire sur la consommation et le gaspillage, l'instauration de la justice au plan des échanges internationaux. Les trois questions sont liées étroitement.

Je me méfie à l'extrême de l'effet de mode et j'ai peur que l'environnement ne serve de paravent à toutes sortes de pensées détournées, au plan politique, au plan religieux, au plan psychologique, au plan publicitaire. Nous baignons en pleine gnose où l'astral devient plus vrai que le prochain, où un ascétisme austère (la dénonciation du pollué, du chimique, de la technique) conduit à la négation de la nature sous le couvert du retour à la nature, où une vision apocalyptique relaie la peur des fins dernières, où les mystiques importées prévalent sur un héritage très souvent mal connu. Il n'y a pas à se surprendre de cela: même les religions les plus élevées et les causes les plus pures ont leurs perversions et leurs scandales.

La question écologique n'est pas transparente et ne peut pas l'être précisément parce qu'elle véhicule de grands enjeux. Mais elle est là pour rester. Comme pour toute autre réalité humaine, il nous faut l'élucider, la méditer, la recevoir dans la foi et la laisser retentir dans tous les domaines de notre vie. Question gigantesque, ample comme notre destin lui-même en la fragile planète terre. Si Enviro-Sage peut apporter une petite contribution à l'élucidation de cette question et faire progresser l'émergence d'une sagesse nouvelle en ce domaine, tant mieux.

(Reproduit avec l'aimable autorisation de la revue *Appoint*, vol. 24, n° 141, juin 1991, p. 9-11)

Table des matières

MARQUIS
janvier 1992